데이터 과학을 위한 R시리즈 I

R 시각화와 통계자료분석 I

R 기초 및 시각화 분석

나종화 지음

자유아카데미

PREFACE 머리말

1903년 영국의 문호 H. G. Wells는 읽기, 쓰기 능력과 마찬가지로 통계학적 사고 역시 장차 사회인이 갖추어야 할 기본교양이 될 것이라고 예언하였다.

빅데이터 시대를 맞아 통계학에 대한 관심이 높다. 그러나 통계학은 어렵다는 인식이 깔려 있을 뿐 아니라 대부분의 통계학 관련 서적들이 비전공자들이 이해하기에는 어렵게 쓰여져 있다. 통계학은 어느 학문보다도 용어에 대한 개념적 이해가 중요하다. 용어에 대한 정확한 개념만 제대로 가지고 있다면 과다한 수식 없이도 데이터 분석을 수행할 수 있다는 것이 저자의 생각이다. 이 책은 빅데이터를 계기로 다양한 응용분야에서 통계학 비전공자를 가르치면서 체득한 저자의 경험을 바탕으로, 통계학에 대한 주요 개념 소개와 함께 데이터 분석을 원하는 비전공자들이 쉽게 이해할 수 있도록 쓰여졌다.

R 프로그램은 통계분석뿐 아니라 현존하는 컴퓨터 도구 가운데 단연 최고라고 생각한다. R은 무료소프트웨어로 통계분석, 시각화, 프로그래밍 언어의 역할을 동시에 수행하는 강력한 도구이다. 이제 복잡한 통계분석은 R에 맡기고, 분석자는 분석의 방향제시와 결과 해석에 치중하면 그만이다.

이 책은 총 26장으로 구성되었으며, Ⅰ권과 Ⅱ권으로 나누어져 있다. Ⅰ권(1~11장)에서는 "R 기초 및 시각화 분석"을, Ⅱ권(12~26장)에서는 "기초 통계분석 및 데이터 처리"를 다루고 있다. 이 책을 읽는 독자는 다음 사항을 참고하기 바란다.

- 내용이 부담스러운 독자는 별표(*)가 붙은 장(또는 절)은 생략하고 읽어도 무방하다.
- 본문과 표에서 들여쓰기 부분은 보충 또는 심화 내용이므로 일독에서는 생략하여도 무방하다.
- R은 도움말 기능이 매우 뛰어나므로, 이를 활용하여 교재의 내용을 발전시켜 나가기 바란다.

이 책이 R을 이용한 시각화와 통계자료분석을 원하는 독자들에게 조금이나마 도움이 되었으면 하며, 출간 후에라도 수정사항이 있을 경우에는 자유아카데미 홈페이지(www.freeaca.com) 자료실에 제공할 예정이다. 이 책이 출간되기까지 많은 도움을 주신 자유아카데미 관계자 분들께 감사드리며, 나에게 큰 힘이 되어 주는 가족과 동료 교수님, 그리고 대학원생들에게 고마움을 전하고자 한다.

2016년 7월

나 종 화

cherin@cbu.ac.kr

CONTENTS

차 례

[제1부] R 기초 및 활용

[제2부] R 그래픽스와 시각화 분석

Ⅱ권 차례 소개

1부

R 기초 및 활용

1장 R 기초

2장 R 활용

[1장] R 기초

1.1 R 소개 및 프로그램 설치

1.1.1 R 소개

R(http://www.r-project.org/)은 뉴질랜드 오클랜드 대학의 Ross Ihaka와 Robert Gentleman(1996)에 의해 개발된 통계계산(statistical computing)과 그래픽(graphics)을 위한 무료 소프트웨어이다. R은 CRAN(http://cran.r-project.org/)에서 제공되는 7,000여 개(2015년 12월 기준)의 패키지를 통해 쉽게 확장될 수 있다. CRAN에서 제공되는 패키지에 대한 정보는 https://cran.r-project.org/web/packages/index.html에 자세히(날짜별, 이름별로 정렬) 나와 있다. 또한 Omegahat(http://www.omegahat.org/), Bioconductor (http:// www.bioconductor.org/), R-Forge(http://r-forge.r-project.org/), GitHub(http://github.com/) 등에서도 많은 패키지를 제공받을 수 있다.

R은 학술분야와 산업분야 모두에서 널리 사용되고 있다. R은 2012년 이후 현재(2015년 9월)까지 3년 연속 KDnuggets 투표(http://www.kdnuggets.com/polls/)에서 분석(analytics)과 데이터마이닝(data mining), 빅데이터(big data) 소프트웨어 중 실무에 가장 많이 사용한 언어 1위에 올라있으며, RapidMiner, SQL, Python, Excel, SAS 등이 그 뒤를 잇고 있다.

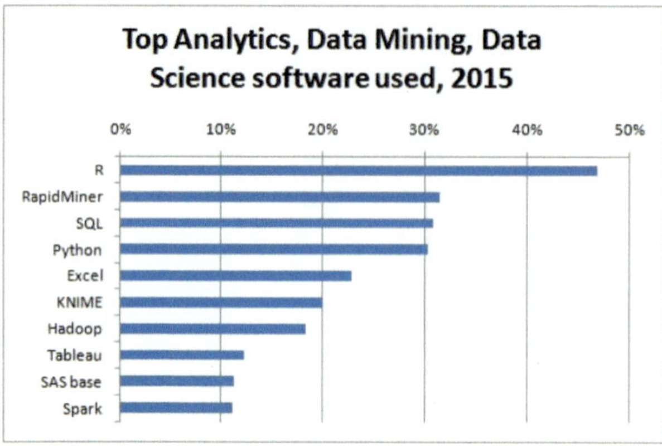

[그림 1.1] KDnuggets 소프트웨어 투표 결과(2015년 9월 15일 기준)

R은 IEEE Spectrum's 프로그래밍 언어 순위에서도 JAVA, C 등에 이어 10위 안에 들어 있다(http://spectrum.ieee.org/computing/software/). 특히 빅데이터의 분석과 시각화에 뛰어난 R의 약진이 눈에 띈다.

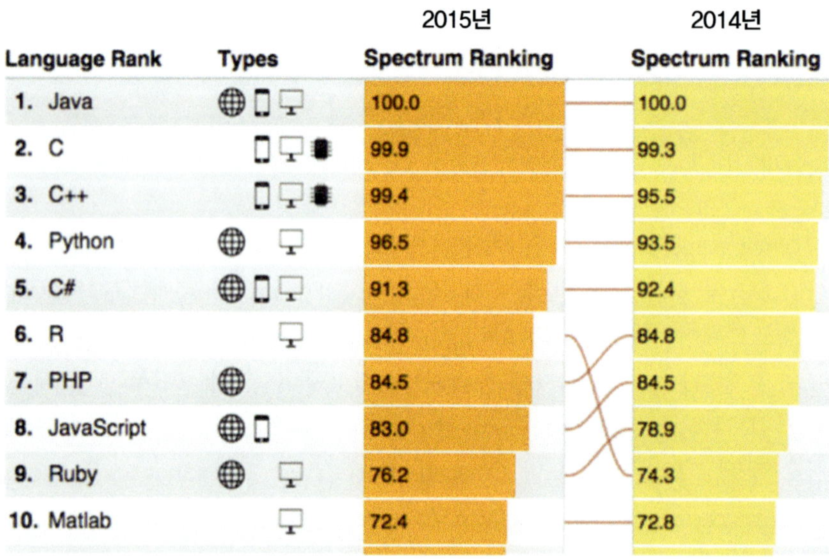

[그림 1.2] IEEE Spectrums 프로그래밍 언어 랭킹

CRAN에서는 R 기초, 자료 입출력, 그래픽 등의 다양한 매뉴얼을 제공하며, CRAN Task Views(http://cran.r-project.org/web/views/)에서는 다양한 분야별(기계학습, 군집분석, 다변량, 시계열, 그래픽, ...)로 관련된 R 패키지에 대한 정보를 제공하므로 매우 유용하다.

R의 특징을 간략히 소개하면 다음과 같다.

- R은 오픈소스 기반의 객체지향 언어이다.
- R은 메모리 기반으로 동작하므로 데이터 처리 속도가 빠르며 하드웨어 메모리 크기가 처리 시간에 영향을 미친다.
- R은 모든 플랫폼(Windows, MacOS, UNIX, Linux)에서 운영이 가능하다.
- SAS나 SPSS 등 다른 통계분석 소프트웨어에서 플러그-인 형태 등으로 R의 스크립트를 이용할 수 있다.
- R은 다른 언어로 작성된 프로그램을 통합하는 강력한 인터페이스를 제공한다. 이들 언어에는 C, C++, C#, Fortran, Perl, Python, JAVA 등이 있다.

R은 위의 기능 이외에도 다음의 부가적인 장점을 가진다.

- R의 뉴스레터와 R-뉴스 및 많은 웹기반의 튜토리얼과 매뉴얼을 제공한다.
- 새로운 방법을 동시에 개발하는 사람이 증가하고 있다.
- 베이지안 분석을 위한 WinBUGS와 인터페이스가 가능하다.

R은 프로그래밍 언어이자 강력한 데이터분석 소프트웨어이며 동시에 훌륭한 그래픽 기능을 갖춘 강력한 도구로서 그 수요가 폭발적으로 늘어나고 있다.

1.1.2 R과 RStudio 프로그램 설치

(a) R 프로그램 다운로드 절차

(1-1) 홈페이지(http://www.r-project.org)에서 download R을 클릭한다.

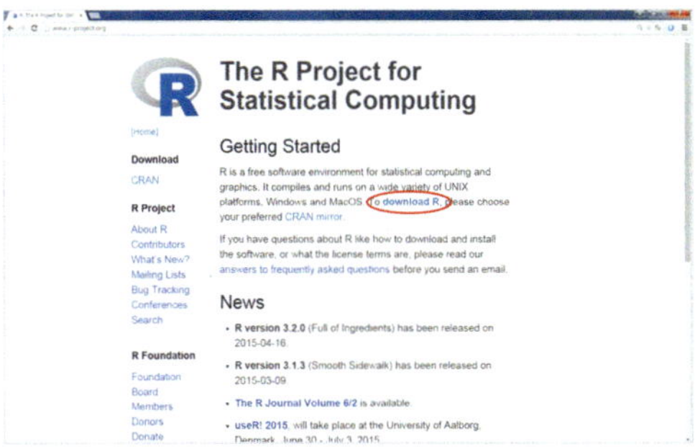

(1-2) Korea의 미러사이트 가운데 하나(http://cran.nexr.com)를 클릭한다.

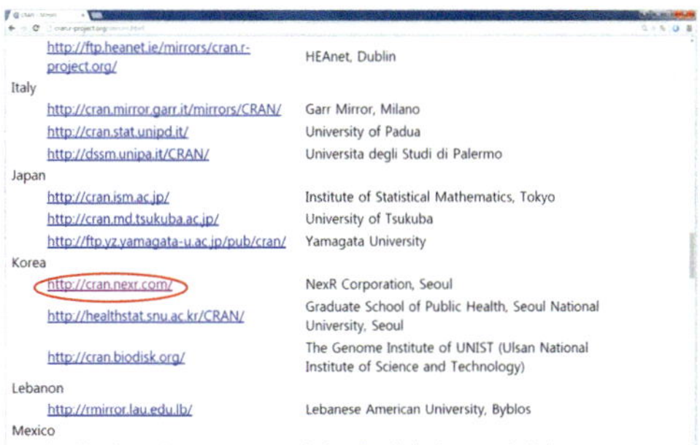

(1-3) 운영체제에 맞는 프로그램을 클릭한다.

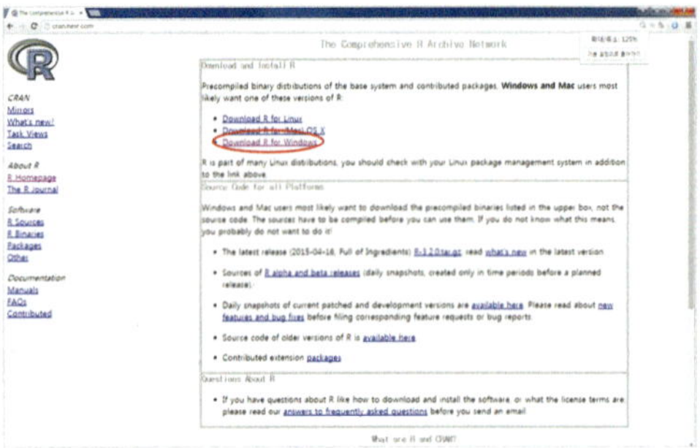

(1-4) base를 클릭한다.

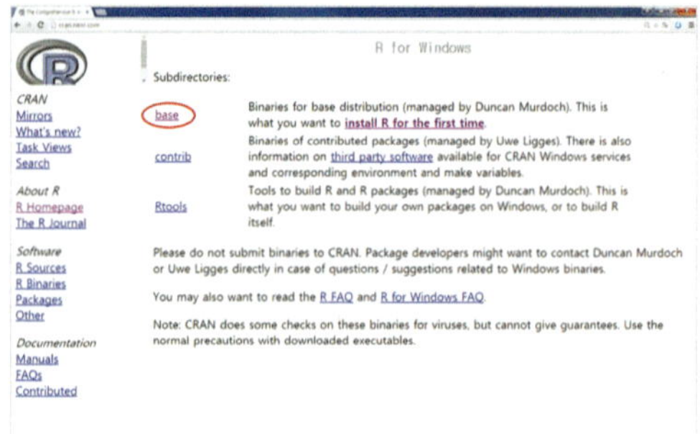

(1-5) Download R을 클릭한다.

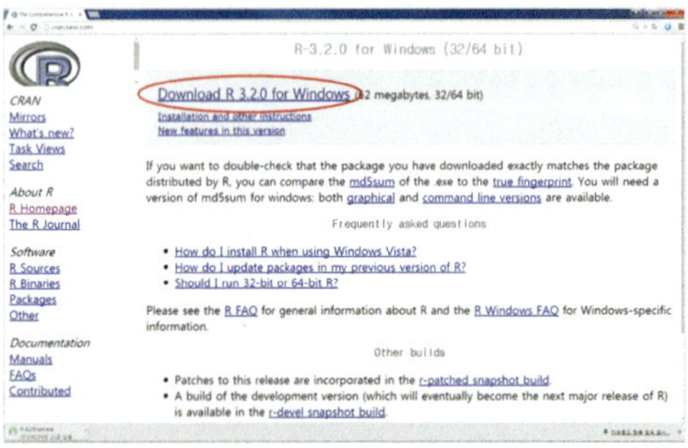

(1-6) 설치 언어를 선택한다.

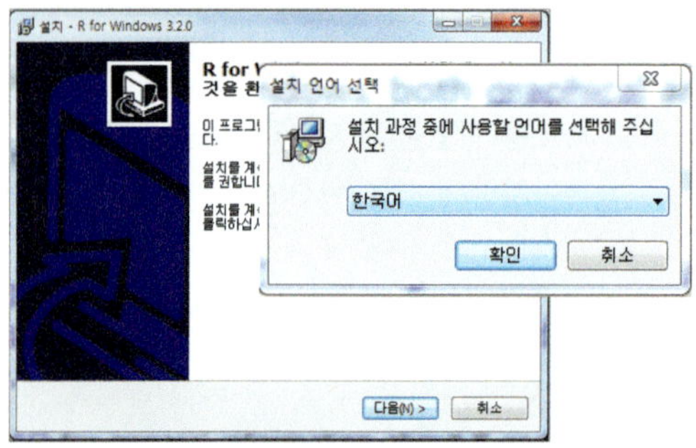

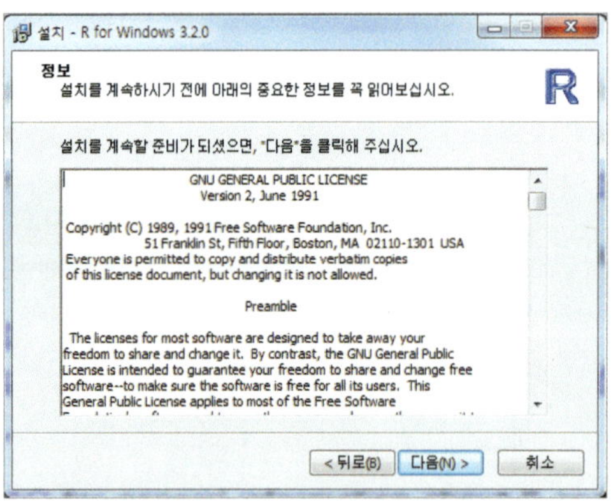

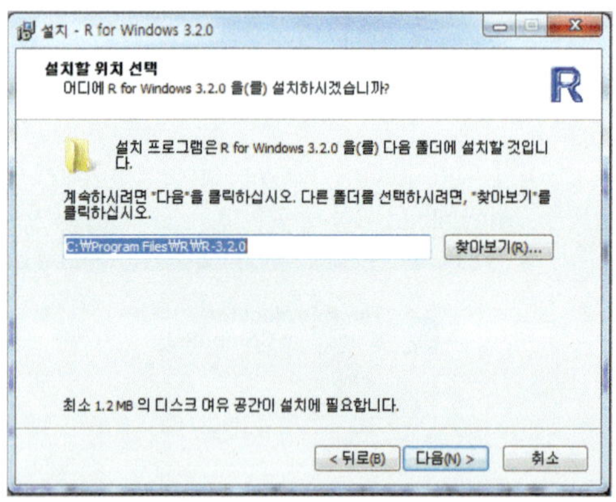

(1-7) 64-bit 사용자는 32-bit Files를 선택 해제하고 64-bit Files를 선택한다.

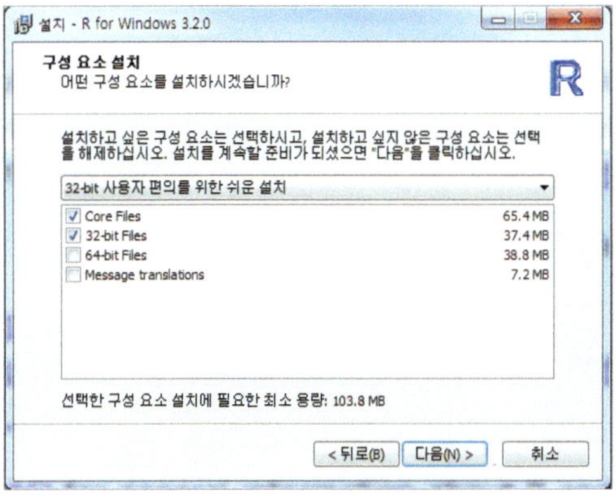

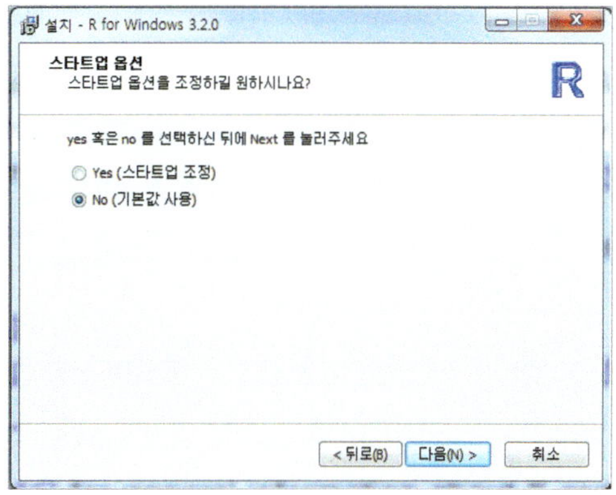

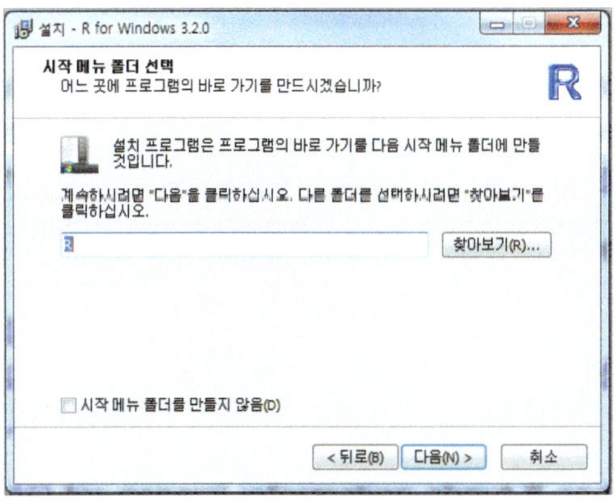

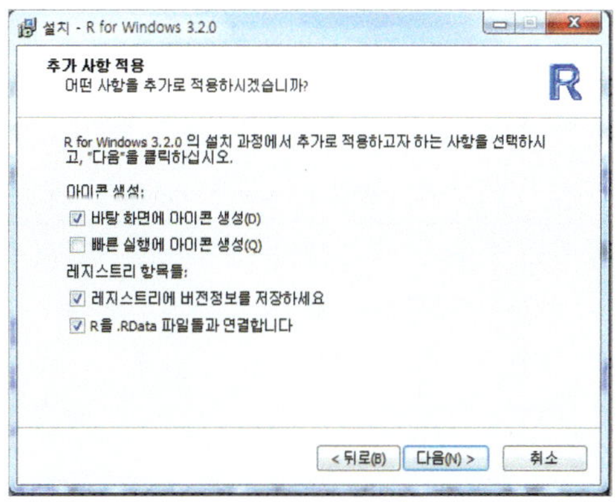

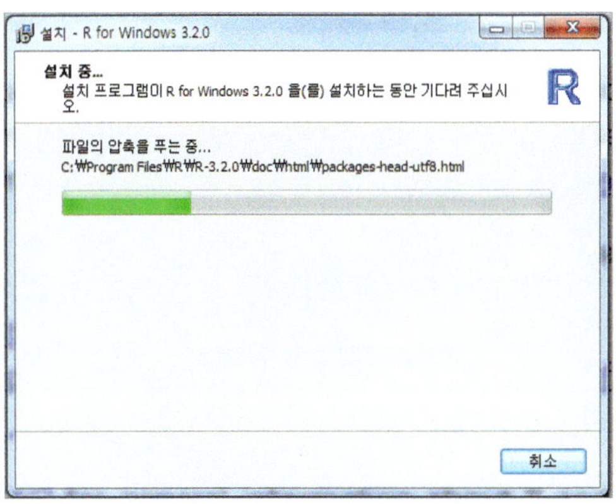

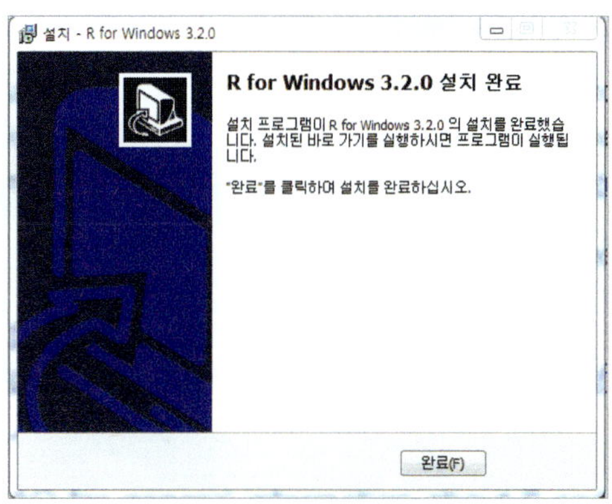

(1-8) 설치된 R 프로그램을 실행하면 다음과 같은 초기 화면이 나타난다.

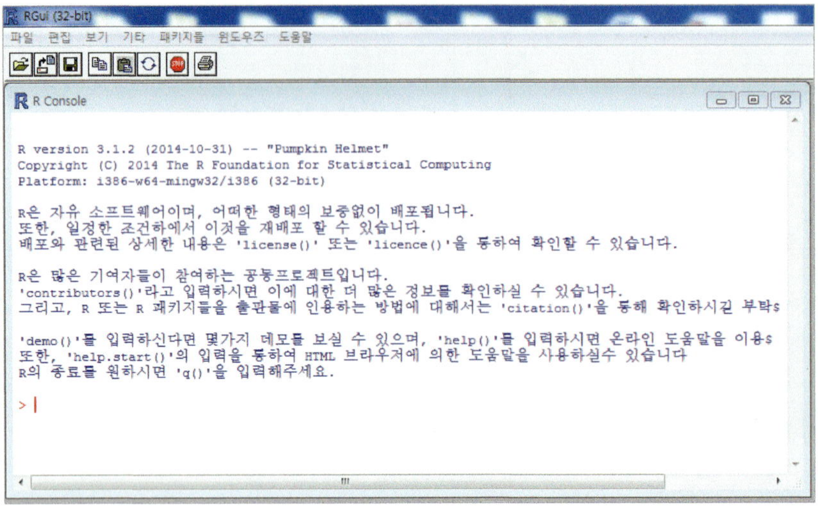

(b) RStudio 프로그램 다운로드 절차

R 프로그램(http://www.r-project.org/)이 설치되었다면, R 사용자의 편의를 위해 제공되는 무료 소프트웨어(에디터)인 RStudio(http://www.rstudio.com/) 프로그램을 추가로 설치한다(반드시 R 프로그램이 먼저 설치되어야 함). RStudio는 R 사용자의 편의를 위한 통합개발환경(IDE, Integrated Development Environment)을 제공한다.

(2-1) 홈페이지(http://www.rstudio.com/)에서 Download RStudio를 클릭한다.

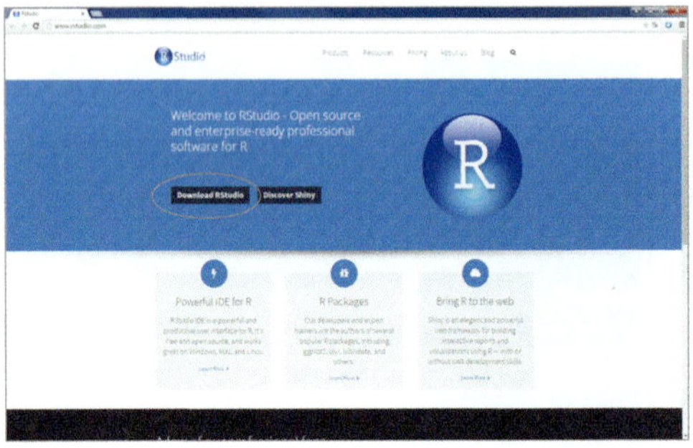

(2-2) DOWNLOAD RSTUDIO DESKTOP을 클릭한다.

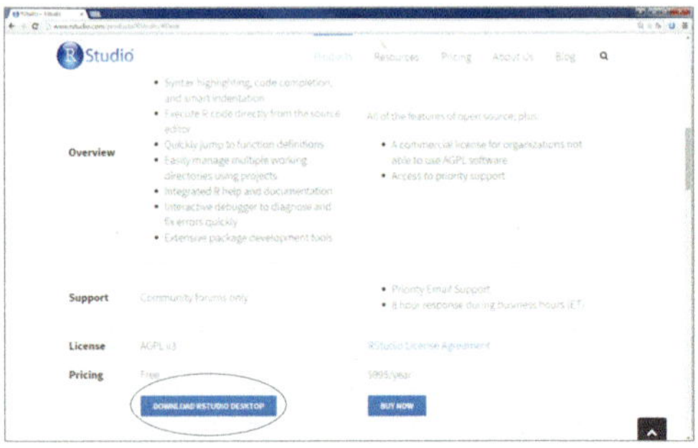

(2-3) 운영체제에 맞는 프로그램을 다운받는다.

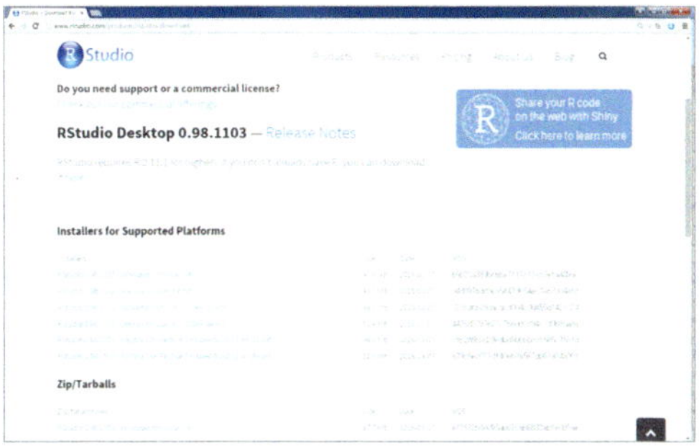

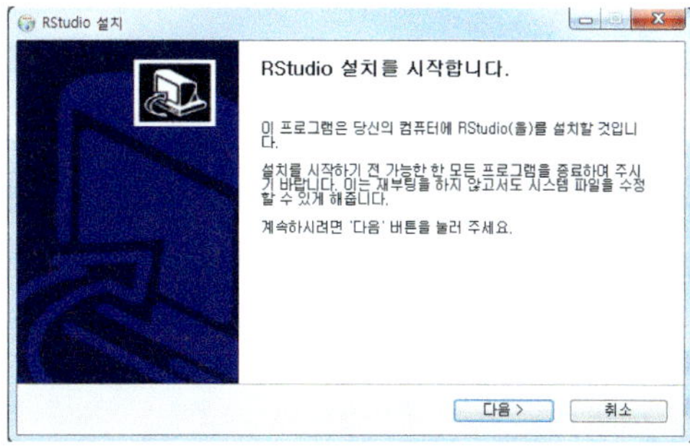

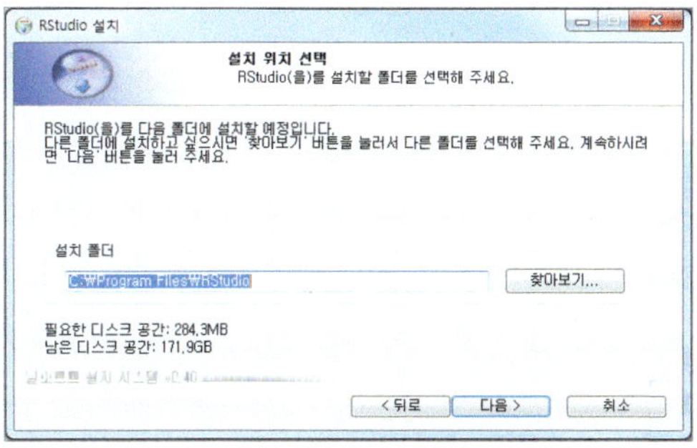

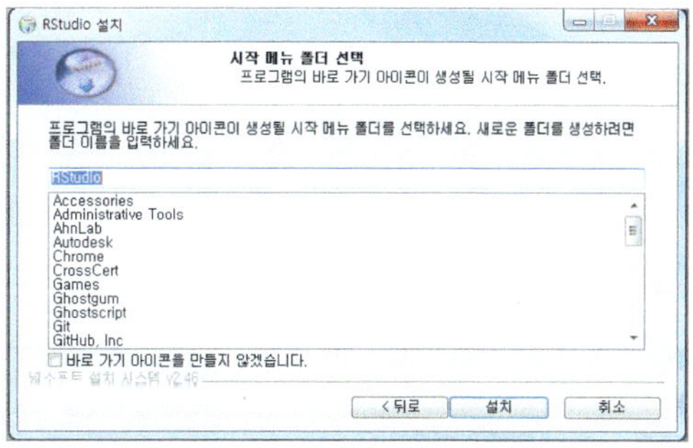

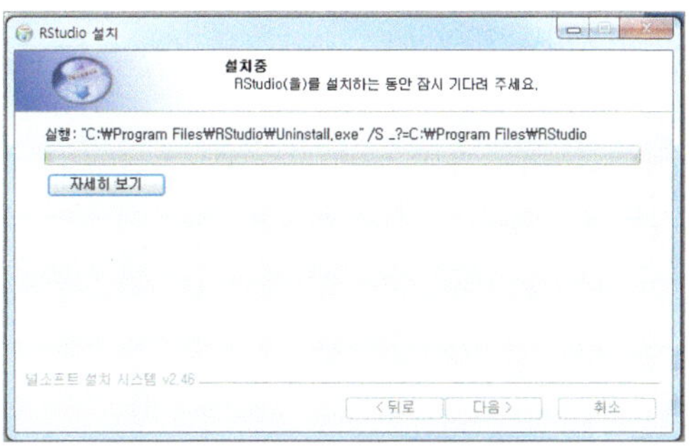

(2-4) 설치된 RStudio 프로그램을 실행하면 다음과 같은 초기 화면이 나타난다.

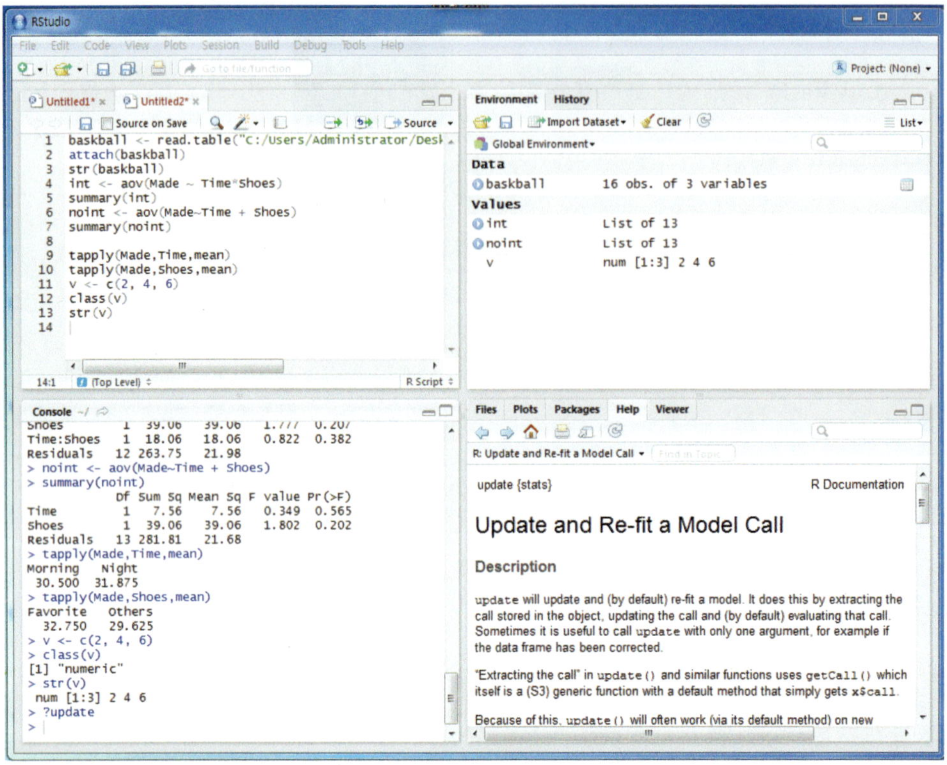

※ **체크사항**: R과 Studio 프로그램이 정상적으로 설치되었으나, RStudio가 정상적으로 동작하지 않을 경우에는 다음과 같이 조치해 보기 바란다: 제어판 → 사용자 계정 → 새 계정 만들기 → '관리자' 를 선택하고('표준사용자' 가 아님), 새 계정의 이름을 (반드시) 영어로 부여함 → 사용자 전환

설치된 R 프로그램의 버전을 확인할 때는 콘솔창(좌측 하단)에서 다음을 수행한다.

```
> R.version
```

1.1.3 R 들어가기

R 또는 R Studio 환경에서 다음의 내용을 따라하며 R의 기초와 작동 원리를 배우기로 한다.

```
> ## 단순 계산기 기능
> (20+3 * 2)/3
[1] 8.666667     # 디폴트로 소수점 7자리에서 반올림

    # 자릿수 변환
    > options(digits=4)
    > (20+3 * 2)/3
    [1] 8.667

> ## 수열(sequence)의 생성
> 1:10
[1]  1  2  3  4  5  6  7  8  9  10

> seq(1, 5, 0.5)
[1] 1.0 1.5 2.0 2.5 3.0 3.5 4.0 4.5 5.0

> rep(10, 5)     # 반복되는 원소(repeated elements)의 수열
[1] 10 10 10 10 10

> rep(1:5, 2)
[1] 1 2 3 4 5 1 2 3 4 5

    > ## 연속되는 알파벳 생성
    > LETTERS[1:10]
    [1] "A" "B" "C" "D" "E" "F" "G" "H" "I" "J"
    > letters[-(3:5)]
    [1] "a" "b" "f" "g" "h" "i" "j" "k" "l" "m" "n" "o" "p" "q" "r" "s" "t" "u" "v"
    [20] "w" "x" "y" "z"

    > ## LETTERS, letters와 함께 R에 내장된 상수: month.name, month.abb, state.name,
    state.abb, pi 등이 있음
    > month.name   # 시계열 자료 등을 다룰 때 유용
    [1] "January"  "February" "March"  "April"  "May"  "June"  "July"  "August"
    [9] "September" "October"  "November"  "December"
    > month.abb
    [1] "Jan" "Feb" "Mar" "Apr" "May" "Jun" "Jul" "Aug" "Sep" "Oct" "Nov" "Dec"
    > ## abbreviate(month.name)의 결과와 비교해 볼 것
    > pi
    [1] 3.141593

> ## 값(value)을 변수에 할당
> x <- 3 * 4
> x
[1] 12
```

1.2 R의 도움말 이용하기

1.2.1 help( ) 함수 이용하기

R의 도움말 기능은 매우 우수하다. R의 고급 사용자가 되기 위해서는 도움말을 잘 활용할 필요가 있다.

```
> ## 함수에 대한 도움말
> help(summary)     # ?summary와 동일

> ## 키워드에 대한 도움말
> help("for")     # ?"for"와 동일

> ## help.search() 함수: 키워드를 통해 관련 자료를 내 컴퓨터에 설치된(installed) 패키지에서
찾음. 키워드와 관련된 패키지와 함수 정보 제공
> ??ANOVA     # help.search("ANOVA")와 동일

> ## apropos() 함수: 로딩된(loaded) 패키지에서 키워드를 포함하는 객체를 찾음
> apropos("ANOVA")
[1] ".__C__anova"            ".__C__anova.glm"         ".__C__anova.glm.null"
[4] "anova"                  "manova"                  "power.anova.test"
[7] "stat.anova"             "summary.manova"

> ## help.start() 함수: HTML 웹 브라우저를 통한 도움말을 제공
> help.start()
```

[그림 1.3] help.start( ) 함수의 실행 화면

1.2.2 R의 자료 검색

R 사용자는 필요한 정보를 인터넷 또는 R 환경 내에서 찾을 수 있다. 주요 내용은 다음과 같다.

```
> ## R 환경 내에서 키워드를 이용한 사이트 또는 함수 찾기
> RSiteSearch("keywords")
```

이 함수는 http://search.r-project.org 사이트에서 검색하는 것과 동일하며, R 환경 내에서 내 컴퓨터에 인스톨되지 않은 패키지의 내용도 인터넷 검색을 통해 정보를 제공해 주므로 매우 편리하다.

그 외 R 사용 시 유용한 사이트를 소개하면 다음과 같다.

- http://crantastic.org # 키워드를 통해 패키지를 찾아보기
- http://rseek.org # R 질의에 대해 특별히 맞추어진 구글에 기초한 검색엔진
- http://stackoverflow.com # R 관련 Q&A 사이트, 오류 등 해결책 제시
- http://stats.stackexchange.com # 통계분석에 대한 Q&A 사이트

1.2.3 R의 주요 명령어/함수 요약

R에서 사용되는 기본 명령어(또는 함수)에 대한 요약은 R 홈페이지(http:/www.r-project.org/) → Documentation → Other → Contributed Documentation → Short Documentation and Reference Cards → R reference card v2(by Matt Baggott)를 추천한다(http://cran.r-project.org/doc/contrib/Short-refcard.pdf). 이 요약표를 [부록 1]에 수록하였다.

1.3 주요 연산자 및 R 객체

1.3.1 주요 연산자 및 기호

R에서 사용되는 주요 연산자는 다음의 [표 1.1]과 같다.

[표 1.1] R의 주요 연산자 (들여쓰기 된 부분은 고급 사용자에 한함)

<table>
<tr><th>R 연산자</th><th>설명</th></tr>
<tr><td><- (또는 ->)</td><td>할당 연산자</td></tr>
<tr><td>=</td><td>할당 연산자(비추천)</td></tr>
<tr><td>$</td><td>리스트 부집합</td></tr>
<tr><td>+, -, *, /</td><td>합, 차, 곱, 나누기</td></tr>
<tr><td>^</td><td>제곱</td></tr>
<tr><td>~</td><td>모형 표현에 사용</td></tr>
<tr><td>:</td><td>수열(모형에서는 교호작용)</td></tr>
<tr><td>::</td><td>패키지에서 함수 참조</td></tr>
<tr><td>!</td><td>NOT</td></tr>
<tr><td>&</td><td>AND</td></tr>
<tr><td>|</td><td>OR</td></tr>
<tr><td>&&</td><td>AND (주로 if 문 내에서 사용됨)</td></tr>
<tr><td>||</td><td>OR (주로 if 문 내에서 사용됨)</td></tr>
<tr><td>xor(x,y)</td><td>원소별 배타적 OR</td></tr>
<tr><td>==</td><td>equal to</td></tr>
<tr><td><, >, <=, >=</td><td>대소 관계</td></tr>
<tr><td>%*%</td><td>행렬곱</td></tr>
<tr><td>%%</td><td>모듈러 연산자</td></tr>
<tr><td>%/%</td><td>정수나누기</td></tr>
<tr><td>%o%</td><td>외적</td></tr>
<tr><td>%x%</td><td>크로네커곱</td></tr>
<tr><td>%in%</td><td>매칭연산자(모형에서는 내포(nesting))</td></tr>
</table>

R은 다음의 사항을 따른다.

- R 객체명은 대, 소문자를 구분한다(case-sensitive).
- R 프로그램의 각 행에서 # 기호 이후의 모든 내용은 주석문(comments)으로 취급되며, 따라서 프로그램의 수행에는 영향을 주지 않는다.

1.3.2 주요 객체와 생성

R은 여러 형태(types)의 객체를 가진다. R의 객체 형태에는 스칼라(scalar), 벡터(vector), 요인(factor), 행렬(matrix), 데이터프레임(data frame), 리스트(list), 시계열(time series), 함수(function), 그래픽(graphics) 등이 있다. R을 잘 다루기 위해서는 이들 객체에 대한 이해가 선행되어야 한다.

R 객체는 모드(mode)를 통해 특징지어진다. 모드의 종류는 다음과 같다.

- 빈 객체(null or empty object)
- 논리형(logical): TRUE 또는 FALSE
- 수치형(numeric): 5, 3.1415, 10+sqrt(3)
- 복소수형(complex): 5-3i, complex(2,4,-2)
- 문자형(character): "Red", "John", "y=a+bx"

객체의 모드를 확인하고자 할 때는 class() 함수를 사용한다. 또한, R의 str() 함수는 R 객체의 구조(structure)를 보여 준다. 이 함수들은 어떠한 R 객체에도 적용된다.

(a) 벡터 객체 생성

```
> ## 벡터(vector) 객체 생성: c() 함수 사용(c: combine)
> v <- c(2, 4, 6)
> v    # 숫자형 벡터
[1] 2 4 6

> class(v)
[1] "numeric"

> str(v)
 num [1:3] 2 4 6

     > ## 이름을 가진 벡터(named vector) 생성
     > names(v) <- c("site1", "site2", "site3")
     > v     # (이름을 가진) 숫자형 벡터
     site1 site2 site3
         2     4     6

     > v[1]
     site1
         2
```

```
> v["site1"]
site1
    2

> v[2] <- "Kim"
> v    # (이름을 가진) 문자형 벡터
site1 site2 site3
  "2" "Kim"   "6"

> (v1 <- c(v[1], v[3]))
site1 site3
  "2"   "6"
```

(b) 요인 객체 생성

요인(factor)은 범주형 자료를 다룰 때 사용되며, 취할 수 있는 가능한 값을 수준(levels)으로 가진다.

```
> ## factor() 함수: 요인 객체 생성
> f <- factor(c("low", "high"))
> f
[1] low  high
Levels: high low
(유의) 마지막 줄에 "Levels:..."는 요인 객체를 벡터 객체와 외형적으로 구분지어 준다.

> ## gl() 함수: 요인 수열(factor sequence)의 생성
> f.1 <- gl(2, 3, labels=c("male", "female"))
> f.1
[1] male   male   male   female female female
Levels: male female

    > ## table() 함수: 요인 객체에 대해 빈도표(frequence table) 작성
    > table(f.1)
    f.1
      male female
         3      3

    > f.2 <- factor(c("white", "black", "white", "white", "black", "white"))
    > (t <- table(f.1, f.2))
            f.2
    f.1      black white
      male       1     2
      female     1     2
```

```
> ## margin.table() 함수: 주변표 작성
> margin.table(t, 1)
f.1   # 1은 행을 의미
  male female
     3      3

> margin.table(t, 2)
f.2   # 2는 열을 의미
black white
    2     4

> ## prop.table() 함수: 비율표 작성
> prop.table(t, 1)
        f.2
f.1          black     white
  male   0.3333333 0.6666667
  female 0.3333333 0.6666667

> prop.table(t, 2)
        f.2
f.1      black white
  male     0.5   0.5
  female   0.5   0.5

> prop.table(t)
        f.2
f.1          black     white
  male   0.1666667 0.3333333
  female 0.1666667 0.3333333
```

(c) 행렬과 배열 객체 생성

```
> ## matrix() 함수: 행렬(matrix) 객체 생성
> m <- matrix(c(1, 2, 3, 4, 5, 6, 7, 8), 2, 4)
> m
     [,1] [,2] [,3] [,4]
[1,]    1    3    5    7
[2,]    2    4    6    8

> m[2,2]
[1] 4

> m[1,]
[1] 1 3 5 7
```

```
> m[1, -3]
[1] 1 3 7

> ## array() 함수: 배열(array) 객체 생성
> a <- array(1:30, dim=c(2, 5, 3))
> a
, , 1

     [,1] [,2] [,3] [,4] [,5]
[1,]    1    3    5    7    9
[2,]    2    4    6    8   10

, , 2

     [,1] [,2] [,3] [,4] [,5]
[1,]   11   13   15   17   19
[2,]   12   14   16   18   20

, , 3

     [,1] [,2] [,3] [,4] [,5]
[1,]   21   23   25   27   29
[2,]   22   24   26   28   30
```

(d) 리스트 객체 생성

리스트(list)는 서로 다른 유형의 객체(objects)들의 순서화된 모임(ordered collection)이다.

```
> ## list() 함수: 리스트 객체 생성
> l <- list(id=c(1, 2, 3), name=c("Kim", "Lee", "Park"), score=c(70, 80, 90))
> l
$id
[1] 1 2 3

$name
[1] "Kim"  "Lee"  "Park"

$score
[1] 70 80 90

> l[3]     # (유의) 원소가 하나인 리스트임
$score
[1] 70 80 90
```

```
> l[[3]]     # (유의) 리스트가 아닌 벡터 객체임에 유의
[1] 70 80 90

> l$score    # l[[3]]과 동일
[1] 70 80 90

> unlist(l)    # 이름을 가지는 문자형 벡터 객체
  id1    id2    id3   name1  name2  name3 score1 score2 score3
  "1"    "2"    "3"   "Kim"  "Lee" "Park"   "70"   "80"   "90"
```

(e) 데이터프레임 객체 생성

데이터프레임(data frame)은 행렬과 유사하나 컬럼별로 이름이 부여되어 있으며, 행렬과는 달리 각 컬럼별로 서로 다른 형태의 자료를 가질 수 있다는 면에서 리스트와도 유사하다.

```
> ## data.frame() 함수: 데이터프레임 객체 생성
> d <- data.frame(id=c(1, 2, 3), name=c("Kim", "Lee", "Park"), score=c(70, 80, 90))
> d
  id name score
1  1  Kim    70
2  2  Lee    80
3  3 Park    90

> d$name
[1] Kim  Lee  Park
Levels: Kim Lee Park

> d$score
[1] 70 80 90

> d[2,3]
[1] 80

> d[1, ]
  id name score
1  1  Kim    70

> d[, 1]
[1] 1 2 3

> d[d$score >= 80, ]
  id name score
2  2  Lee    80
```

```
3  3 Park    90

> d[d$name=="Kim", ]
  id name score
1  1  Kim    70

> d[d$name=="Kim", "score" ]
[1] 70

> d[d$name=="Kim", c("id", "score")]
  id score
1  1    70

> names(d)
[1] "id"    "name"  "score"

> names(d)[3] <- "total"
> d
  id name total
1  1  Kim    70
2  2  Lee    80
3  3 Park    90
```

(f) 테이블 객체 생성

앞서 요인 객체를 table( ) 함수로 요약한 바 있다. table( ) 함수가 적용된 결과는 테이블 객체로 취급되어 다루어진다. 특히, 테이블 객체는 범주형 자료의 분석에 유용하다.

```
> ## 테이블(table) 객체 생성: table() 함수를 이용
> table(rpois(100, 5))
 1  2  3  4  5  6  7  8  9 10 12
 3  7 10 21 13 20 14  6  4  1  1
> ## rpois(100, 5): 평균이 5인 포아송 분포로부터 100개의 난수를 발생(2.2절 참고)

> ## 2차원 테이블 객체 생성
> table(rbinom(100, 10, 0.5), rbinom(100, 10, .2))     # 길이가 같아야 함
     0  1  2  3  4  5  6
  1  0  0  0  0  1  0  0
  2  1  1  2  0  0  1  0
  3  4  4  1  1  0  0  0
  4  2  6  4  5  2  0  1
  5  2  6 12  6  0  0  1
  6  0 10  5  5  1  0  0
  7  0  2  3  2  1  1  0
  8  0  2  1  2  2  0  0
```

```
> # ftable() 함수: 다양한 객체(요인, 리스트, 데이터프레임, 분할표 등)를 평면 분할표
(flat contingency table) 객체로 만들어 줌(ftable 객체 생성).
> ftable(Titanic, row.vars=1:3)     # 테이블 객체(Titanic)에 ftable() 함수 적용
                   Survived  No Yes
Class Sex    Age
1st   Male   Child            0   5
             Adult          118  57
      Female Child            0   1
             Adult            4 140
2nd   Male   Child            0  11
             Adult          154  14
      Female Child            0  13
             Adult           13  80
3rd   Male   Child           35  13
             Adult          387  75
      Female Child           17  14
             Adult           89  76
Crew  Male   Child            0   0
             Adult          670 192
      Female Child            0   0
             Adult            3  20

> ftable(Titanic, row.vars=1:2, col.vars="Survived")
             Survived  No Yes
Class Sex
1st   Male            118  62
      Female            4 141
2nd   Male            154  25
      Female           13  93
3rd   Male            422  88
      Female          106  90
Crew  Male            670 192
      Female            3  20

> ftable(Titanic, row.vars=2:1, col.vars="Survived")
             Survived  No Yes
Sex    Class
Male   1st            118  62
       2nd            154  25
       3rd            422  88
       Crew           670 192
Female 1st              4 141
       2nd             13  93
       3rd            106  90
```

```
         Crew              3  20

> ## 데이터프레임 객체를 ftable 객체로
> x <- ftable(mtcars[c("cyl", "vs", "am", "gear")])
> ## 데이터프레임 객체에 ftable() 함수 적용
> x
          gear  3  4  5
cyl vs am
4   0  0        0  0  0
       1        0  0  1
    1  0        1  2  0
       1        0  6  1
6   0  0        0  0  0
       1        0  2  1
    1  0        2  2  0
       1        0  0  0
8   0  0       12  0  0
       1        0  0  2
    1  0        0  0  0
       1        0  0  0

> ftable(x, row.vars=c(2, 4))
        cyl  4     6     8
        am   0  1  0  1  0  1
vs gear
0  3         0  0  0  0 12  0
   4         0  0  0  2  0  0
   5         0  1  0  1  0  2
1  3         1  0  2  0  0  0
   4         2  6  2  0  0  0
   5         0  1  0  0  0  0

> ## dnn= 옵션을 통해 출력 시 변수명(dimension name: 라벨)을 변경함
> ftable(mtcars$cyl, mtcars$vs, mtcars$am, mtcars$gear, row.vars=c(2, 4),
         dnn=c("Cylinders", "V/S", "Transmission", "Gears"))

          Cylinders     4     6     8
          Transmission  0  1  0  1  0  1
V/S Gears
0   3                   0  0  0  0 12  0
    4                   0  0  0  2  0  0
    5                   0  1  0  1  0  2
1   3                   1  0  2  0  0  0
    4                   2  6  2  0  0  0
    5                   0  1  0  0  0  0
```

ftable( ) 함수는 ftable(xtabs( )) 형식으로 xtabs( ) 함수와 함께 사용하면 분할표 작성에 매우 유용하다(21장 참고).

(g) 시계열 객체 생성

시계열 객체는 시간의 흐름에 따라 변하는 자료 객체를 의미한다.

```
> ## 시계열(time series) 객체 생성: ts() 함수를 이용
> (t <- ts(1:10, frequency=4, start=c(2001, 2)))
     Qtr1 Qtr2 Qtr3 Qtr4
2001         1    2    3
2002    4    5    6    7
2003    8    9   10

> str(t)
 Time-Series [1:10] from 2001 to 2004: 1 2 3 4 5 6 7 8 9 10

> ## 다변량 시계열 생성
> set.seed(100)
> z <- ts(matrix(rnorm(300), 100, 3), start=c(1961, 1), frequency=12)
> class(z)     # 여러 가지 객체로 인식됨
[1] "mts"     "ts"      "matrix"

> head(z)     # 행렬구조로 출력됨에 유의
        Series 1   Series 2    Series 3
[1,] -0.50219235 -0.3329234  0.02817177
[2,]  0.13153117  1.3631137 -0.35670341
[3,] -0.07891709 -0.4691473  0.85262638
...
[99,]  -1.1786831 -1.0854529  0.8140322
[100,] -1.1740348  0.5769373 -1.3200244

> plot(z)
```

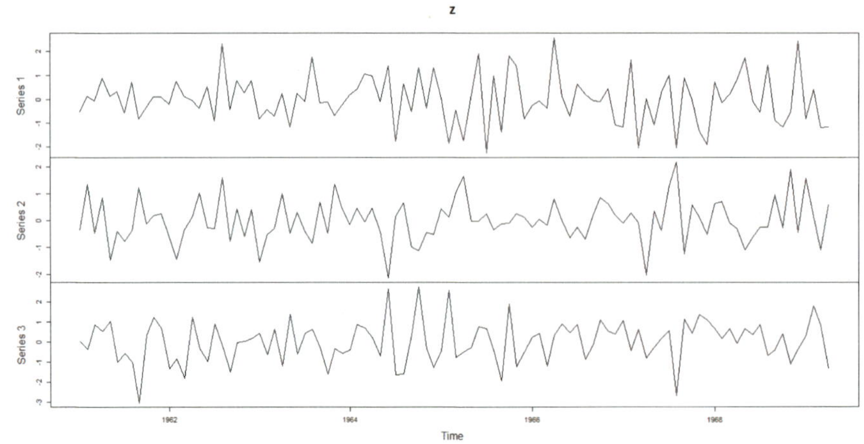

```
> plot(z, plot.type="single", lty=1:3)
```

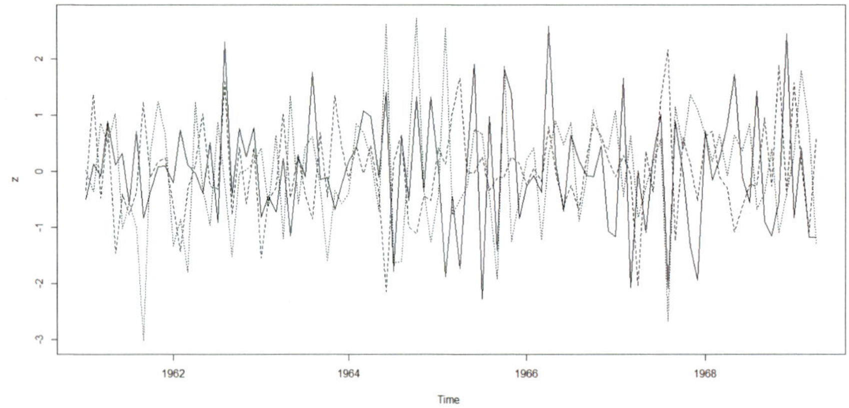

1.4 R 객체 다루기

1.4.1 객체 확인 및 전환하기

R의 객체는 매우 다양하며, 객체의 종류에 따라 적용되는 함수가 다르다. R에서 객체를 확인하거나 전환하는 함수는 다음과 같다.

- 객체 확인하기

  is.vector( ), is.matrix( ), is.data.frame( ), is.factor( ), is.table( ), is.ts( ), ...

- 객체 전환하기

  as.vector( ), as.matrix( ), as.data.frame, as.factor( ), as.table( ), as.ts( ), ...

```
> ## 활용 예제
> a <- matrix(c(1:10), 2, 5)
> is.data.frame(a)
[1] FALSE

> is.matrix(a)
[1] TRUE

> a %*% t(a)     # %*%는 행렬 객체에 적용되는 연산자임
     [,1] [,2]
[1,]  165  190
[2,]  190  220

> b <-as.data.frame(a)
> str(b)
'data.frame':                    2 obs. of  5 variables:
 $ V1: int  1 2
 $ V2: int  3 4
 $ V3: int  5 6
 $ V4: int  7 8
 $ V5: int  9 10

> b %*% t(b)     # 객체 b는 행렬 객체가 아니므로 행렬연산(%*%) 수행 불가
Error in b %*% t(b) : requires numeric/complex matrix/vector arguments

> as.matrix(b) %*% t(as.matrix(b))
     [,1] [,2]
[1,]  165  190
[2,]  190  220
```

1.4.2 분석 결과객체 다루기

R에서 통계분석 함수(예를 들어 lm( ) 함수)를 수행한 결과객체는 여러 가지 중요한 정보를 포함하고 있다. 이 가운데 분석에 필수적인 중요한 정보는 다음과 같이 summary(객체명) 함수를 사용하면 편리하다.

결과객체에 저장된 정보의 종류(이름)는 names( ) 함수를 통해 확인할 수 있다. 물론 이 가운데 일부를 새로운 객체로 저장할 수도 있다. 이와 유사한 함수로는 ls( )와 objects( )가 있다.

```
> ## names() 함수의 적용 예
> lm.iris <- lm(Sepal.Length ~ Sepal.Width, data=iris)    # lm.iris는 lm 객체임
> names(lm.iris)    # lm 객체에 포함된 내용 확인
 [1] "coefficients" "residuals"  "effects"  "rank"  "fitted.values"  "assign"
 [7] "qr"  "df.residual"  "xlevels"  "call"  "terms"  "model"

> ls(lm.iris)    # 제공되는 내용은 유사하나 순서가 다름
 [1] "assign"  "call"  "coefficients"  "df.residual"  "effects"  "fitted.values"
 [7] "model"  "qr"  "rank"  "residuals"  "terms"  "xlevels"

> summary(lm.iris)    # lm 객체의 주요 결과 요약
Call:
lm(formula=Sepal.Length ~ Sepal.Width, data=iris)

Residuals:
    Min      1Q  Median      3Q     Max
-1.5561 -0.6333 -0.1120  0.5579  2.2226

Coefficients:
            Estimate Std. Error t value Pr(>|t|)
(Intercept)   6.5262     0.4789   13.63   <2e-16 ***
Sepal.Width  -0.2234     0.1551   -1.44    0.152
```

일반적으로 names( ) 함수는 이름을 가진 객체의 이름(name)을 출력하거나 바꿀 때 사용하는 함수이다.

1.5 인덱싱과 벡터화 연산

1.5.1 인덱싱

인덱싱(indexing)을 통해 벡터로부터 특정한 자료를 추출한다. [ ] 속의 인덱스 벡터는 논리형, 정수, 음의 정수, 문자열(:)이 가능하다.

```
> x <- c(-3, 5, 0, 50, 100, -10)
> (y <- x > 0)
[1] FALSE  TRUE FALSE  TRUE  TRUE FALSE

> x[x > 0]    # x[y]와 동일
[1]   5  50 100

> x[x < -5 | x >= 50]    # |은 or 연산자
[1]  50 100 -10

> x[x > 0 & x < 100]    # &은 and 연산자
[1]  5 50

> x[-c(1, 3)]
[1]   5  50 100 -10

> x[c(3:5)]
[1]   0  50 100
```

인덱싱은 벡터 객체뿐 아니라 행렬, 데이터프레임, 리스트 등의 객체에 대해서도 유사하게 적용된다.

1.5.2 벡터화 연산

R의 강력한 기능 가운데 하나는 벡터화 연산(vectorizing computation)이다. R의 고급 사용자가 되기 위해서는 반복문의 사용을 가급적 피하고 벡터화 연산을 잘 활용하는 것이 바람직하다(연산 속도에서 많은 차이가 있음).

```
> v1 <- c(1, 2, 3, 4, 5)
> 2*v1    # 원소별로 연산이 적용됨
[1]  2  4  6  8 10

> sqrt(v1)    # 원소별로 함수가 적용됨
[1] 1.000000 1.414214 1.732051 2.000000 2.236068

> 1:10 * 10:1    # 대응되는 원소끼리 연산이 수행됨
 [1] 10 18 24 28 30 30 28 24 18 10

> v2 <- c(10, 20, 30)
> v1+v2    # 벡터의 길이가 달라도 재순환 규칙(recycling rule)이 적용됨
[1] 11 22 33 14 25
```

1.6 R 함수 만들기와 프로그램 실행

1.6.1 R 함수 만들기

R은 사용자가 분석에 필요한 함수를 만들어 사용할 수 있다. 다음은 사용자 정의 함수의 간단한 예로 가중평균을 구하는 함수이다(함수명: weighted.mean()).

```
> ## 함수 작성 예: 가중평균을 구하는 함수
> weighted.mean <- function(x, weight=rep(1, length(x))) {
                             sum(x * weight) / sum(weight)
                             }

> weighted.mean(1:3)     # 함수 이용하기
[1] 2

> weighted.mean(1:3, 3:1)
[1] 1.667
```

함수는 한 개 또는 여러 개의 결과를 다양한 방식으로 제공할 수 있다.

(a) 한 개의 결과 내보내기

```
> ## 예: 표준오차 구하는 함수
> std.error <- function(x) {
                      v <- var(x)
                      n <- length(x)
                      se <- sqrt(v/n)
                      return(se)     # return() 함수: 한 개의 결과만 내보냄
                      }

     > ## 위 함수는 다음과 동일함
     > std.error <- function(x) {
                           v <- var(x)
                           n <- length(x)
                           sqrt(v/n)     # 마지막 문장이 결과로 제공됨
                           }

> std.error(c(1:10))
[1] 0.9574
```

(b) 여러 가지 결과를 리스트로 내보내기

```
> basic.stats <- function(x) {
                       n <- length(x)
                       m <- mean(x)
                       med <- median(x)
                       s <- sd(x)
                       list(n=n, mean=m, median=med, std=s)
                       # list() 함수: 여러 개의 결과를 내보냄
                       }

> basic.stats(c(1:10))
$n
[1] 10

$mean
[1] 5.5

$median
[1] 5.5

$std
[1] 3.028

    > ## 위의 basic.stats() 함수는 다음과 같이 작성될 수도 있음
    > basic.stats <- function(x) {
                           stats <- list()    # 빈 리스트 객체를 만듦
                           stats$n <- length(x)
                           stats$mean <- mean(x)
                           stats$med <- median(x)
                           stats$std <- sd(x)
                           stats     # 마지막 문장을 결과로 보냄
                           }
```

(c) 벡터 형태로 결과를 내보내기

```
> basic.stats <- function(x) {
                    n <- length(x)
                    m <- mean(x)
                    med <- median(x)
                    s <- sd(x)
                    out <-c(n, m, med, s)    # 벡터로 저장
                    names(out) <- c("n", "mean", "median", "std")    # 이름 부여
                    round(out, 4)    # out을 출력하되 소수점 4자리까지만 출력
```

```
                    }

> basic.stats(c(1:10))
      n     mean  median     std
10.0000  5.5000  5.5000  3.0277
```

예제 1

자료에 대한 탐색적 분석을 수행하는 사용자 정의 함수를 하나 만들어 보자(함수명: eda.shape( )).

```
> eda.shape <- function(x) {
 par(mfrow=c(2, 2))     # 그래픽을 2×2 행렬의 형태로 배치함
 # par() 함수는 전역적으로 그래픽 옵션을 지정하는 함수임(3장 참고)
 hist(x)     # 첫 번째 그림
 boxplot(x)     # 두 번째 그림
 qqnorm(x)     # 세 번째 그림
 qqline(x)
 # qqline() 함수는 qqnorm() 함수의 실행결과에 보조선을 추가하는 함수임(3.3절 저수준
   그래픽 함수 참고)
 plot(density(x), type="l")     # 네 번째 그림
   }

> eda.shape(iris$Sepal.Length)     # 사용자 정의 함수 실행
```

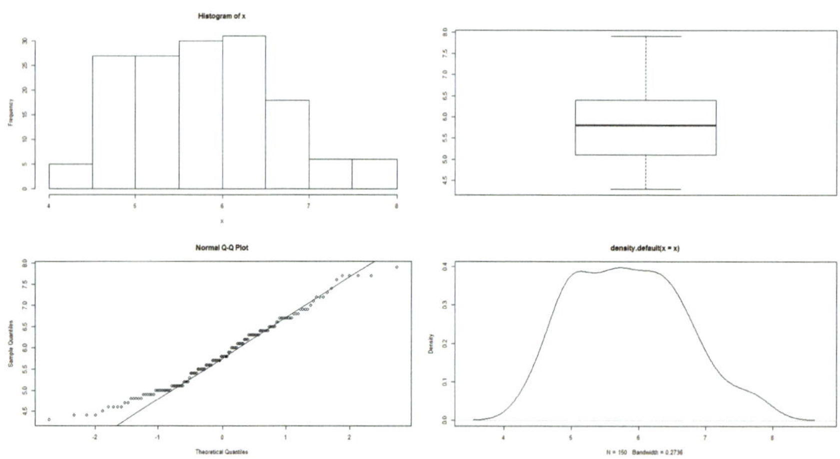

(d) R의 내장함수 수정하여 사용하기

R은 매우 풍부한 함수를 제공한다. R에서 제공되는 대부분의 함수는 그 소스가 제공되므로, 필요 시에는 목적에 맞게 수정하여 새로운 이름으로 저장하여 사용할 수 있다. 이 경우 fix( ) 함수를 이용한다.

```
> fix(factorial)     # factorial() 함수를 수정
```

1.6.2 R 프로그램 실행하기

R 콘솔창(console)에서 외부에서 작성된 R 프로그램 실행하기 위해서는 다음의 source( ) 함수를 이용한다.

```
> source("파일명.txt")
```

예를 들어 메모장 등에서 작성된 텍스트 파일(파일명: program.txt)의 내용이 다음과 같다고 하자.

```
-------------- c:/program.txt 의 내용 -------------
x <- c(1,2,3,4,5)
y <- c(10,20,30,40,50)
mean.x <- mean(x)
mean.y <- mean(y)
std.error <- function(x) {
                    v <- var(x)
                    n <- length(x)
                    se <- sqrt(v/n)
                    return(se)
                    }

SE <- std.error(c(1:10))
---------------------------------------------
```

위 프로그램은 source( ) 함수를 이용하여 다음과 같이 실행된다.

```
> source("c:/program.txt")
> mean.x; mean.y
[1] 3
[1] 30
> SE
[1] 0.9574271
```

R 프로그램이 한 번 실행되고 나면 프로그램 내의 함수(std.error)와 변수(x, y, mean.x, mean.y, SE)들은 작업창(workspace)에서 객체로 저장되므로 언제든 호출하여 사용할 수 있다.

```
> ## 웹에서 제공되는 텍스트 파일도 동일한 방법으로 실행할 수 있음
> source("http://… /a.txt")
```

1.7 R 패키지 활용과 객체관리

1.7.1 패키지 활용 및 참조

(a) 패키지 활용

R 환경 내에서 다음의 절차를 통해 CRAN 사이트(디폴트임)에서 제공하는 R 패키지의 기능을(함수를) 이용할 수 있다. 예를 들어 패키지 {ggplot2}의 기능을 사용하고 싶다면 다음을 수행하면 된다.

```
> ## 패키지를 내 컴퓨터에 설치(install)함
> install.packages("ggplot2")

    > ## CRAN 이외의 사이트로부터 패키지를 install하는 예는 다음과 같다.
    > install.packages("packageName", repos="http://www.omegahat.org/R")

> ## 패키지를 현재의 작업 환경으로 로딩(loading)함
> library("ggplot2")     # require("ggplot2")와 동일
```

패키지 {ggplot2}에서 제공하는 함수는 다음과 같이 확인할 수 있다. 아래에서 따옴표는 생략 가능하다.

```
> library(help="ggplot2")    # help(package="ggplot2")와 동일
```

(b) 패키지 참조

R에서는 동일한 이름을 가진 함수가 여러 패키지에서 제공될 수 있다. 이때 참조기호(::)를 이용하여 프로그램 내에서 분명하게 명시할 필요가 있다.

예를 들어 패키지 {e1071}에서 제공하는 skewness( ) 함수를 이용하는 방법은 다음과 같다. 이 명령어가 실행되기 위해서는 해당 패키지가 내 컴퓨터에 설치되어 있어야 한다(loading될 필요는 없다).

```
> ## 참조기호(::) 활용 예제
> x<-c(1:100)
> e1071::skewness(x)    # (패키지::함수) 형태: 패키지 내의 함수를 호출
[1] 0
```

(c) 패키지 갱신

update.packages( ) 함수는 설치된 패키지의 버전을 최신 버전으로 갱신한다. 관련 함수로는 old.packages( )와 new.packages( )가 있다(두 함수는 모두 인스톨된 패키지와 CRAN 등의 패키지 저장소의 버전을 비교해 준다).

```
> update.packages()
```

1.7.2 R의 객체관리

R이 설치되면 기본적으로 {base} 패키지가 설치되면서 6개의 패키지({methods}, {datasets}, {utils}, {grDevices}, {graphics}, {stat})가 자동으로 추가 설치된다. 현재 작업창에서 R이 참조하는 디렉토리는 search( ) 함수를 통해 확인할 수 있다.

(a) search( )와 searchpaths( ) 함수

```
> ## search() 함수: R이 참조하는 디렉토리 확인
> search()
> search()
 [1] ".GlobalEnv"        "tools:rstudio"     "package:stats"
 [4] "package:graphics"  "package:grDevices" "package:utils"
```

```
 [7] "package:datasets"  "package:methods"   "Autoloads"
[10] "package:base"

> ## searchpaths() 함수는 좀 더 자세한 정보를 제공해 줌
> searchpaths()
 [1] ".GlobalEnv"     # 위치 불변
 [2] "tools:rstudio"
 [3] "C:/Program Files/R/R-3.1.1/library/stats"
 [4] "C:/Program Files/R/R-3.1.1/library/graphics"
 [5] "C:/Program Files/R/R-3.1.1/library/grDevices"
 [6] "C:/Program Files/R/R-3.1.1/library/utils"
 [7] "C:/Program Files/R/R-3.1.1/library/datasets"
 [8] "C:/Program Files/R/R-3.1.1/library/methods"
 [9] "Autoloads"
[10] "C:/PROGRA~1/R/R-31~1.1/library/base"
```

위 결과는 R이 설치된 후 RStudio 프로그램이 설치된 결과를 보여 준다. R에서 사용되는 함수는 위의 패키지에 부여된 번호순으로 검색되어 실행된다. 가령 동일한 함수명이 서로 다른 패키지에 존재할 때, 상위번호에 부여된 패키지 내의 함수가 실행되는 것이다.

분석을 위해 새로운 패키지를 설치 후 로딩하게 되면, 해당 패키지가 최상위에 배치된다.

```
> install.packages("MASS")     # {MASS} 패키지를 설치
> library("MASS")     # {MASS} 패키지를 로딩
> searchpaths()
 [1] ".GlobalEnv"
 [2] "C:/Program Files/R/R-3.1.1/library/MASS"     # {MASS}가 최상위에 위치
 [3] "tools:rstudio"
 [4] "C:/Program Files/R/R-3.1.1/library/stats"
 [5] "C:/Program Files/R/R-3.1.1/library/graphics"
 [6] "C:/Program Files/R/R-3.1.1/library/grDevices"
 [7] "C:/Program Files/R/R-3.1.1/library/utils"
 [8] "C:/Program Files/R/R-3.1.1/library/datasets"
 [9] "C:/Program Files/R/R-3.1.1/library/methods"
[10] "Autoloads"
[11] "C:/PROGRA~1/R/R-31~1.1/library/base"
```

(b) attach( )와 detach( ) 함수

attach( ) 함수는 R 객체를 검색 디렉토리(Search Path)의 맨 상위(또는 특정 순위)에 위치시킬 수 있다. R은 search( ) 또는 searchpaths( ) 함수에 나타나는 순서대로 자료나 함수를 찾아내어 이를 실행하게 된다.

```
> ## 데이터 셋(iris)을 attach시킨 예
> attach(iris); searchpaths()
```

이와 같이 데이터 셋을 attach시킨 경우에는 다음과 같이 (데이터 셋 명 없이) 데이터 셋의 변수명을 바로 사용할 수 있게 된다.

```
> Sepal.Length     # iris$Sepal.Length와 동일함

detach() 함수를 통해 검색 디렉토리 목록에서 제거할 수 있다.
> detach(package:MASS)     # detach(2)
```

(c) ls( )와 rm( ) 함수

각 디렉토리 내의 객체들을 관리하는 데 유용한 함수로 ls(), rm() 등이 있다.

```
> ## ls() 함수
> ls()     # 현재 작업창에 사용되고 있는 객체를 보여 주며 objects()와 동일
 [1] "alpha"    "cars.lm"  "m"        "n"        "p"        "phat"     "se"
 [8] "test.df"  "testxtab" "x"        "zstar"

> ## rm() 함수
> rm(alpha, m, n)     # 몇 개의 객체를 지울 때
> rm(list=ls())     # 모든 객체를 지울 때
> dir()     # 작업 디렉토리의 모든 파일을 보여 줌
```

1.8 데이터 불러오기

1.8.1 내부 데이터 불러오기

R의 패키지는 함수와 함께 분석에 필요한 데이터를 제공하기도 한다. 기본 패키지 중 {datasets}는 데이터만 모아놓은 패키지로 data() 함수를 통해 그 내용을 확인할 수 있다. 패키지 내의 하나의 데이터 셋을 로딩할 때는 데이터명을 인자로 사용한다.

- data( )   # data(package="datasets")와 동일
- data(데이터명)   # 데이터 셋 로딩

```
    > ## 설치된 특정 패키지 내의 데이터 셋을 확인할 때는 package= 옵션을 사용함
    > data(package="패키지명")

> ## data() 함수 사용 예
> data(iris)     # 데이터 셋을 로딩함. attach()와는 다름에 유의
> str(iris)     # 데이터의 구조(structure)를 보여 줌
'data.frame':                           150 obs. of  5 variables:
 $ Sepal.Length: num  5.1 4.9 4.7 4.6 5 5.4 4.6 5 4.4 4.9 ...
 $ Sepal.Width : num  3.5 3 3.2 3.1 3.6 3.9 3.4 3.4 2.9 3.1 ...
 $ Petal.Length: num  1.4 1.4 1.3 1.5 1.4 1.7 1.4 1.5 1.4 1.5 ...
 $ Petal.Width : num  0.2 0.2 0.2 0.2 0.2 0.4 0.3 0.2 0.2 0.1 ...
 $ Species     : Factor w/ 3 levels "setosa","versicolor",..: 1 1 1 1 1 1 1 1 1 1
...

> head(iris)     # 데이터의 앞부분(head)만 보여 줌
  Sepal.Length Sepal.Width Petal.Length Petal.Width Species
1          5.1         3.5          1.4         0.2  setosa
2          4.9         3.0          1.4         0.2  setosa
3          4.7         3.2          1.3         0.2  setosa
4          4.6         3.1          1.5         0.2  setosa
5          5.0         3.6          1.4         0.2  setosa
6          5.4         3.9          1.7         0.4  setosa

> tail(iris)     # 데이터의 뒷부분(tail)만 보여 줌
    Sepal.Length Sepal.Width Petal.Length Petal.Width   Species
145          6.7         3.3          5.7         2.5 virginica
146          6.7         3.0          5.2         2.3 virginica
147          6.3         2.5          5.0         1.9 virginica
148          6.5         3.0          5.2         2.0 virginica
149          6.2         3.4          5.4         2.3 virginica
150          5.9         3.0          5.1         1.8 virginica
```

이때 특정 변수를 지칭할 때는 다음과 같이 데이터 셋의 이름을 반드시 사용해야 한다.

```
> iris$Sepal.Length
  [1] 5.1 4.9 4.7 4.6 5.0 5.4 4.6 5.0 4.4 4.9 5.4 4.8 4.8 4.3 5.8 5.7 5.4 5.1 5.7
 [20] 5.1 5.4 5.1 4.6 5.1 4.8 5.0 5.0 5.2 5.2 4.7 4.8 5.4 5.2 5.5 4.9 5.0 5.5 4.9
 [39] 4.4 5.1 5.0 4.5 4.4 5.0 5.1 4.8 5.1 4.6 5.3 5.0 7.0 6.4 6.9 5.5 6.5 5.7 6.3
 [58] 4.9 6.6 5.2 (생략)
```

데이터 셋의 이름을 매번 사용하는 것이 번거로울 수 있다. 이때는 attach()을 이용하여 특정 데이터를 맨 상위의 디렉토리에 위치시키면 된다.

```
> attach(iris)     # 인용부호(" ") 사용 안함
> search()    # iris가 맨 상위에 위치함을 알 수 있음
 [1] ".GlobalEnv"          "iris"                "package:MASS"        "tools:rstudio"
 [5] "package:stats"       "package:graphics"    "package:grDevices"   "package:utils"
 [9] "package:datasets"    "package:methods"     "Autoloads"           "package:base"
```

맨 상위 디렉토리에 위치한 데이터 셋의 경우에는 변수명만 사용해도 된다(데이터 셋의 이름을 생략할 수 있음).

```
> Sepal.Length     # iris$Sepal.Length 대신 변수명(Sepal.Length)만 사용해도 됨
  [1] 5.1 4.9 4.7 4.6 5.0 5.4 4.6 5.0 4.4 4.9 5.4 4.8 4.8 4.3 5.8 5.7 5.4 5.1 5.7
 [20] 5.1 5.4 5.1 4.6 5.1 4.8 5.0 5.0 5.2 5.2 4.7 4.8 5.4 5.2 5.5 4.9 5.0 5.5 4.9
 [39] 4.4 5.1 5.0 4.5 4.4 5.0 5.1 4.8 5.1 4.6 5.3 5.0 7.0 6.4 6.9 5.5 6.5 5.7 6.3
 [58] 4.9 6.6 5.2 (이하 생략)
```

1.8.2 엑셀 등 외부 데이터 불러오기

R에서 외부 프로그램에서 작성된 데이터를 불러오는 함수는 매우 다양하다. 이 가운데 활용도가 높은 텍스트와 엑셀 자료를 불러오는 함수를 소개하면 다음과 같다.

- read.table( )   # 텍스트 자료
- read.csv( )   # csv 확장자의 엑셀 자료
- read.xlsx{openxlsx}   # 엑셀 자료(시트 번호 지정 가능)

(a) read.table( ) 함수

텍스트 형태의 데이터를 데이터프레임의 형태로 불러온다.

```
> read.table("c:/ex1.txt", header=T, sep="")

     > ## 웹 상에서 제공되는 텍스트 자료도 동일한 방법으로 불러올 수 있다.
     > read.table("http:/.../a.dat")
```

(b) read.csv( ) 함수

csv 확장자를 가지는 엑셀 자료를 불러온다. 확장자가 .xls인 엑셀 자료는 확장자명을 .csv로 저장 후 사용한다.

```
> read.csv("c:/project/ex1.csv")     # R에서는 디렉토리 지정에 /가 사용됨에 유의

    > ## 위 명령어는 다음과 같이 두 단계로 수행될 수 있다.
    > setwd("c:/project")     # setwd(): set working directory를 의미함
                              # 현재의 작업 디렉토리는 getwd()를 통해 확인 가능
    > read.csv("ex1.csv")
    > ## 다음과 같이 첫 인수로 file.choose()를 이용할 수도 있다.
    > read.csv(file.choose(), header=F, sep="")
```

(c) read.xlsx{openxlsx} 함수

확장자가 .xlsx인 엑셀 자료를 불러온다. 시트번호를 비롯한 다양한 옵션을 제공하여 매우 편리하다.

```
> library(openxlsx)
> read.xlsx("c:/project/ex1.xlsx", 1)     # 두 번째 인자는 sheet=1과 동일
> ## 다음과 같이 첫 인수로 file.choose()를 이용할 수도 있다.
> read.csv(file.choose(), header=F, sep=" ")
```

엑셀 자료를 지원하는(불러오기, 저장하기) 패키지는 다양하다. 관심 있는 독자는 아래 함수를 참고하기 바란다.

- {xlsx} 패키지: read.xlsx(), read.xlsx2(), write.xlsx(), write.xlsx2() 함수
- {readxl} 패키지: read.excel(), read.excel2() 함수

(d) 기타 자료 불러오기

다양한 자료 원천으로부터 자료를 불러오는 방법을 소개하면 다음과 같다.

- 통계패키지로부터 데이터 불러오기(/보내기):
  R의 {foreign} 패키지를 통해 다양한 통계시스템(예를 들어 SAS, SPSS, Minitab, Stata, Systat, S-PLUS, Weka, EpiInfo, dBase)에서 생성된 자료를 불러올 수 있음. 아울러 R의 {haven} 패키지도 SPSS, Stata, SAS 파일의 입, 출력에 유용함.

- DBMS로부터 데이터 불러오기(/보내기):
  R의 {ODBC} 패키지는 SQL-기반의 DBMS(예를 들어 MySQL, PostgreSQL, Microsoft Access와 SQL server, DB2, Oracle, SQLite 등)에 접근하는 공통의 API를 제공함.

- download.file( ) 함수는 FTP 또는 HTTP를 통한 웹자원으로부터 파일을 읽어 들임.

▸ 그 외 자료의 Import/Export에 대한 자세한 내용은 R에서 help.start( )를 수행 후 R Data Import/Export 메뉴얼을 참고하기 바람.

참고로, R 패키지 {Hmisc}(:Harrell miscellaneous)는 데이터분석, 고해상도 그래픽, 유용한 연산, 표본크기와 검정력 계산을 위한 함수, 데이터 셋 가져오기, 결측치 대체(imputing), 고급 테이블 작성, 변수 군집화, 문자열 처리(manipulation), R 객체의 LaTEX 코드로의 변환, 변수 리코딩 등에 관련된 많은 유용한 함수를 제공한다.

(e) R 객체 저장하기

write.table(object, file) 함수는 객체를 데이터프레임으로 바꾸고(객체가 데이터프레임이 아닌 경우에 해당) 파일로 저장한다. 유사함수로 write.csv( ) 함수가 있다.

```
> ## write.table() 함수 사용 예
> x <- matrix(c(1:10), 2,5)
> write.table(x, file="c:/test1.csv", sep=",", col.names=NA)
> write.csv(x, file="c:/test2.csv")     # 위의 결과와 동일

    > ## 확장자를 .txt로 하면 텍스트 파일로 저장됨
    > write.table(x, file="c:/test1.txt")
```

Tip

이 책에서 사용되는 기호

- 함수명(): 기본적으로(7개의 R 기본 패키지에서) 제공되는 R 함수
  ex summary(), ls(), plot(), ...
- {패키지명}: R의 패키지를 나타냄
  ex {datasets}, {ggplot2}, {e1071}, ...
- 함수명{패키지명}: (기본 패키지 이외의) 특정 패키지에서 제공하는 R 함수
  ex skewness{e1071}, read.xlsx{openxlsx}, ...

[1장] 연습문제

01 rep()와 seq() 함수를 사용하여 다음 값들로 구성된 벡터를 생성하여라.

(a) 1,1,1,1,1,2,2,2,2,2,3,3,3,3,3,4,4,4,4,4

(b) 1,2,3,4,1,2,3,4,1,2,3,4,1,2,3,4,1,2,3,4

(c) 1,2,2,3,3,3,4,4,4,4,5,5,5,5,5,6,6,6,6,6,6

(d) 9,7,5,3,1,7,5,3,1,5,3,1,3,1,1

02 R에서 엑셀 자료를 불러오고, 변수명을 수정한 후 데이터프레임으로 저장하여라.

03 iris 자료에 대해 다음 물음에 답하여라.

(a) 수치형 변수만을 데이터프레임으로 저장하여라.

(b) Species가 setosa인 자료만 추출하여 새로운 데이터프레임으로 저장하여라.

(c) Sepal.Length의 값이 평균보다 큰 자료만 추출하여 새로운 데이터프레임으로 저장하여라.

04 월 이자율이 I인 조건으로, 대출(loan)받은 금액이 L이라고 하자. 대출받은지 한 달 뒤부터 N개월 동안 갚아 나간다고 할 때, 매달 지불해야 하는 금액 P는 다음과 같이 계산된다.

$$P = L\frac{I}{1-(1+I)^{-N}}$$

만약 이자율 1%($I=0.01$)로 1,000만 원을 대출받아 10달 동안 갚아 나간다고 할 때, 매달 지불해야 하는 금액을 계산하여라.

[2 장]

R 활용

2.1 수학 및 통계 관련 함수

이 절에서는 R의 기본 함수로 수학 및 통계 관련 함수를 소개한다. 이들 함수들은 R 프로그래밍과 분석의 매 순간 유용하게 사용되므로 그 기능을 잘 익혀둘 필요가 있다.

2.1.1 유용한 수학/통계함수

(a) R 통계함수

R에서 제공하는 기초적인 통계함수는 다음과 같다.

```
> a <- c(2, 7, 5, 3, 1, 4, 6)

> sum(a)    # 합
[1] 28

> prod(a)    # 곱
[1] 5040

> max(a)    # 최댓값
```

```
[1] 7

> min(a)     # 최솟값
[1] 1

    > pmin(c(2, 8, 3), c(3, 4, 5), c(5, 2, 9))    # parellel 최솟값
    [1] 2 2 3
    > pmax(c(2, 8, 3), c(3, 4, 5), c(1, 2, 3))    # parellel 최댓값
    [1] 3 8 5

> diff(a)     # 차분(difference)
[1]  5 -2 -2 -2  3  2

> which.max(a)     # 최댓값의 위치
[1] 2

> which.min(a)     # 최솟값의 위치
[1] 5

> range(a)     # 범위
[1] 1 7

> mean(a)     # 평균
[1] 4

> median(a)     # 중앙값
[1] 4

> sd(a)     # 표준편차(standard deviation)
[1] 2.16

> var(a)     # 분산(variance)
[1] 4.667

> quantile(a)     # 분위수
  0%  25%  50%  75% 100%
 1.0  2.5  4.0  5.5  7.0

> scale(a)     # 표준화(standardized) 점수
        [,1]
[1,] -0.9258
[2,]  1.3887
[3,]  0.4629
[4,] -0.4629
[5,] -1.3887
```

```
[6,]  0.0000
[7,]  0.9258
attr(,"scaled:center")
[1] 4
attr(,"scaled:scale")
[1] 2.16

    > mean(scale(a))
    [1] 0
    > var(scale(a))
         [,1]
    [1,]    1
    > sd(scale(a))
    [1] 1
```

(b) R 수학함수

R에서 제공하는 유용한 수학함수는 다음과 같다.

```
> a <- c(2, 7, 5, 3, 1, 4, 6)

> sort(a)     # 크기순으로 배열
[1] 1 2 3 4 5 6 7

> rev(a)     # 역순으로 배열
[1] 6 4 1 3 5 7 2

> rank(a)     # 순위
[1] 2 7 5 3 1 4 6

    > order(a)     # 크기순으로 나열: sort.list()와 동일
    [1] 5 1 4 6 3 7 2
    > order(a, decreasing=TRUE)
    [1] 2 7 3 6 4 1 5

> log(a)     # 자연로그
[1] 0.6931 1.9459 1.6094 1.0986 0.0000 1.3863 1.7918

> log(a, base=10)     # 상용로그
[1] 0.3010 0.8451 0.6990 0.4771 0.0000 0.6021 0.7782

> exp(a)     # 지수함수
[1]    7.389 1096.633  148.413   20.086    2.718   54.598  403.429
```

```
> sqrt(a)      # 제곱근(square root) 함수
[1] 1.414 2.646 2.236 1.732 1.000 2.000 2.449

> abs(a)      # 절댓값(absolute value)
[1] 2 7 5 3 1 4 6

> round(sqrt(a), 2)      # 반올림 함수
[1] 1.41 2.65 2.24 1.73 1.00 2.00 2.45

> cumsum(a)      # 누적합(cumulative sum)
[1]  2  9 14 17 18 22 28

> cumprod(a)      # 누적곱(cumulative product)
[1]    2   14   70  210  210  840 5040

> cummin(a)      # 누적최솟값
[1] 2 2 2 2 1 1 1

> cummax(a)      # 누적최댓값
[1] 2 7 7 7 7 7 7

> match(c(2,4,6,8), 5:10)      # match(x, y): x가 y의 몇 번째 원소에 매칭
[1] NA NA  2  4

> union(a, c(1,2,10))      # 합집합
[1]  2  7  5  3  1  4  6 10

> intersect(a, c(1,2,10))      # 교집합
[1] 2 1

> setdiff(a, c(1,2,10))      # setdiff(x, y): x에서 y를 제외
[1] 7 5 3 4 6

> is.element(a, c(1,2,10))      # is.element(x, y): x가 y의 원소인가?

[1]  TRUE FALSE FALSE FALSE  TRUE FALSE FALSE

> choose(5,2)      # 조합(combination) 계산
[1] 10
```

(c) R 행렬 연산함수

R에서 제공되는 행렬 연산함수는 다음과 같다.

```
> m <- diag(10, 3, 4)    # 대각행렬(diagonal matrix) 생성
> m
     [,1] [,2] [,3] [,4]
[1,]   10    0    0    0
[2,]    0   10    0    0
[3,]    0    0   10    0

> diag(m)    # 대각원소(diagonal elements)
[1] 10 10 10

> t(m)    # 전치(transpose) 행렬
     [,1] [,2] [,3]
[1,]   10    0    0
[2,]    0   10    0
[3,]    0    0   10
[4,]    0    0    0

> nrow(m)    # 행의 수
[1] 3

> ncol(m)    # 열의 수
[1] 4

> m%*%t(m)    # %*%: 행렬의 곱
     [,1] [,2] [,3]
[1,]  100    0    0
[2,]    0  100    0
[3,]    0    0  100

> rbind(m, c(0,0,0,10))
     [,1] [,2] [,3] [,4]
[1,]   10    0    0    0
[2,]    0   10    0    0
[3,]    0    0   10    0
[4,]    0    0    0   10

> cbind(m, c(1,2,3))
     [,1] [,2] [,3] [,4] [,5]
[1,]   10    0    0    0    1
[2,]    0   10    0    0    2
[3,]    0    0   10    0    3
```

```
> m1 <- matrix(1:4, 2, 2)
> m1
     [,1] [,2]
[1,]    1    3
[2,]    2    4

> rowSums(m1)
[1] 4 6

> rowMeans(m1)
[1] 2 3

> colSums(m1)
[1] 3 7

> colMeans(m1)
[1] 1.5 3.5
```

```
> solve(m1, c(1,2))    # solve(A, b): Ax=b 방정식의 근
[1] 1 0

> solve(m1)    # solve(A): 방정식 Ax=I의 근(즉, 역행렬)
     [,1] [,2]
[1,]   -2  1.5
[2,]    1 -0.5

> (a <- svd(m1))    # 특잇값 분해(singular value decomposition): X=UDV^T
$d
[1] 5.465 0.366

$u
        [,1]    [,2]
[1,] -0.5760 -0.8174
[2,] -0.8174  0.5760

$v
        [,1]    [,2]
[1,] -0.4046  0.9145
[2,] -0.9145 -0.4046
```

```
> a$u%*%diag(a$d)%*%t(a$v)    # X=UDV^T을 확인
     [,1] [,2]
```

```
[1,]    1    3
[2,]    2    4

> eigen(m1)    # 고유치(eigen value), 고유벡터(eigen vector)
$values
[1]  5.3723 -0.3723

$vectors
           [,1]      [,2]
[1,] -0.5658 -0.9094
[2,] -0.8246  0.4160

> det(m1)    # 행렬식(determinant)
[1] -2
```

2.1.2 함수의 반복 적용: 메타함수

R은 자료 객체의 원소에 대해 동일한 작업을 반복적으로 적용할 경우 apply 계열의 함수를 이용하면 편리하다.

```
apply(), lapply(), sapply(), tapply()
```

또한 부집단별(subgroup)로 통계를 내고자 할 경우 다음의 함수들이 유용하다.

```
by(), aggregate(), ave(), sweep()
```

(a) apply 계열 함수

```
> ## apply() 함수: 행렬 또는 배열의 마진(margins)에 적용
> x <- cbind(x1=3, x2=c(4:1, 2:5))
> x   # x는 행렬 객체임
     x1 x2
[1,]  3  4
[2,]  3  3
[3,]  3  2
[4,]  3  1
[5,]  3  2
[6,]  3  3
[7,]  3  4
[8,]  3  5
```

```
> apply(x, 1, sum)     # 1은 행을 의미함
[1] 7 6 5 4 5 6 7 8

> apply(x, 2, sum)     # 2는 열을 의미함
x1 x2
24 24

> apply(x, 1, function(x) x^2)     # 2는 아래 결과의 전치형을 제공
   [,1] [,2] [,3] [,4] [,5] [,6] [,7] [,8]
x1    9    9    9    9    9    9    9    9
x2   16    9    4    1    4    9   16   25


> ## lapply() 함수: 리스트 또는 벡터에 적용
> x <- list(a=1:10, beta=exp(-3:3), logic=c(TRUE,FALSE,FALSE,TRUE))
> x
$a
 [1]  1  2  3  4  5  6  7  8  9 10

$beta
[1]  0.04979  0.13534  0.36788  1.00000  2.71828  7.38906 20.08554

$logic
[1]  TRUE FALSE FALSE  TRUE

> lapply(x, mean)
$a
[1] 5.5

$beta
[1] 4.535

$logic
[1] 0.5

> lapply(x, quantile)     # list 생성
$a
   0%   25%   50%   75%  100%
 1.00  3.25  5.50  7.75 10.00

$beta
         0%         25%         50%         75%        100%
 0.04978707  0.25160736  1.00000000  5.05366896 20.08553692
```

```
$logic
  0%  25%  50%  75% 100%
 0.0  0.0  0.5  1.0  1.0


> ## sapply() 함수: lapply()와 유사
> ## 이름을 가진 행렬(named matrix) 형태로 결과 제공
> sapply(x, quantile)
         a     beta logic
0%    1.00  0.04979   0.0
25%   3.25  0.25161   0.0
50%   5.50  1.00000   0.5
75%   7.75  5.05367   1.0
100% 10.00 20.08554   1.0

> colnames(temp)
[1] "a"     "beta"  "logic"

> rownames(temp)
[1] "0%"   "25%"  "50%"  "75%"  "100%"


> ## tapply() 함수: 첫 번째 인자(벡터)값들을 두 번째 인자(요인)의 수준별로 함수를 적용
> n <- 17; fac <- factor(rep(1:3, length=n), levels=1:5)
> fac
 [1] 1 2 3 1 2 3 1 2 3 1 2 3 1 2 3 1 2
Levels: 1 2 3 4 5

> table(fac)
fac
1 2 3 4 5
6 6 5 0 0

> tapply(1:n, fac, sum)
> ## 주어진 값들(1:n)을 요인(fac)의 수준에 따라 합을 계산
 1  2  3  4  5
51 57 45 NA NA    # 51=1+4+7+10+13+16


> ## mapply() 함수: sapply() 함수의 다변량 버전임
> mapply(rep, 1:4, 4:1)     # mapply(FUN=rep, x=1:4, times=4:1)와 동일
# mapply() 함수는 FUN을 각 인자의 첫 번째 원소, 두 번째 원소, 세 번째 원소, ... 순으로 적용함.
인자는 필요 시 재순환됨

[[1]]
```

```
[1] 1 1 1 1

[[2]]
[1] 2 2 2

[[3]]
[1] 3 3

[[4]]
[1] 4
```

(b) 부집단별 통계함수

부집단별 통계를 제공하는 R의 기본함수에는 aggregate(), by(), ave()가 있다. 이들 함수의 적용 예는 다음과 같다.

```
> ## aggregate() 함수의 적용 예
> agg <- data.frame(v1=1:10, v2=c("c1", "c3", "c2", "c2", "c1", "c1", "c3", "c2",
"c2", "c1"))

> str(agg)
'data.frame': 10 obs. of  2 variables:
 $ v1: int  1 2 3 4 5 6 7 8 9 10
 $ v2: Factor w/ 3 levels "c1","c2","c3": 1 3 2 2 1 1 3 2 2 1

> aggregate(agg$v1, by=list(agg$v2), mean)     # 수행 결과는 데이터프레임 객체임
  Group.1   x
1      c1 5.5
2      c2 6.0
3      c3 4.5

> ## by() 함수의 적용 예
> by(agg$v1, agg$v2, sum)     # 배열 객체로 결과가 제공됨
agg$v2: c1
[1] 22
------------------------------------------------------------
agg$v2: c2
[1] 24
------------------------------------------------------------
agg$v2: c3
[1] 9

> ## ave() 함수 적용 예
> ave(agg$v1, agg$v2)     # 벡터 객체로 결과가 제공됨
```

```
[1] 5.5 4.5 6.0 6.0 5.5 5.5 4.5 6.0 6.0 5.5
```


(c) sweep 연산자

sweep( ) 함수는 행렬 객체의 각 원소가 열 평균(또는 행 평균)으로부터 벗어난 편차 등을 구할 때 유용하다. 분산분석에서 변동의 분해 등에 유용하다.

```
> s <- matrix(1:12, 3, 4)
> s
     [,1] [,2] [,3] [,4]
[1,]    1    4    7   10
[2,]    2    5    8   11
[3,]    3    6    9   12

> sweep(s, 2, colMeans(s))     # sweep(s, 2, apply(s, 2, mean))와 동일
     [,1] [,2] [,3] [,4]         # 각 원소별로 열 평균으로부터의 편차
[1,]   -1   -1   -1   -1
[2,]    0    0    0    0
[3,]    1    1    1    1
```

2.2 확률분포와 분포 그리기

2.2.1 확률분포와 확률계산

R은 기본적으로 다양한 확률분포에 대해 확률밀도(probability density), 누적확률(cumulative probability), 분위수(quantiles), 확률변량(random variates)(또는 난수, random number)을 제공한다.

```
> ## 표준정규분포의 밀도함숫값, 누적확률, 분위수, 난수 생성 예
> dnorm(0)     # 확률밀도(probability density)
[1] 0.3989423

> pnorm(1.96)     # 누적확률(cumulative probability)
[1] 0.9750021

> qnorm(0.975)     # 분위수(quantile)
[1] 1.959964
```

```
> rnorm(5)    # 확률변량(random variates) (또는 난수) 생성
[1] -0.5425200  1.2078678  1.1604026  0.7002136  1.5868335

# set.seed() 함수: 난수 발생 시 초깃값을 지정하는 것으로, 이를 이용하면 결과의 임의성을 없앨
수 있음

> set.seed(1000)
> rnorm(5)    # set.seed() 적용 시 아래의 결과는 일정함
[1] -0.44577826 -1.20585657  0.04112631  0.63938841 -0.78655436
```

R의 {stats} 패키지에서 제공하는 분포는 다음 표와 같다. 위의 정규분포의 예제와 같은 방법으로 R 함수(분포명) 앞에 d, p, q, r을 적용하여 사용한다.

[표 2.1] R에서 제공하는 확률분포와 함수

R 함수	분포명	모수	디폴트값
norm	정규	mean, sd	0, 1
exp	지수	1/mean	1
gamma	감마	shape, 1/scale	NA, 1
pois	포아송	lambda	
weibull	와이블	shape	
cauchy	코쉬	location, scale	0, 1
beta	베타	shape1, shape2	
t	student's t	df	
f	Fisher's F	df1, df2	
chisq	카이제곱	df	
binom	이항	size, prob	
geom	기하	prob	
hyper	초기하	m, n, k	
logis	로지스틱	location, scale	0, 1
lnorm	로그정규	mean, sd	0, 1
nbinom	음이항		
unif	균일	min, max	0, 1
wilcox	윌콕슨 순위합 통계량		
signrank	윌콕슨 부호순위 통계량		

다변량 정규분포는 {MASS} 패키지의 mvnorm( ) 함수 또는 {mnormt} 패키지의 rmnorm( ) 함수 등을 이용한다.

2.2.2 확률분포 그리기

R에서 확률분포는 curve() 함수를 이용하여 쉽게 그릴 수 있다. 아래의 예제에 사용된 그래픽 함수의 옵션에 대해서는 3장에서 자세히 다루고 있다.

```
> curve(dnorm(x), from=-3, to=3, main="Density of N(0,1)", ylab="")
```

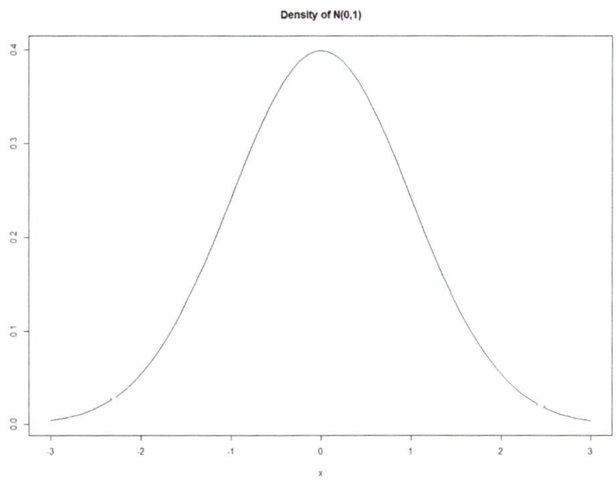


```
> ## add=TRUE 옵션은 그림을 추가하여 그려줌
> d <-c(1, 5, 10)
> for(i in d) curve(dchisq(x, df=i), 0, 20, add=TRUE)
```

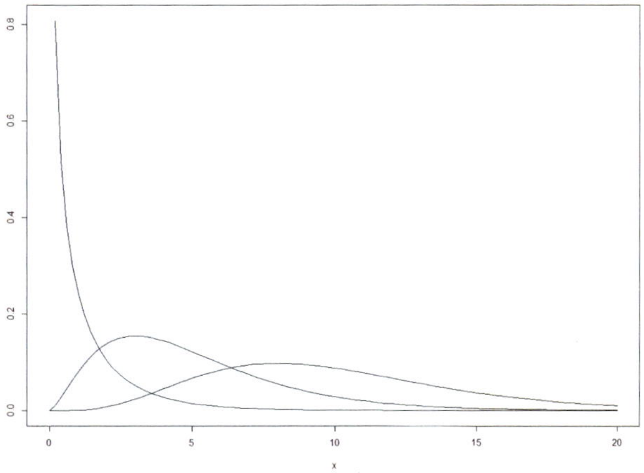

2.3 표본추출

2.3.1 복원추출과 비복원추출

주어진 자료로부터 임의로 표본을 추출하는 방법에는 복원추출과 비복원추출이 있다. R에서는 sample() 함수를 이용하여 이를 수행한다. 난수를 발생할 때와 마찬가지로 sample( ) 함수를 수행하기 전에 set.seed() 함수를 사용하면 표본의 임의성을 없앨 수 있다.

(a) 비복원추출

```
> x <- 1:10
> sample(x, 5)     # 비복원추출
[1] 4 1 7 2 9

> sample(x)     # 임의 배열(random permutation)
 [1]  5  2  4  9  7  1  8  3 10  6
```

(b) 복원추출

```
> sample(x, 5, replace=TRUE)     # 복원추출
[1] 2 1 3 5 3

> sample(c(0,1), 10, replace=TRUE)     # 베르누이 시행(Bernoulli trials)
 [1] 1 1 0 0 0 0 1 0 0 1

> sample(c("Head", "Tail"), 10, replace=T, prob=c(0.2, 0.8))     # 가중 표본추출
 [1] "Head" "Tail" "Head" "Tail" "Head" "Tail" "Tail" "Tail" "Tail" "Tail"
```

2.3.2 예제: 몬티홀의 문제

통계적 모의실험은 종종 수리적으로 해결이 어렵거나 매우 복잡한 문제에 대해 손쉬운 해결책을 제시해 준다. 이 절에서는 sample() 함수를 이용한 통계적 모의실험의 예를 소개한다.

1990년 Parade 매거진의 컬럼니스트 Marilyn Vos Savant의 "Ask Marilyn" 코너에 한 독자가 다음과 같은 질문을 하였다.

"당신이 게임쇼에서 세 개의 문 가운데 하나를 선택해야 하는 경우가 있다. 하나의 문 뒤에는 차(car)가 있고, 다른 두 개의 문 뒤에는 염소가 있다. 당신이 선택한 문을 1번이라고 하고, 문 뒤에 무엇이 있는지를 아는 사회자가 염소가 들어 있는 3번 문을 연 뒤 당신에게 "2번 문을 선택하기를 원하는지?"를 물었을 때, 처음 선택한 문을 바꾸는 것이 유리한가?"

이 문제는 TV 게임쇼 "Let's Make a Deal"의 진행자의 이름을 따 "Monte Hall's Problem(Paradox)"으로 알려져 있다. Marilyn의 답변은 처음 선택을 바꾸는 것이 유리하다는 것이었는데, 약 10,000명의 독자들(수학자, 통계학자를 비롯한 1000명 이상의 PhD를 포함)로부터의 반응은 대부분 그녀의 주장에 동의할 수 없다는 것이었다. 그들의 주장은 각각의 문은 동일한 확률을 가지므로, 처음 선택을 바꾸는 것은 무의미하다는 것이었다.

[해법 1] Savant의 해법

3개의 문 뒤에 1개의 차와 2개의 염소를 가지는 3가지 가능한 배열에서, 처음 선택한 문이 1번이라고 하자. 선택을 바꾸지 않을 때와 바꿀 때의 결과를 정리하면 다음과 같다.

차의 위치			선택한 1번 문을 바꾸지 않음	선택한 1번 문을 바꿈
1번 문	2번 문	3번 문		
차	염소	염소	성공	실패
염소	차	염소	실패	성공
염소	염소	차	실패	성공

처음 선택을 바꾸지 않을 경우 동일한 확률을 가지는 3가지 경우에서 단 1번만 성공한 반면, 선택을 바꿀 경우 3번 가운데 2번 성공을 하게 된다.

[해법 2] 베이즈 정리 이용

먼저 참가자가 1번 문을 선택한다고 하자. A_1, A_2, A_3를 각각 1, 2, 3번 문에 차가 있을 사건이라고 하고, O를 사회자가 3번 문을 여는 사건이라고 하면,

$$P(A_1) = P(A_2) = P(A_3) = \frac{1}{3}$$

이고,

$$P(O|A_1) = \frac{1}{2}, \quad P(O|A_2) = 1, \quad P(O|A_3) = 0$$

이다. 따라서 베이즈 정리로부터

$$P(A_1|O) = \frac{P(O|A_1)P(A_1)}{\sum_{i=1}^{3} P(O|A_i)P(A_i)} = \frac{\frac{1}{2} \times \frac{1}{3}}{\frac{1}{6} + \frac{1}{3} + 0} = \frac{1}{3}$$

$$P(A_2|O) = \frac{P(O|A_2)P(A_2)}{\sum_{i=1}^{3} P(O|A_i)P(A_i)} = \frac{\frac{1}{3}}{\frac{1}{6} + \frac{1}{3} + 0} = \frac{2}{3}$$

이다. 따라서 1번 문을 선택한 참가자가 처음 선택을 바꿀 경우 성공할 확률은 2/3가 되고, 바꾸지 않을 경우 성공의 확률은 1/3이 된다(베이즈 정리에 대해서는 14.4절을 참고할 것).

[해법 3] 모의실험 이용

sample( ) 함수를 이용한 모의실험(simulation)을 통한 해법은 다음과 같다.

```
> doors <- c("1", "2", "3")        # 문의 종류를 지정
> results <- c()                    # 실험 결과를 저장할 벡터 객체
> for(i in 1:1000)
{
  car <- sample(doors, 1)        # 차(car)가 속한 문
  pick <- sample(doors, 1)       # 참가자가 선택한 문
  open <- sample(doors[which(doors != pick & doors !=car)], 1)
                                 # 사회자가 open한 문
```

```
  switchyes <-doors[which(doors != pick & doors != open)]
                                # 선택을 바꾼 경우의 문
  if(pick==car) {results=c(results, "noswitchwin")}
                                # 처음 선택이 성공한 경우 "noswitchwin"으로 저장
  if(switchyes==car) {results=c(results, "switchwin")}
                                # 바꾼 선택이 성공한 경우 "switchwin"으로 저장
}

> sum(results=="switchwin")    # 논리형 벡터의 합
[1] 666    # 선택을 바꾸어 성공한 경우의 수

> sum(results=="noswitchwin")
[1] 334    # 선택을 바꾸지 않고 성공한 경우의 수
```

통계적 모의실험에 대한 추가적인 내용은 3장을 참고하기 바란다.

2.4 R 프로그래밍

이 절에서는 R 프로그래밍에 사용되는 조건문과 반복문을 소개한다.

2.4.1 조건문

```
> ## if... else 문
> x <- 2
> if(x>=0) sqrt(x) else y <- abs(x)
[1] 1.414214

> ## ifelse 문
> x <- -2
> ifelse(x>=0, sqrt(x), abs(x)) [1] 2

       > ## 주의할 점:
       > if(x>=0) sqrt(x)
         else abs(x)      # 완성된 문장으로 이해함
       Error: unexpected 'else' in "else"     # else로 시작되는 이상한 문장
```

```
> if(x>=0) {sqrt(x)
+ } else {abs(x)}     #완성된 문장이 아니므로 다음 행을 대기
[1] 2

> ## switch 문
> x <- -2
> switch(x>=0, sqrt(x), abs(x))

> ## switch 문 활용 예
> center <- function(x, type) {
      switch(type,
             mean=mean(x),
             # (유의) "=" 대신 "<-"을 쓰면 오류가 발생함
             med=median(x),
             t.mean=mean(x, trim=0.05))
             stop("unknown type")
  }

> x <- rcauchy(10)
> center(x, "med")
[1] -0.3520007
```

2.4.2 반복문

```
> ## for 문
> x <- 0
> for(i in 1:10) { x[i] <- i^2 }
> x
 [1]   1   4   9  16  25  36  49  64  81 100

> ## while 문
> x <- 0
> i <- 1
> while(i < 11) {
+ x[i] <- i^2
+ i <- i+1}
> x
 [1]   1   4   9  16  25  36  49  64  81 100

> ## repeat 문
> x <- 0
> i <- 1
```

```
> repeat{
+   x[i] <- i^2
+   i <- i+1
+   if(i>10) break     # break 문을 이용하여 반복 중단
+ }
> x
 [1]   1   4   9  16  25  36  49  64  81 100
```

위의 예에서와 같이 반복문과 같이 사용되는 유용한 함수에는 break 문과 next 문이 있다. break 문은 repeat( ), for( ), while( )에서 루프(loop)를 즉각 중단시키며, next 문은 루프의 맨 위로 돌려준다.

2.5 R 모형식과 결측치 처리

2.5.1 모형식 표현

선형회귀와 로지스틱회귀의 적합을 위한 lm( ) 및 glm( ) 함수 등에서 자주 사용되는 모형식의 표현을 소개한다. R에서 모형식의 기본 형식은

$$y(\text{반응변수}) \sim x1+x2+\cdots \ (\text{예측변수들})$$

이며, 함수 내에서 다음과 같이 사용된다.

```
> lm(y ~ x + z)     # 중회귀 모형식
```

R에서 모형식 표현에 사용되는 기호를 정리하면 다음과 같다. 모형식의 간결한 표현을 위해 이들 기호는 매우 유용하다.

[표 2.2] R의 모형식 기호 (들여쓰기 된 부분은 고급 사용자에 한함)

기호	예	의미
1	1+(또는 +1)	절편을 포함
+	+x	변수를 포함
-	-x	변수를 제거
:	x:z	변수 간의 교호효과를 포함
*	x*y	각 변수와 변수 간의 교호효과를 포함
|	x | z	조건부: z 조건하에 x 포함
^	(x + z + w)^3	각 변수와 3차까지의 모든 교호효과를 포함
I	I(x*z)	괄호 안의 변수를 포함. I(·)는 insulate 함수임
-	x-1	항을 제거
%in%	x+y%in%x	y가 x에 내포됨(nested), x+x:y와 동일

동일한 모형식도 다양하게 표현될 수 있다. 예를 들어 다음의 모형식들은 동치이다.

- y ~ x+z+w+x:z+x:w+z:w+x:z:w
- y ~ x*z*w
- y ~ (x+z+w)^3

마찬가지로 아래의 모형식들도 서로 동치이다.

- y ~ x+z+w+x:z+x:w+z:w
- y ~ x*z*w-x:z:w
- y ~ (x+z+w)^2

데이터프레임을 사용할 때 모형식에서 "."을 사용하면 매우 편리하다. 예를 들어 데이터 프레임 D가 4개의 변수(또는 컬럼) y, x, z, w를 가질 때 다음의 표현

```
> fit <- lm(y ~ ., data=D)
```

에서 "."은 y를 제외한 모든 변수를 예측변수로 포함한다는 의미이다. 즉, 위의 표현은 아래와 동치이다.

```
> fit <- lm(y ~ x+z+w, data=D)
```

유사하게, 다음 두 표현은 동치이며,

```
> fit <- lm(y ~ .-w, data=D)
> fit <- lm(y ~ x+z)
```

다음의 두 표현도 서로 동치이다.

```
> fit <- lm(y ~ .*w, data=D)
> fit <- lm(y ~ x+z+w+x:w+z:w)
```

update() 함수는 적합된 모형을 업데이트하고 재적합하게 한다. 사용 형식은 다음과 같다.

```
> update(적합된 모형객체, 업데이트 모형식)
> ## 사용 예: update(fit, .~.-z:w)
```

R에서 모형 기반의 분석함수는 공통으로 다음의 인자가 적용된다.

- data=
- subset=
- na.action="na.omit"(디폴트), "na.exclude"

2.5.2 결측값 처리

(a) R 함수에서 결측값 처리

R 함수에서 결측값에 대한 처리는 na.rm= 옵션을 이용한다.

```
> x <- c(2,9,12,NA,NA)
> mean(x)     # na.rm=FALSE(디폴트)가 적용
[1] NA

> mean(x, na.rm=TRUE)     # 결측값 제거(remove)후 평균 계산
[1] 7.666667


> table(x)
 2  9 12
 1  1  1

> sort(x, na.last=TRUE)     # 결측값이 출력에 나타남
[1]  2  9 12 NA NA
```

결측값 처리와 관련된 다음의 결과는 흥미롭다.

```
> is.na(x)
[1] FALSE FALSE FALSE  TRUE  TRUE
```

```
> is.na(x) <- 2    # is.na(x) <- which(x==9)의 결과와 동일
> x
[1]  2 NA 12 NA NA
```

(b) 결측값 대치

결측값의 대치(imputation)에 대해서는 {mice} 패키지의 complete( ) 함수를 참고하기 바란다.

(c) 모형 기반 분석에서 결측값 처리

lm( ) 함수 등의 모형 기반의 분석에서 결측값에 대한 처리는 na.action= 옵션을 이용한다.

- na.action="na.omit"(디폴트), "na.exclude"

아래의 예를 통해 두 옵션의 차이를 이해하기 바란다. 두 경우 모두 모형이 적합할 시에는 결측값을 제외하나, 적합 결과(적합값, 잔차 등)를 출력할 시에는 차이가 있다.

```
> x <- c(2, 12, NA, NA, 9)
> y <- c(12, 20, 30, 42, 50)

> ## 적합과 출력 시 모두 결측값 제외(생략)
> m.omit <- lm(y~x, na.action=na.omit)
> resid(m.omit)
        1          2          5
 -6.151899 -14.354430  20.506329
> fitted(m.omit)     # predict(m.omit, data=x)와 동일
       1        2        5
18.15190 34.35443 29.49367

> ## 적합 시에는 결측값을 제외하되, 출력 시에는 포함
> m.exclude <- lm(y~x, na.action=na.exclude)
> resid(m.exclude)
        1          2          3          4          5
 -6.151899 -14.354430         NA         NA  20.506329
> fitted(m.exclude)     # predict(m.exclude, data=x)와 동일
       1        2        3        4        5
18.15190 34.35443       NA       NA 29.49367
```

(d) 자료 관리

데이터프레임에서 결측값을 제외시키는 예는 다음과 같다.

```
> airq_1 <- subset(na.omit(airquality))     # 결측값이 포함된 모든 행을 제외
> airq_2 <- airquality[!is.na(airquality$Ozone),]     # Ozone이 결측값인 행을 제외
```

[2장] 연습문제

01 mtcars{stats} 자료에서 다음 물음에 답하여라.

(a) 연비(mpg)가 가장 우수한 상위 5개의 차종을 구하여라.

(b) 연비(mpg)가 가장 나쁜 차종의 마력(hp)은 얼마인가?

(c) 연비(mpg)의 분위수를 10% 단위로 구하여라.

(d) 혼다 시빅(Honda Civic) 차량의 연비(mpg)는 상위(내림차순으로) 몇 위인가?

(e) 배기량(disp)이 200 이상 300 미만인 차량 가운데 연비(mpg)가 가장 좋은 차량은?

(f) 변속기 유형이 자동(am=0)인 차량과 수동(am=1)인 차량별로 기타 변수에 대한 요약 통계를 구하여라.

(g) 실린더(cyl)별로 해당 차량의 빈도표(테이블)를 구하여라.

(h) 실린더(cyl)와 변속기 유형(am)에 따른 2차원 분할표(테이블)을 구하고, 주변합을 구하여라.

02 자유도가 10인 카이제곱분포의 상위 5% 분위수를 구하여라.

03 평균이 5(rate=1/5)인 지수분포로부터 1000개의 난수를 발생하여 히스토그램을 그린 후, 지수분포의 확률밀도함수를 겹쳐 그려라.

04 공정한 6면의 주사위를 20번 던지는 실험의 결과를 제시하여라.

05 1장의 3번 문제에서, 대출 금액(P), 이자율(I), 상환 개월(N)이 주어질 때, 매달 상환 금액(P)를 구하는 함수를 작성하여라.

06 방정식 $f(x)=0$의 근을 찾는 방법으로 뉴튼의 방법은 다음의 반복식을 통해 구해진다.

$$x_{n+1} = x_n - \frac{f(x_n)}{f'(x_n)}.$$

초깃값 x_0가 주어질 때, 위의 반복식이 수렴하는 값이 바로 방정식의 해가 된다. 함수가 다음과 같이 주어질 때, 근을 구하여라.

$$f(x) = x^2 - \sin(x).$$

2 부

R 그래픽스와 시각화 분석

[3장]

R 그래픽스

R은 강력한 그래픽 기능을 제공한다. 여기서는 그래픽의 종류와 함께 주요 옵션과 기능을 소개한다.

3.1 그래픽 기초

그래픽 함수는 고수준(또는 기본 플롯), 저수준, 격자함수로 구분된다.

고수준(high-level) 그래픽 함수는 완성된 플롯 또는 초기 플롯을 제공한다.

ex `plot(), hist(), boxplot(), pairs(), ...`

저수준(low-level) 그래픽 함수는 고수준 플롯 함수로 작성된 플롯에 내용을 추가하는 함수이다. 저수준 플롯 함수는 고수준 플롯 함수를 통해 그려진 그림에는 적용되나, 격자 그래픽 함수를 수행한 후에는 적용되지 않는다.

ex `points(), lines(), text(), axis(), ...`

격자(trellis 또는 lattice) 그래픽 함수는 한 번의 호출로 완성된 다패널(multipanel)(또는 격자) 그림을 제공한다. 조건부(conditional) 플롯이라고도 한다.

ex `xyplot(), bwplot(), histogram(), ...`

그래픽 함수는 다양한 옵션을 지원한다. 그래픽 옵션의 현재의 지정 상태를 보거나 수정할 때는 다음과 같이 par() 함수를 이용한다.

```
> par()     # 전체 인자의 설정 상태를 보여 줌
> par("mai", "mar", ... )     # 해당 인자의 설정만 보여 줌
> par(mfrow=c(2,2), ... )     # 인자의 설정을 변경함
```

(a) 고수준 그래픽 함수의 공통 옵션

고수준 그래픽 함수에 공통으로 적용되는 인자(arguments) 옵션은 다음과 같다.

```
• add= FALSE     # TRUE
• axes=TRUE      # FALSE
• type="p"       # "p" : points, "l" : lines, "b" : both(points+lines)
                 # "o" : "b"와 유사하나 선이 점을 통과(over)
                 # "h" : histogram-like
                 # "s" : stair steps, "S" : "s"와 유사하나 다른 계단
                 # "n" : no plotting
• main="제목", sub="부제목"
• xlim=c(min, max), ylim=c(min, max)     # x, y 축의 범위 지정
• xlab="x축 이름", ylab="y축 이름"     # x, y 축의 라벨(label)
• asp=     # 축의 가로와 세로 비율(y/x aspect ratio)

> ## 그래픽 옵션 사용 예
> plot(x <- sort(rnorm(47)), type="s", main="plot(x, type=\"s\")")
```

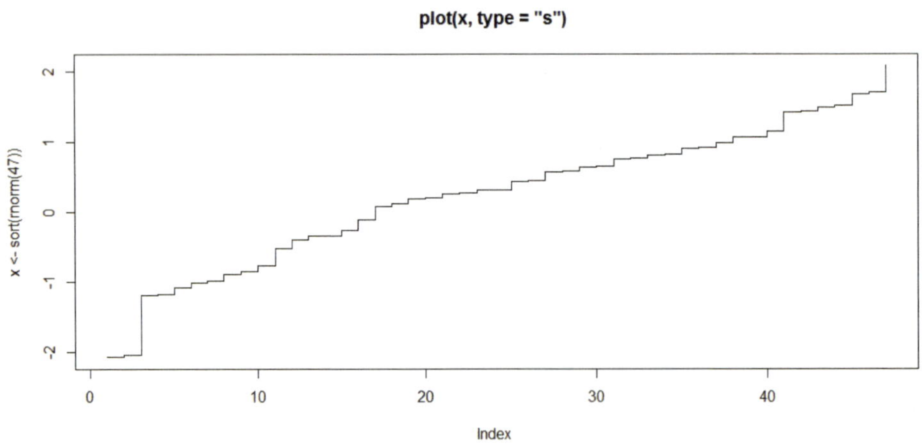

(b) 고수준 그래픽 선택 옵션

고수준 그래픽 함수에 공통으로 적용되는 옵션 외에, 특정 고수준 그래픽 함수에만 적용되는 그래픽 모수들(parameters)은 다음과 같다. 이들 모수는 특정 그래픽 함수의 인자로 추가될 수 있다.

선(line)과 점(point)

- lty=　　# 선의 형태(line type), 0~6 사이의 숫자(또는 대응 문자열)로 지정
  # 0=blank, 1=solid, 2=dashed, 3=dotted, 4=dotdash, 5=longdash, 6=twodash

[그림 3.1] 선의 종류(lty= 옵션)

- lwd=1　　# 선의 너비(line width), 디폴트는 1임
- pch=　　# 점의 형태(point character), 0~25 사이의 숫자로 지정. 21~25에 대해서는 테두리 색상을 지정할 수 있고(col=), 내부를 다른 색으로 채울 수도 있음(bg=)

[그림 3.2] 점의 형태(pch= 옵션)

문자 크기

- cex=　　# 문자(점)의 높이(크기) 지정(character expand)
- ps=　　# 텍스트의 점 크기(point size)

색(color)

- col=　　# 선 또는 점의 색(color)을 지정, 색의 종류는 colors( ) 함수 이용
- bg=　　# 배경(background) 색

다중 플롯을 위한 그림 배열

- mfcol=c(행의 수, 열의 수)　　# 다중 플롯의 그림 배열, 열 우선으로 그림

- mfrow= # mfcol과 유사하나 행 우선으로 그림

그림의 여백

- mar= # 문장 라인(text lines)의 수로 여백을 지정
  # 디폴트=(5.1, 4.1, 4.1, 2.1), (밑, 좌, 위, 우)의 순서
- mai= # 인치로 여백(margin)의 크기 지정. (밑, 좌, 위, 우)의 순서
- mex= # 여백(margin)에서 축의 문자 크기 확장(expansion)
- oma=, omd=, omi= # 그림의 외부 여백 크기

축 관련

- tck=, tcl= # 축의 눈금(tick)의 길이
- xaxt=, yaxt= # x(또는 y)축의 형태(axis type)

테두리 박스

- bty= # 테두리 박스 형태. "o"(디폴트), "l"(L-형), "7"(ㄱ-형), "]"(]-형)

플롯 형태

- pty= # 플롯 형태(plot type)

문자의 폰트

- font= # 문자의 폰트 지정
  # 1: normal, 2: italics, 3: bold, 4: bold italics

축의 라벨 스타일

- las= # 0:축과 평행, 1: 수평, 2: 축과 직교, 3: 수직

축의 스케일

- xlog=, ylog=FALSE, TRUE # TRUE의 경우 로그(log) 스케일이 적용됨

그 외의 그래픽 모수에 관한 자세한 내용은 par( ) 함수를 통해 참고하기 바란다.

```
> ## 그래픽 옵션의 사용 예
> x <- seq(1, 10)
> y <- x^2 - 10*x
> plot(x, y, type="both", pch=22, lty=2, col="red", las=1)
```

```
> ## 옵션들의 적용 결과를 아래 그림에서 확인해 볼 것
```

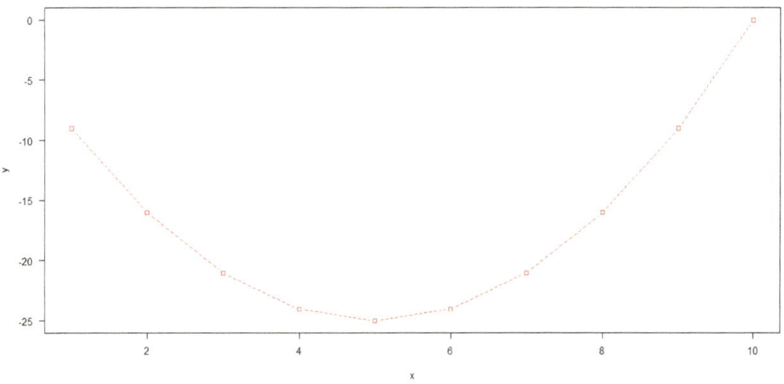

3.2 고수준 그래픽 함수

고수준 그래픽 함수는 하나의 완성된 플롯을 제공하는 함수이다. R은 매우 다양한 고수준 그래픽 함수를 제공한다.

```
> ## iris 자료를 이용한 고수준 그래픽 함수의 적용 예
> attach(iris)
> str(iris)
'data.frame':	150 obs. of  5 variables:
 $ Sepal.Length: num  5.1 4.9 4.7 4.6 5 5.4 4.6 5 4.4 4.9 ...
 $ Sepal.Width : num  3.5 3 3.2 3.1 3.6 3.9 3.4 3.4 2.9 3.1 ...
 $ Petal.Length: num  1.4 1.4 1.3 1.5 1.4 1.7 1.4 1.5 1.4 1.5 ...
 $ Petal.Width : num  0.2 0.2 0.2 0.2 0.2 0.4 0.3 0.2 0.2 0.1 ...
 $ Species     : Factor w/ 3 levels "setosa","versicolor",..: 1 1 1 1 1 1 1 1 1 1
...

> ## par() 함수는 전역적으로 그래픽 옵션을 설정하는 함수임
> par(mfrow=c(2,2))     # 2*2 행렬 형태의 다중 패널 플롯을 설정함
> plot(Sepal.Length)
> plot(Sepal.Length, Sepal.Width)
> barplot(Sepal.Length)
> dotchart(Sepal.Length)
```

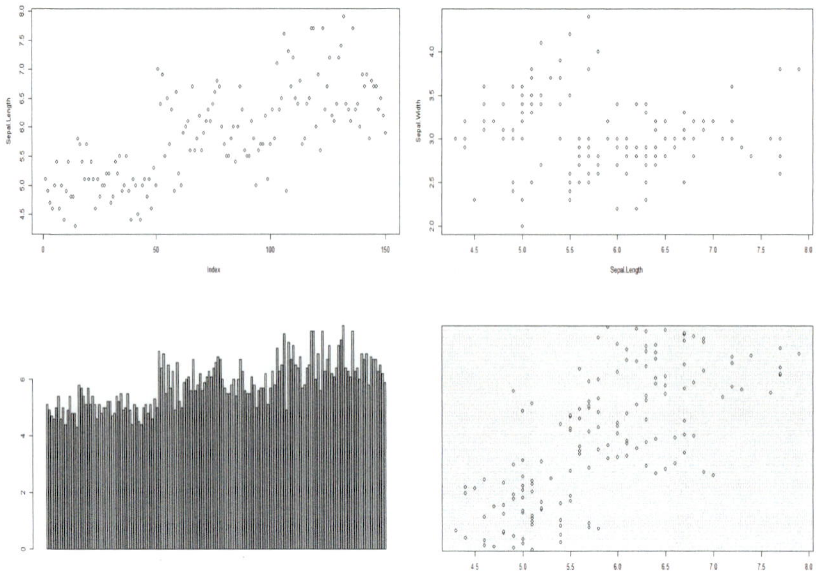


```
> boxplot(Sepal.Length)
> matplot(Sepal.Length, Sepal.Width)
> qqnorm(Sepal.Length)
> qqplot(Sepal.Length, Sepal.Width)
> par(mfrow=c(1,1))     # 다중 패널 플롯 옵션을 원상태로 돌림
```

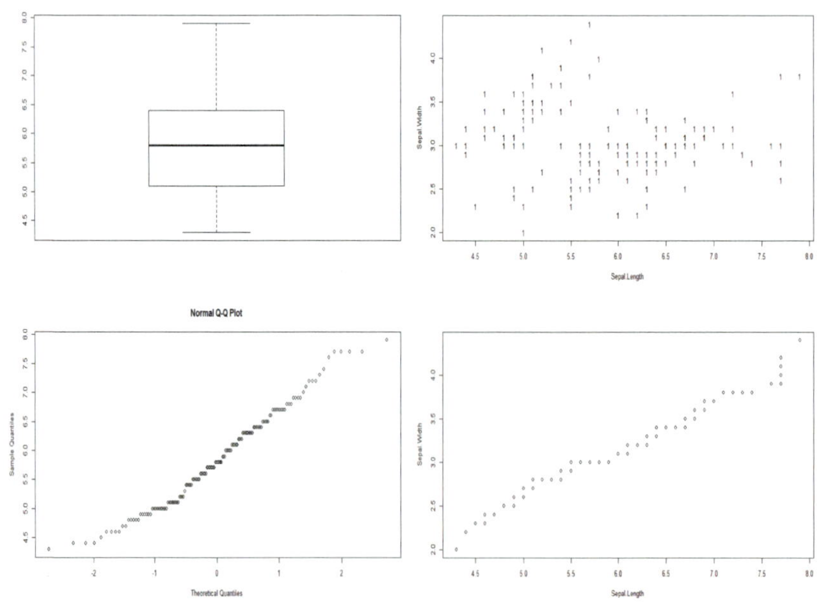

```
> pie(table(iris$Species))
```

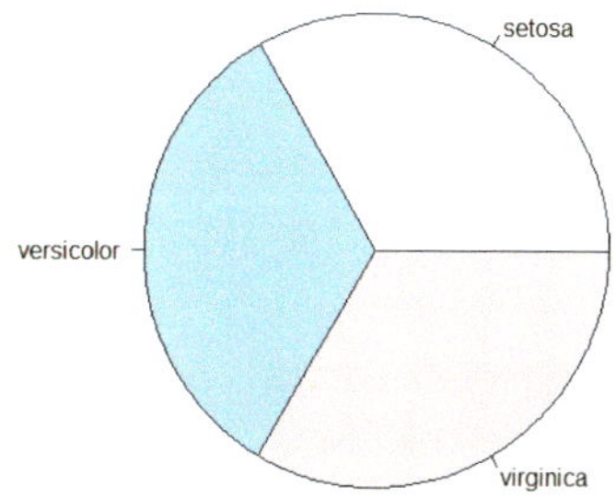

위에서 사용된 pie() 함수를 비롯한 여러 가지 고수준 그래픽 함수에 대해서는 4장에서 자세히 다루기로 한다.

3.3 저수준 그래픽 함수

저수준 그래픽 함수는 고수준 그래픽 함수로 그려진 플롯에 다양한 정보를 추가할 수 있도록 지원하는 함수로, 원하는 형태의 그림을 그리기에 매우 유용하다.

다음의 예제에서는 다양한 저수준 그래픽 함수의 기능을 소개하고 있다. 함수의 실행 순서에 따라 그림의 변화를 차례대로 보여 주고 있으므로 주의 깊게 확인해 보기 바란다.

(a) 점, 선 추가 함수

- points( ): 점 추가
- lines( ): 선 추가
- locator( ): 커저로 지정한 위치에 점(또는 선)을 추가

```
> attach(cars)
> par(mfrow=c(2,2))
> plot(speed, dist)
> points(7, 60, pch=3)
> lines(c(20,25),c(20,20))
> lines(lowess(speed, dist))
      > locator(2, type="p", pch=8)     # locator(2, type="l"); 실습은 맨 아래
```

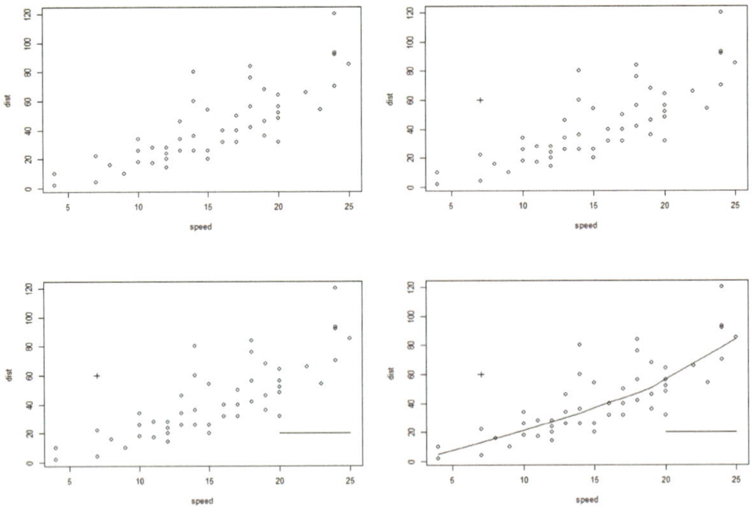

(b) 직선, 화살표, 문자, 축에 텍스트 추가 함수

- abline( ): 직선 추가
- arrows( ): 화살표 추가
- text( ): 문자 추가
- mtext( ): 마진의 4면(side)에 텍스트 추가

```
> abline(a=20, b=2, lty=2)
> arrows(10, 80, 7.5, 60.5)
> text(10, 85, "outlier")
> mtext("miles(not kilometers)", side=4)
```

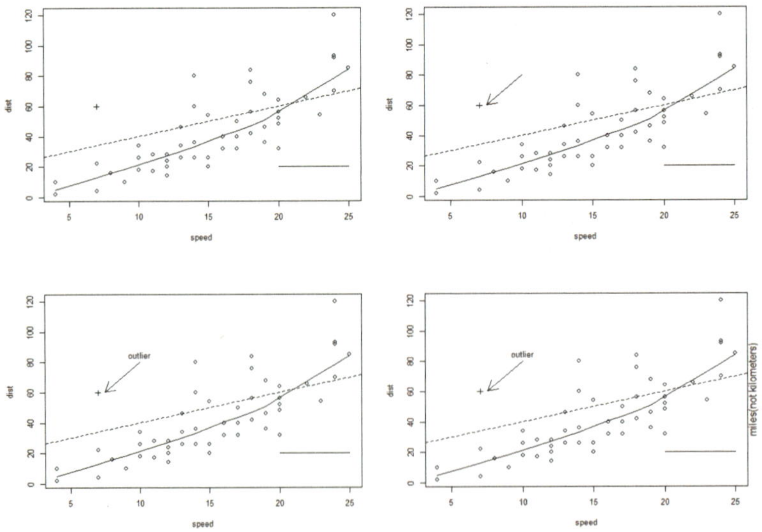

(c) 제목, 범례, 축의 눈금자, 융단 함수

- title( ): 제목 추가
- legend( ): 범례 추가
- axis( ): 축의 눈금자 추가
- rug( ): 융단(양탄자) 추가

```
> title(main="Stopping Distance vs Speed", sub="miles")
> legend(5,100, c("normal", "outliers"), pch=c(1,2))
> axis(3)
> rug(dist, side=2)      # dist 값이 중복되는 경우에는 jitter(dist)를 사용
```

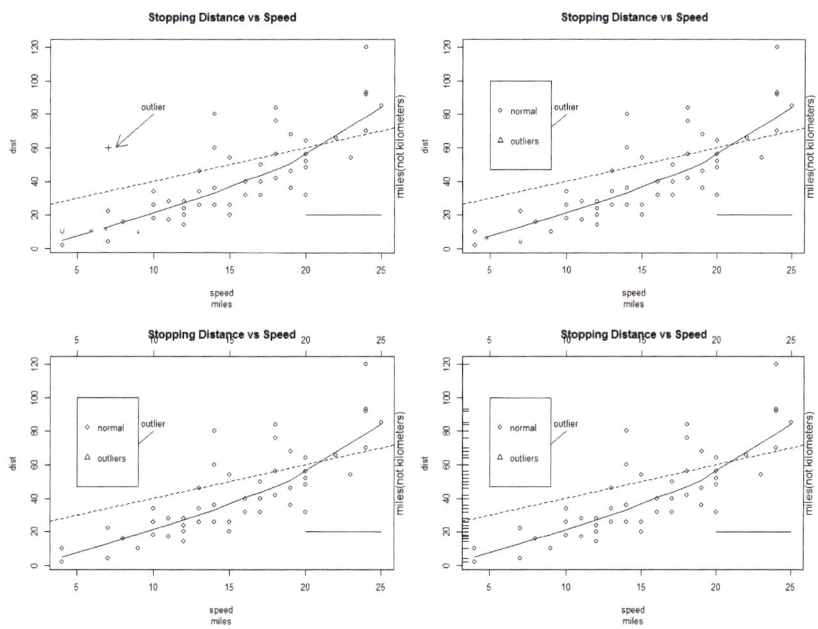

(d) 사각형, 다각형 함수

- rect( ): 사각형 추가
- polygon( ): 다각형 추가

```
> rect(10, 110, 13, 90, border="blue")
> polygon(c(14, 15, 16, 17), c(110, 90, 90, 100), density=50)
> locator(2, type="p", pch=8)
> locator(2, type="l")
```

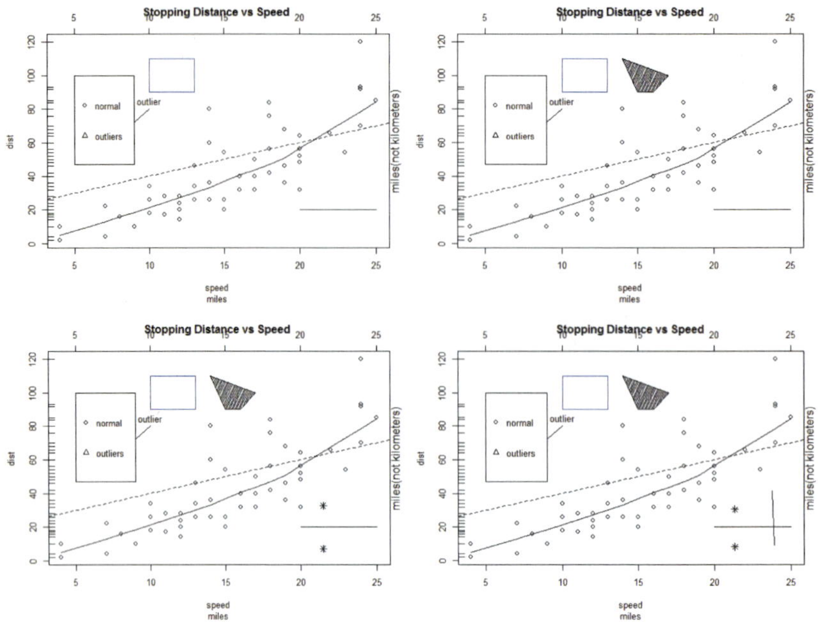

저수준 그래픽 함수는 그래픽을 보다 훌륭하게 만들어주는 역할을 수행한다. 마지막으로, 자료분석에서 저수준 그래픽 함수의 활용 예를 소개한다. 다음 그림은 USArrests 자료에서 (Murder, Rape) 간의 산점도를 그린 것으로, text( ) 함수를 이용하여 점의 형태(symbol)를 해당 주의 이름으로 나타낸 것이다.

```
> statename=abbreviate(rownames(USArrests), 5)     # 주 이름 요약
> plot(Murder, Rape, xlab="Murder", ylab="Rape", main="scatter plot", type="n")
> text(Murder, Rape, labels=statename, cex=1.0, col=1:50)
```

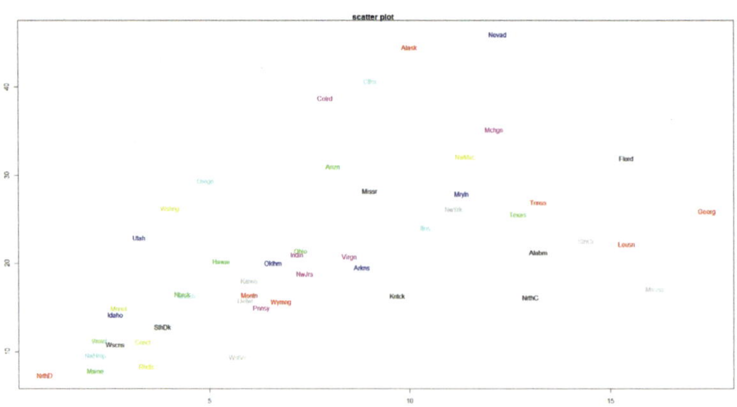

3.4 유용한 그래픽 예제

3.4.1 데이터에 잡음 넣기와 밀도 그림

(a) 데이터에 잡음 넣기

jitter() 함수는 데이터에 잡음(noises)을 추가해 준다. 범주형 자료 등에서 중복된 자료를 표현하는 데 유용하다.

```
> num.white <- rhyper(400,4,5,3)     # 초기하 분포로부터 400개의 난수 발생
> num.black <- rhyper(400,2,7,3)
> par(mfrow=c(1,2))
> plot(num.white, num.black, main="Without jitter")
> plot(jitter(num.white),jitter(num.black), main="With jitter")
> par(mfrow=c(1,1))
```

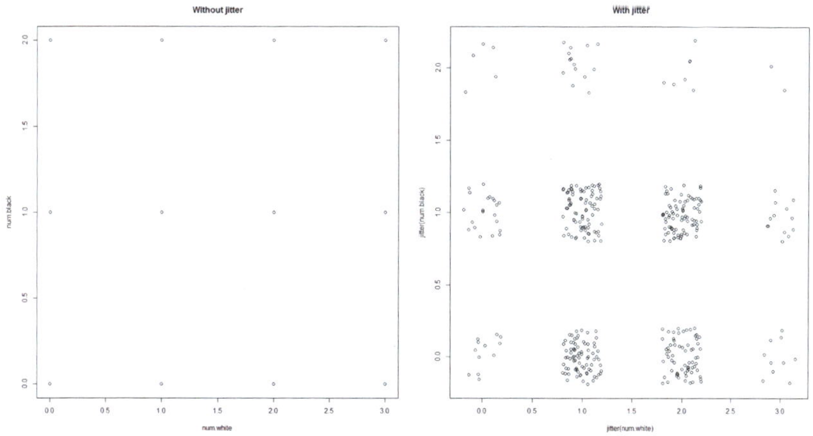

(b) 밀도 그림

smoothScatter() 함수는 데이터의 밀집도를 나타내는 밀도 그림(density plot)을 제공한다.

```
>  smoothScatter(num.white, num.black, main="Density Plot using smoothScatter")
```

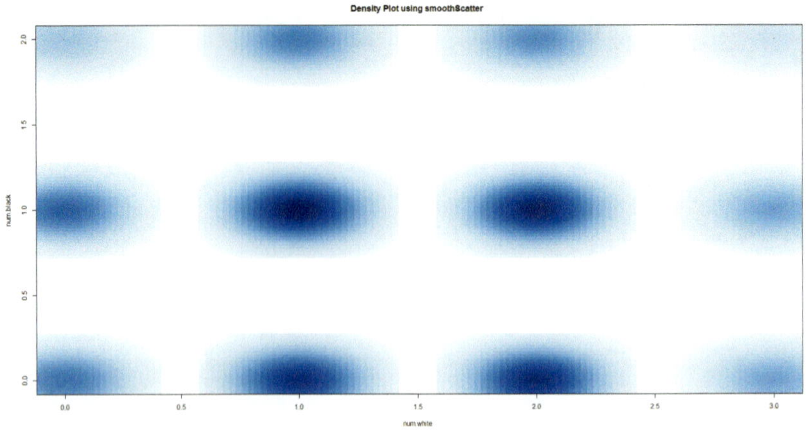

3.4.2 그래프에 음영 영역 지정

(a) 그림에 음영 영역(shaded region) 추가: polygon( ) 함수의 적용 예

```
> x <- seq(-5, 5, by=0.01)
> y <- dnorm(x)
> upper <- qnorm(0.95)
> plot(x, y, type="l", xaxt="n", ylab="",
       xlab=expression(paste('Null distribution of  ', bar(X))),
       axes=FALSE, ylim=c(0,max(y)*1.05), xlim=c(min(x),max(x)),
       frame.plot=FALSE)
> axis(1, at=c(-5, 0, upper, 5),     # 아래 labels= 의 길이와 같아야 함
       pos=c(0, 0),     # 축 선이 그려질 위치를 지정
       labels=c(" ", expression(mu[0]), expression(bar(x)[0])," " ))
       # > axis(2)     # 실행 시 y축이 추가됨
> x.reg <- seq(upper, 5, by=0.01)
> y.reg <- dnorm(x.reg)
> polygon(c(x.reg, x.reg[length(x.reg)], x.reg[1]),
          c(y.reg, 0, 0), col="red")
```

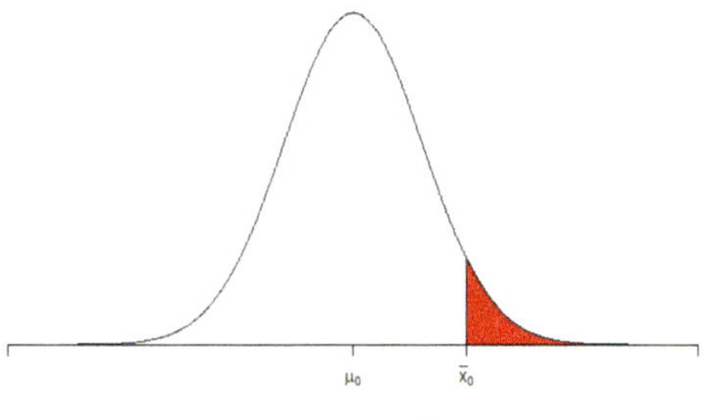

위의 예제에서 보듯이, R에서는 그림에 수식의 표현도 가능하다. 수식 표현에 대한 자세한 내용은 plotmath( ) 함수를 참고하기 바란다.

```
> demo(plotmath)
> help(plotmath)
```

(b) 산점도의 테두리 영역 지정: chull( ) 함수 이용

```
> x <- rnorm(200)
> y <- rnorm(200)
> h <- chull(x, y)
```

위의 chull( ) 함수는 convex hull을 생성하는 자료가 몇 번째 자료인지를 나타낸다. h는 아래 그림에서 9개 점의 위치(몇 번째 자료인지)를 저장한 벡터이다.

```
> plot(x, y)
> polygon(x[h], y[h], dens=15, angle=30, col="cyan")
```

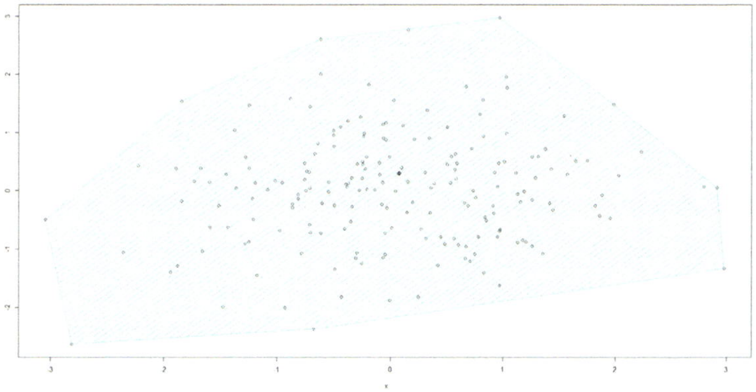

3.5 격자 그래픽

격자 그래픽은 한 번의 호출로 다패널 그림을 제공하는 함수로 조건부 플롯이라고도 한다. 격자 그래픽 함수는 모형식 표현에 조건부 기호(|)가 사용될 수 있다. 조건부 기호 뒤에는 요인 객체가 나타나며, 이 경우 요인 객체의 수준(levels)별로 그림이 그려진다.

3.5.1 기본 함수

coplot( ) 함수는 격자 그래픽을 위한 기본 함수로 다음과 같은 격자 그래픽을 제공한다.

```
> coplot(Sepal.Length ~ Sepal.Width | Species)   # 조건부 그림
```

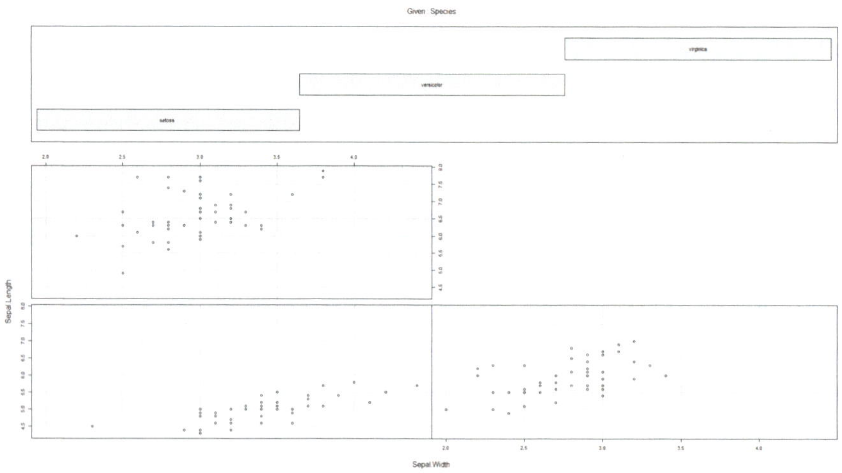

3.5.2 패키지 {lattice}의 함수

R 패키지 {lattice}는 매우 다양한 격자 그래픽 함수를 제공한다. {lattice}에서 제공하는 주요 함수의 예는 다음과 같다.

(a) {lattice} 주요 함수

- histogram(~x): 히스토그램
- densityplot(~x): 밀도그림

* qqmath(~x): 분위수-분위수(Q-Q) 그림
* splom(~x): 산점도 행렬
* parellel(~x): 평행좌표그림

```
> install.packages("lattice")
> library("lattice")
> attach(iris)
> histogram(~Sepal.Length | Species)    # 히스토그램
```

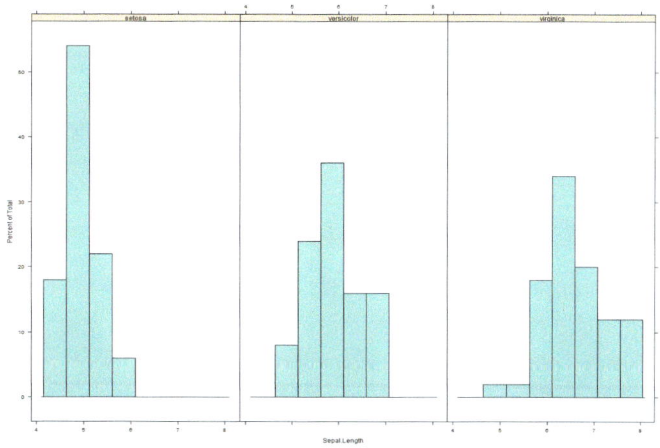

```
> densityplot(~Sepal.Length | Species)    # 밀도그림
```

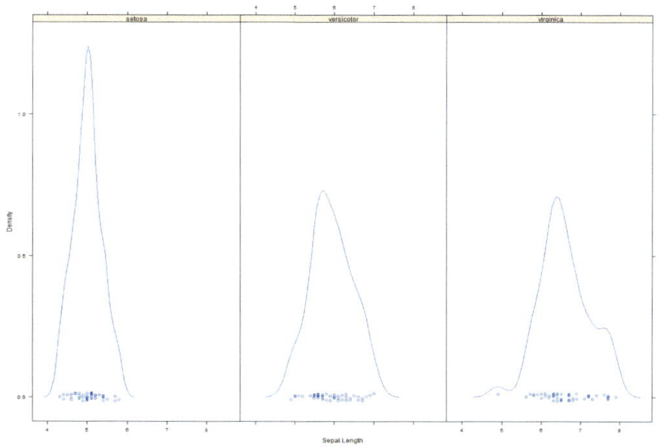

```
> qqmath(~Sepal.Length | Species)    # 분위수-분위수(Q-Q) 그림
```

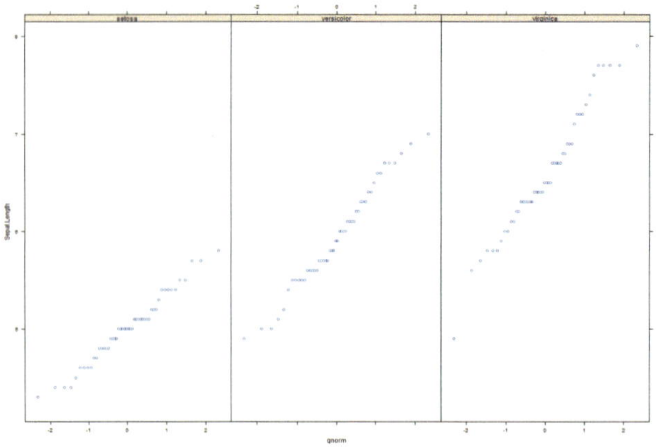

```
> splom(~iris[1:4] | Species)      # 산점도 행렬
```

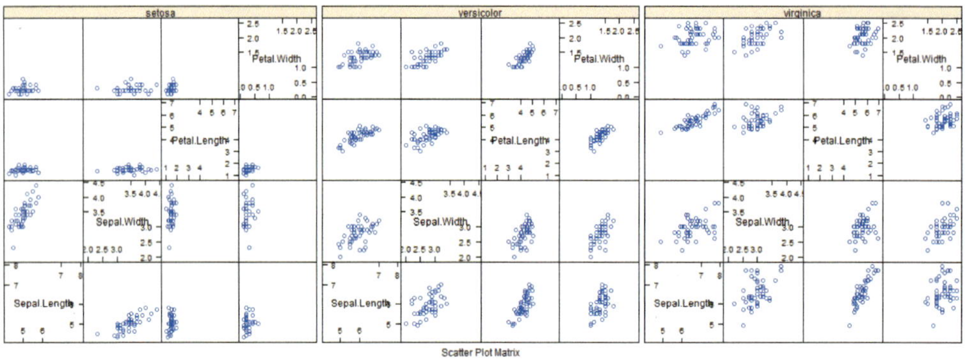


```
> parallelplot(~iris[1:4] | Species)      # 평행좌표그림
```

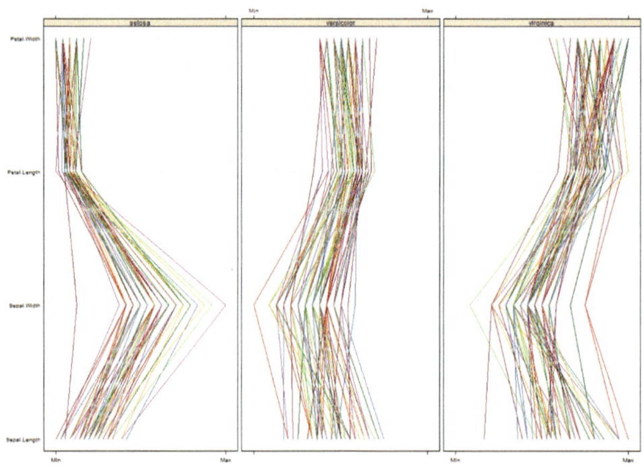

(b) {lattice} 주요 함수

- xyplot(y~x): xy 플롯
- barchart(y~x): 막대 차트
- dotplot(y~x): 점 그림
- qq(y~x): 두 집단 분위수-분위수(Q-Q) 그림
- stripplot(~x): 띠 그림

```
> xyplot(Sepal.Length~Sepal.Width | Species)   # xy 플롯
```

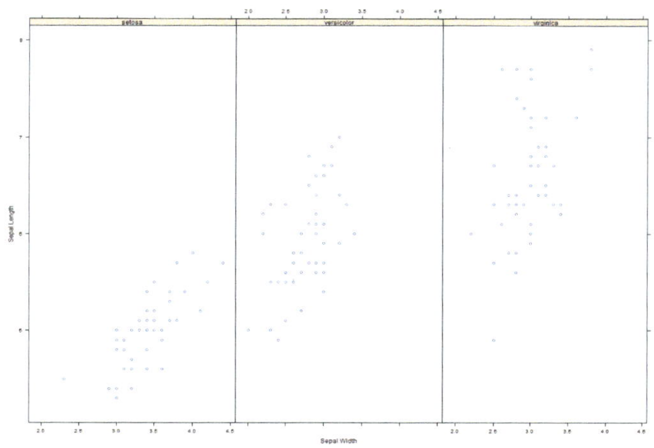


```
> barchart(Sepal.Length~Sepal.Width | Species)   # 막대 차트
```

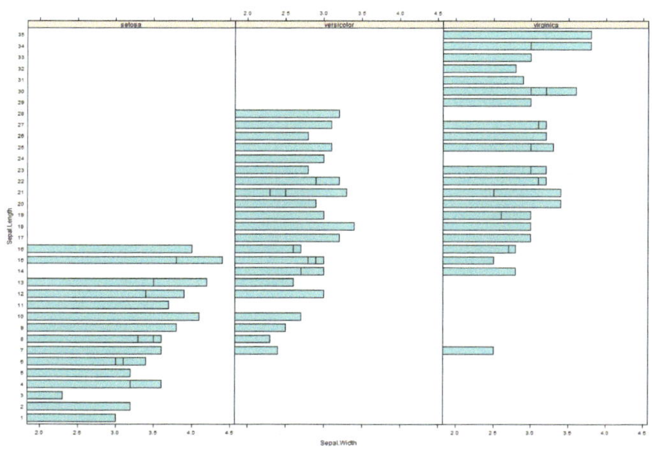

```
> dotplot(Sepal.Length~Sepal.Width | Species)    # 점 그림
```

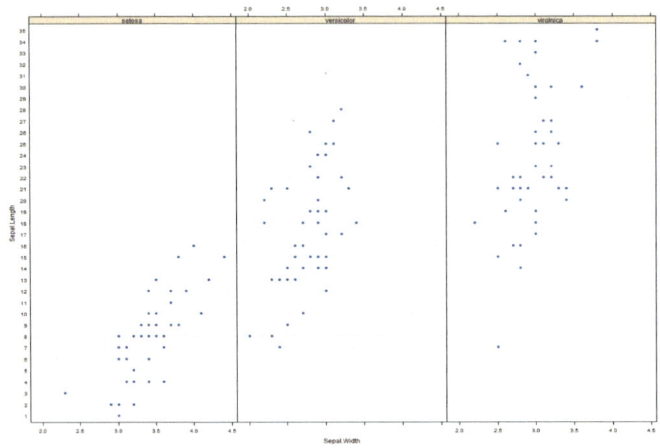


```
> qq(Species~Sepal.Length, subset=(Species=="setosa"| Species=="versicolor"))
  > ## 두 개의 분포를 비교하기 위한 분위수-분위수(Q-Q) 그림
```

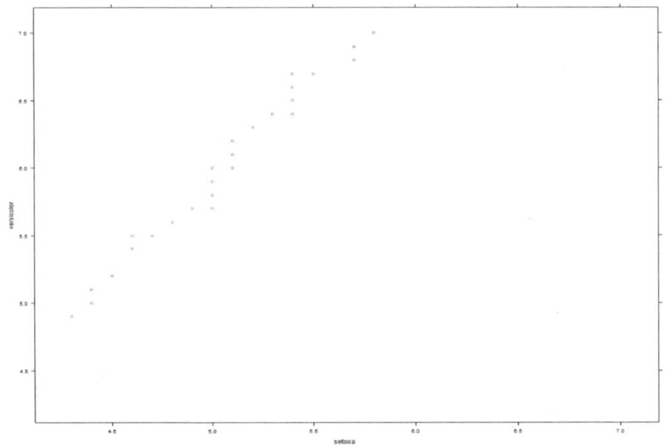

```
> stripplot(Species~jitter(Sepal.Length) | Species, cex=2)     # 띠 그림
```

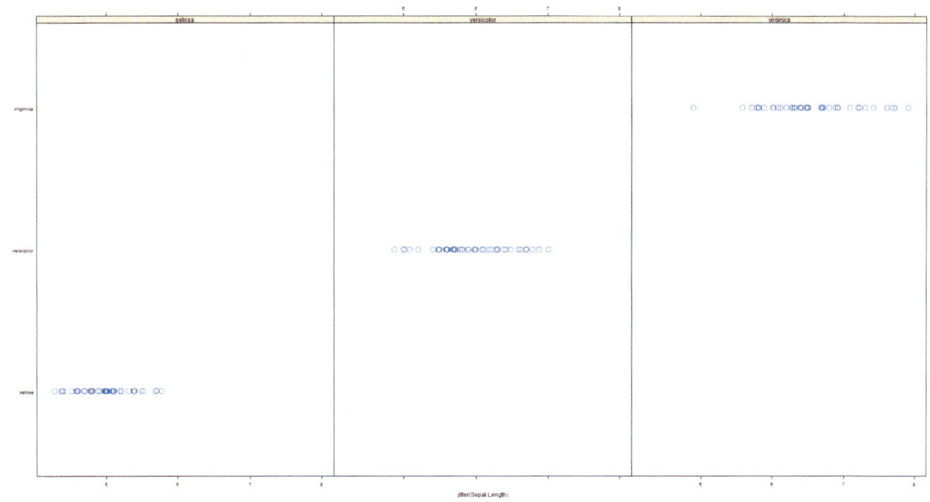

(c) {lattice} 주요 함수

- levelplot(z~x * y|g1 * g2): 수준 그림
- wireframe(z~x * y|g1 * g2): 철망형 그림
- cloud(z~x * y|g1 * g2): 구름형 그림

```
> levelplot(Sepal.Length~Petal.Length*Petal.Width | Species)    # 수준 그림
```

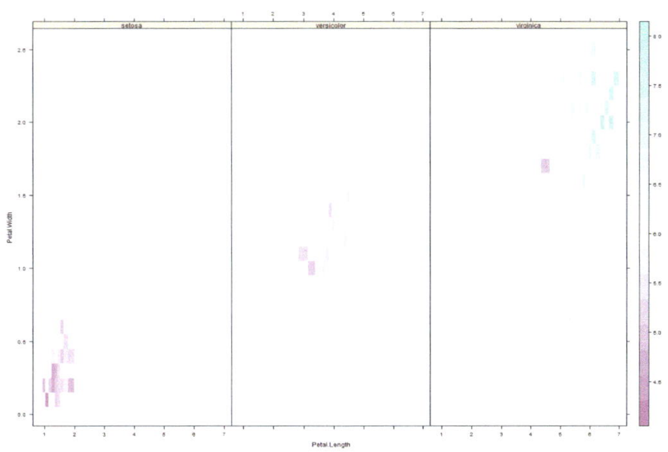

```
> wireframe(Sepal.Length~Petal.Length*Petal.Width | Species)    # 철망형 그림
```

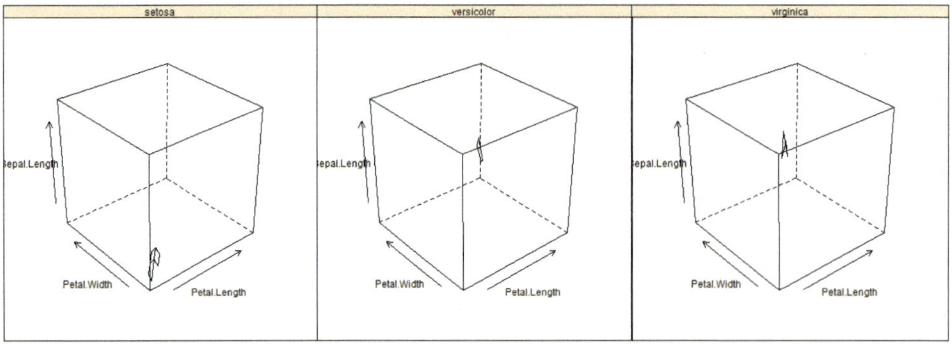


```
> cloud(Sepal.Length~Petal.Length*Petal.Width | Species)    # 구름형 그림
```

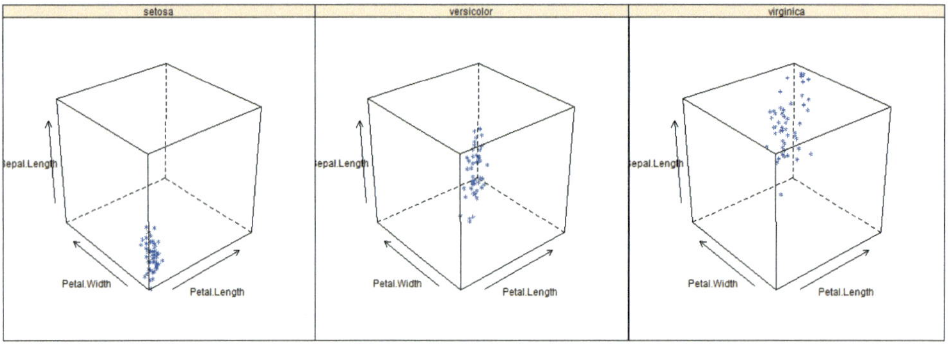

3.6 다중 그래픽스: 그래픽 디바이스의 분할

다중 그래픽스(multi-graphics)는 그래픽 디바이스를 분할하여 여러 개의 그림을 하나의 그래픽 디바이스에 그려준다. 이를 위해서는 그래픽 디바이스의 분할이 요구되며, 그 방법은 다음과 같다.

- par(mfrow=c( )): 그래픽 디바이스를 행렬 형태로 분할하여 차례로 배치.
- par(fig=c( )): 하나의 그래픽 디바이스의 일부분을 플롯 영역으로 지정.
- layout( ): 다양한 방식으로 그래픽 디바이스를 분할, 그림 위치를 임의로 지정.

(a) par(mfrow=c( )) 이용 예제

```
> ## 그래픽 디바이스 분할
> par(mfrow=c(2, 2))      # 2행 2열의 형태로 지정. 행 우선으로 그림이 차례로 위치함

> ## 여백 지정 후 그림
> par(mar=c(1, 2, 2, 1))     # 여백 지정
> hist(mpg)     # 첫 번째 그림
> hist(hp)     # 두 번째 그림
> boxplot(mpg)     # 세 번째 그림
> boxplot(hp)     # 네 번째 그림
```

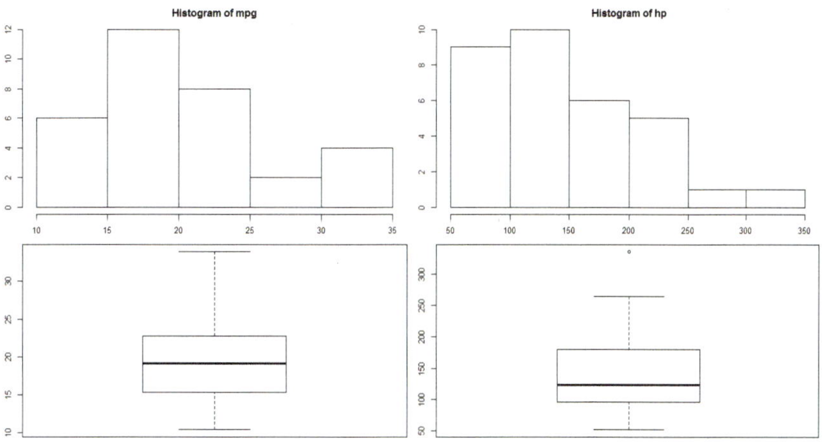

(b) par(fig=) 이용 예제

```
> res <- runif(100, min=0, max=10)
> ## fig= 다음 그림의 영역을 하단 35%로 지정함
> par(fig=c(0, 1, 0, .35))
> boxplot(res, horizontal=TRUE, bty="n", xlab="Uniform Sample")

> ## fig= 다음 그림의 영역을 상위 75%에 위치시킴
> par(fig=c(0, 1, .25, 1), new=TRUE)
> hist(res, prob=TRUE, main="", col=gray(.9))
> lines(density(res), lty=2)
> curve(dunif(x, min=0, max=10), lwd=1.5, add=TRUE)
> rug(res)
```

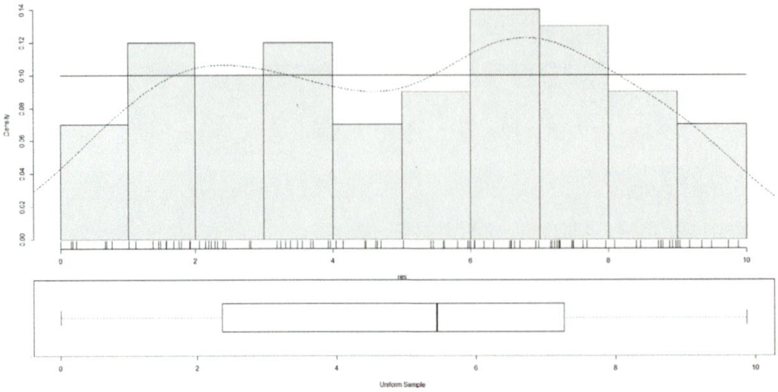

(c) layout( ) 함수 이용 예제

```
> ## 그래픽 디바이스 분할
> layout(matrix(c(1, 0, 3, 2),    # 행렬의 번호는 그려질 그림의 순서임
                2, 2, byrow=TRUE),
        widths=c(3, 1),     # 1열 그림의 너비가 전체의 3/4이도록
        heights=c(1, 3),     # 2행의 높이가 전체의 3/4이도록
        respect=TRUE)     # 정사각형의 형태이도록

> par(no.readonly=FALSE)
> mul <- layout(matrix(c(1, 0, 3, 2),     # 행렬의 번호는 그려질 그림의 순서임
                    2, 2, byrow=TRUE),
              widths=c(3, 1),     # 1열 그림의 너비가 전체의 3/4이도록
              heights=c(1, 3),     # 2행의 높이가 전체의 3/4이도록
              respect=TRUE)     # 정사각형의 형태이도록

> layout.show(mul)     # 분할된 그래픽 디바이스 형태
```

```
> ## 여백 조정 후 그리기 위해 플롯 결과만 저장
> attach(mtcars)
> xhist <- hist(hp, plot=FALSE)     # 마진 조정 후 그리기 위해 plot=FALSE로 지정함
> yhist <- hist(mpg, plot=FALSE)
> top <- max(c(xhist$counts, yhist$counts))     # 히스토그램의 높이 최댓값을 저장

> ## 여백 조정 후 그림
> par(mar=c(0, 3, 1, 1))     # 여백을 (아래, 왼쪽, 위, 오른쪽) 순으로 지정
> barplot(xhist$counts, axes=FALSE, ylim=c(0, top),     # 첫 번째 그림
          space=0, col="blue")

> par(mar=c(3, 0, 1, 1))     # 여백 조정
> barplot(yhist$counts, axes=FALSE, xlim=c(0, top),     # 두 번째 그림
          space=0, col="green", horiz=TRUE)

> par(mar=c(4, 4, 1, 1))     # 여백 조정
> plot(mpg ~ hp, pch=19, cex=1.5, col="blue")     # 세 번째 그림
> lines(lowess(hp, mpg), col="red")     # 평활곡선 추가

    > ## 마지막 문장은 다음으로 대체할 수 있음
    > lines(supsmu(hp, mpg)) 또는 > abline(lm(mpg~hp))
```

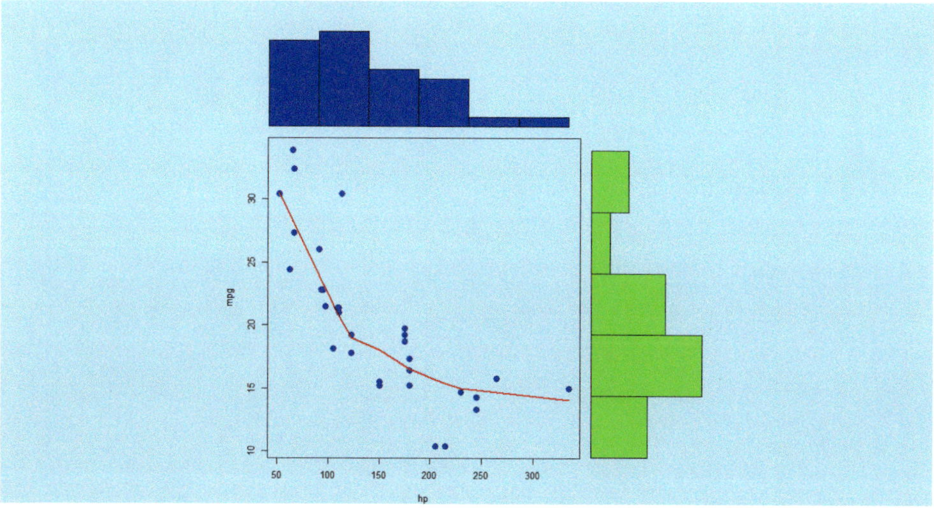

(d) par( ) 함수: 그래픽 옵션 변경

par( ) 함수는 그래픽 옵션의 설정상태를 확인하거나 변경할 때 사용된다(3.1절). par( ) 함수로 그래픽 옵션을 변경하기 전에 현재의 설정값을 저장해 둘 필요가 있으며, 이는 그래픽 옵션을 원상태로 되돌리고자 할 때 유용하다.

그래픽 인자 가운데 몇 개의 인자는 변경될 수 없으며, 읽기만 가능하다. 다음은 그래픽 옵션을 리스트 형태로 저장한다.

```
> par.0 <- par(no.readonly=TRUE)      # 읽기 전용이 아닌 그래픽 인자들만 저장해 둠
```

변경된 그래픽 설정을 저장된 값으로 되돌리고자 할 때는 다음을 수행한다.

```
> par(par.0)
```

on.exit(par(par.0))는 함수 내에서 인자가 변경될 때, 함수를 빠져나갈 경우 원위치(resetting) 시켜준다(함수 내에서 사용됨).

[3장] 연습문제

01 iris 자료에서 Sepal.Length와 Sepal.Width 간의 플롯을 그리되, 3면과 4면의 테두리를 없애고, 각 변수의 평균점에서 교차하는(x와 y축에 평행하는) 두 개의 보조 직선을 점선으로 나타내어라.

02 mtcars{stats} 자료에 대한 아래의 그림을 다음의 3가지 조건을 추가하여 수정하여라.

- 실린더(cyl)에 따라 점의 색상을 다르게 하고 범례(legend) 추가
- 이상치로 의심되는 2개의 점에 화살표로 가리키고 "outlier" 문장을 추가
- 평활곡선을 점선(붉은색)으로, 단순회귀 적합식을 실선(검은색)으로 추가

```
> plot(hp, mpg)
```

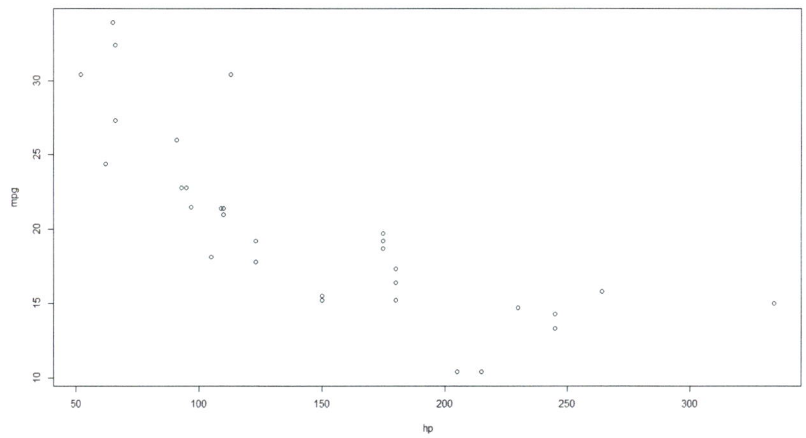

03 3.6절의 layout() 함수의 적용 예를 다음 그림과 같이 수정하여라. 수정할 내용은 (i) 히스토그램을 상자그림으로, (ii) 평활곡선을 단순회귀 적합식으로, (iii) 3면과 4면에 융단(rug)을 추가하여라.

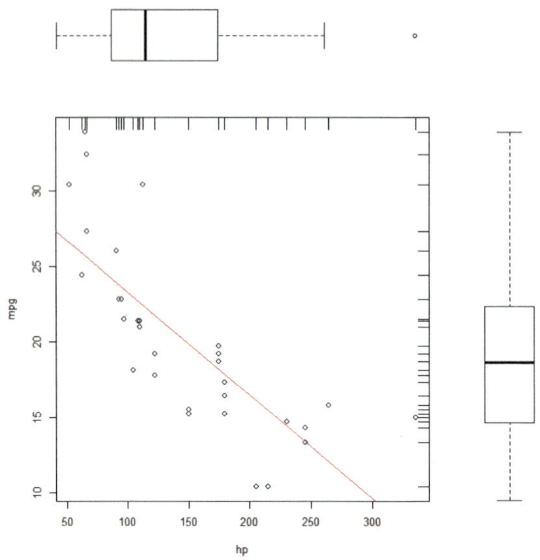

04 3.4.2절의 분포그림에서 음영 영역이 양쪽(both side)에 나타나도록 수정하여라.

05 mtcars{stats} 자료에서 실린더(cyl)의 수에 따라 배기량(disp)과 연비(mpg)의 관계를 플롯하여라.

[4장]

기초 그래프

4.1 점도표

dotchart( ) 함수는 Cleveland 점도표(dot chart)를 그려준다. 일반형식은 다음과 같다.

```
dotchart(x, labels=NULL, groups=NULL, gdata=NULL,
         cex=par("cex"), ...)
```

- x: 수치형 벡터 또는 행렬
- groups= 요인의 수준별로 그룹화함. x가 행렬인 경우에는 x의 열이 됨(디폴트).

(a) 단순 점도표

```
> dotchart(mtcars$hp, labels=row.names(mtcars), cex=.7,
     main="Horse Power for Car Models",
     xlab="Horse Power")
```

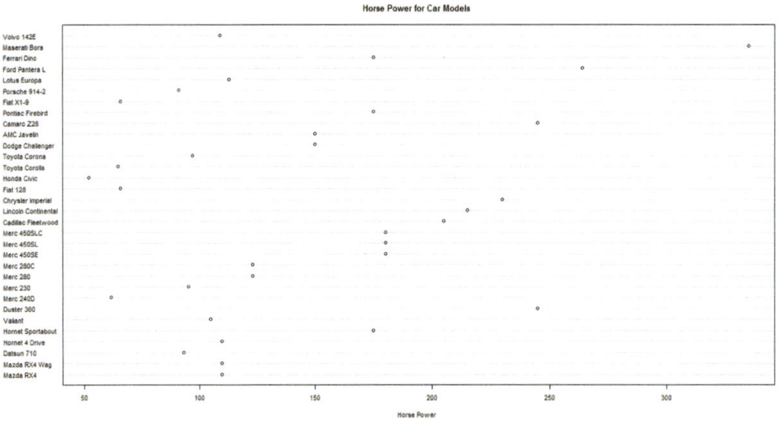

(b) 점도표 응용: 그룹화, 순서화, 색상지정

```
> ## 마력(hp)에 의해 오름차순으로 정렬하고, 실린더수(cyl)로 그룹화와 색상지정
> x <- mtcars[order(mtcars$hp),]     # hp로 정렬
> x$cyl <- factor(x$cyl)     # 요인으로 변경
> x$color[x$cyl==4] <- "red"
> x$color[x$cyl==6] <- "blue"
> x$color[x$cyl==8] <- "green"
> dotchart(x$hp, labels=row.names(x), cex=.7, groups= x$cyl,
     main="Horse Power for Car Models\ngrouped by cylinder",
     xlab="Horse Power", gcolor="black", color=x$color)
```

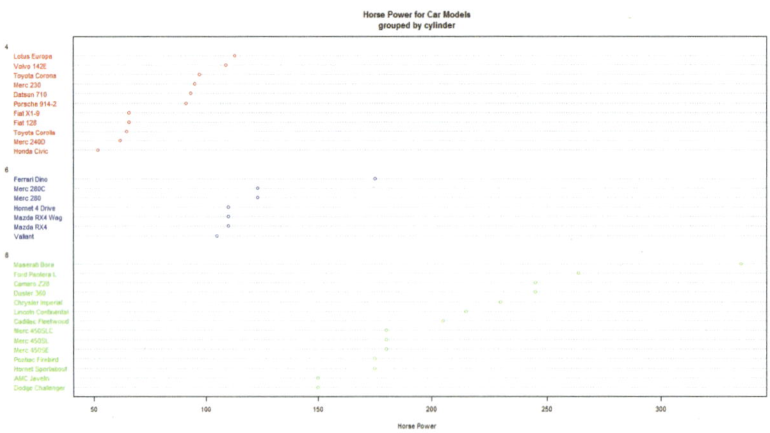

4.2 띠그래프

띠그래프(strip chart)는 일차원 산점도 그림(또는 점도표)을 그려준다.

```
stripchart(x, method="overplot", jitter=0.1, offset=1/3,
           vertical=FALSE, group.names, add=FALSE,
           at=NULL, ...)
```

- x: 수치형 벡터 또는 수치형 벡터의 리스트(list)

(a) 띠그래프의 사용 예제: 수치형 벡터 자료

```
> attach(mtcars)
> par(mfrow=c(2,2))
> stripchart(hp)     # method="overplot"(디폴트)
> stripchart(gear, method="stack"  col="blue")
> stripchart(gear, method="jitter")
> stripchart(hp ~ gear)
> par(mfrow=c(1,1))
```

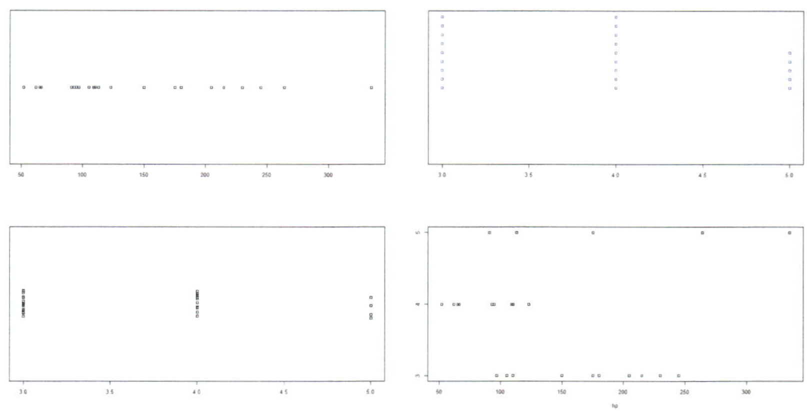

띠그래프는 표본의 크기가 작은 경우 상자그림에 대한 훌륭한 대안으로 사용된다. 특히 t-검정 또는 분산분석 자료의 시각화에 효과적이다.

(b) 띠그래프의 사용 예제: 리스트(list) 자료

```
> stripchart(list(Automatic=mpg[am==0], Manual=mpg[am==1]), method="stack",
pch=16, offset=1/3, cex=2.5, xlab= "Mileage per Gallon(mpg)")
```

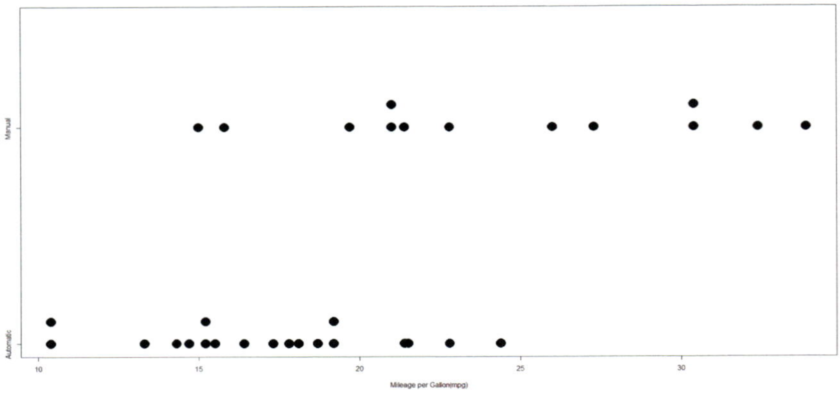

(c) 띠그래프의 사용 예제: 상자그림과 함께 그리기

```
> stripchart(mpg[am==0], method="stack", pch=16, offset=1/2, cex=3, xlab= "Mileage
per Gallon(mpg): Automatic(am=0)")
> ## offset= 옵션은 점이 stack될 때 상하의 간격을 지정

> boxplot(mpg[am==0], horizontal=TRUE, add=TRUE, at=0.5)
> ## at= 은 상자그림의 위치지정. 1로 지정 시 점의 위치와 겹치게 됨
```

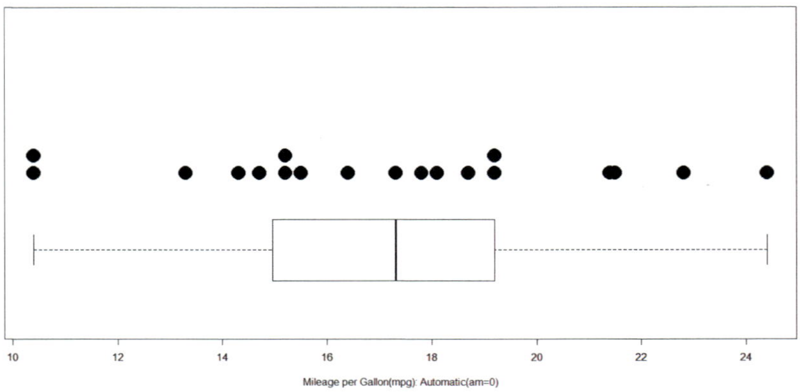

4.3 막대그래프 계열

4.3.1 막대그래프

barplot() 함수는 수직 또는 수평의 막대그래프(bar graph)를 제공한다. barplot() 함수의 일반형식과 주요 옵션은 다음과 같다.

```
barplot(height, width=1, space=NULL,
        names.arg=NULL, legend.text=NULL, beside=FALSE,
        horiz=FALSE, density=NULL, angle=45,
        col=NULL, add=FALSE, args.legend=NULL, ...)
```

- height: 벡터 또는 행렬. 벡터인 경우는 막대의 높이. 행렬인 경우는 beside=FALSE(디폴트) 또는 TRUE에 따라 누적(stacked) 또는 그룹화(grouped) 형태로 그려줌.
- width: 막대의 너비 지정. 리사이클 구칙이 적용됨.
- space: 막대 간의 간격을 지정(막대 너비의 평균값에 대한 일정 비율로 지정: 0~1)
- beside= FALSE(디폴트), TRUE
- horiz= FALSE(디폴트), TRUE는 수평으로 그려줌.
- density: 막대에 빗금의 수를 지정(인치당 선의 수)

(a) 단순 막대그래프

```
> (counts <- table(mtcars$cyl))
 4  6  8
11  7 14

> barplot(counts, horiz=TRUE, names.arg=c("4 cyl", "6 cyl", "8 cyl"))
> ## density=10 옵션 추가 시 막대의 음영 대신 빗금이 적용됨
```

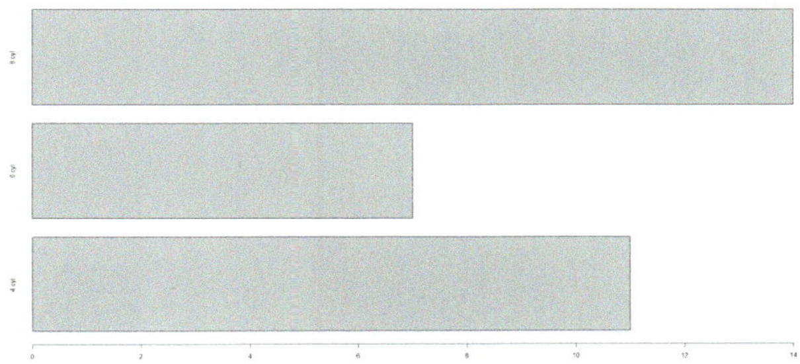

(b) 누적(stacked) 막대그래프

```
> (counts <- table(mtcars$cyl, mtcars$gear))
     3  4  5
  4  1  8  2
  6  2  4  1
  8 12  0  2

> barplot(counts, col=c("blue", "red", "yellow"), legend=rownames(counts),
      xlab="Number of Gears")
```

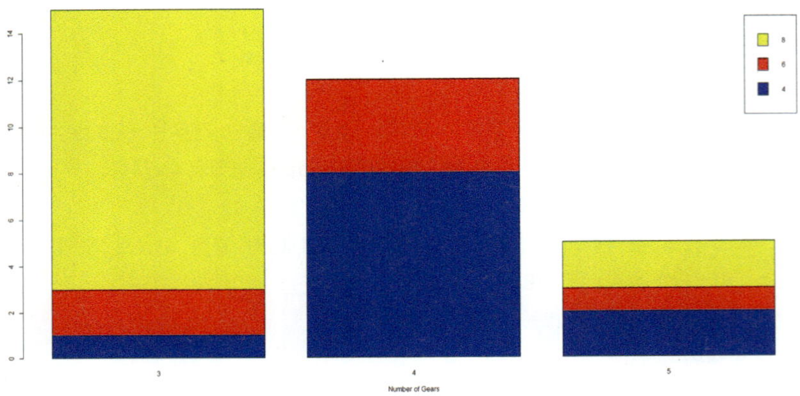

(c) 그룹화(grouped) 막대그래프

```
> barplot(counts, col=c("blue", "red", "yellow"), legend=rownames(counts),
     beside=TRUE, xlab="Number of Gears")
```

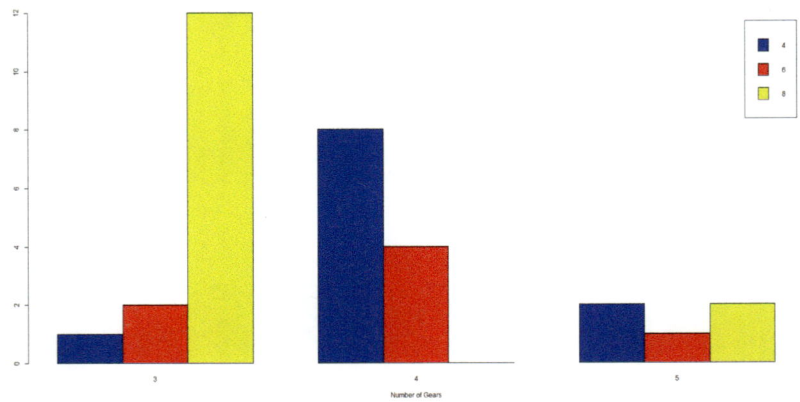

(d) 막대그래프 유의사항

막대그래프가 반드시 개수(counts) 또는 빈도(frequency) 자료를 요구하는 것은 아니다. 평균, 중앙값, 표준편차 등의 값으로도 막대그래프를 그릴 수 있다. 예를 들어 aggregate( ) 함수의 적용 결과를 barplot( ) 함수에 넘겨주어 막대그래프를 그릴 수 있다.

```
> mpg.mean <- aggregate(mpg, by=list(gear), mean)
> str(mpg.mean)
'data.frame':   3 obs. of  2 variables:
 $ Group.1: num  3 4 5
 $ x      : num  16.1 24.5 21.4
> barplot(mpg.mean$x, beside=TRUE, names.arg=c("3 Gears", "4 Gears", "5 Gears"),
      ylab="Average mpg", col=colors()[c(35, 139, 461)])
> ## 위의 col= 옵션 지정은 9장을 참고할 것
```

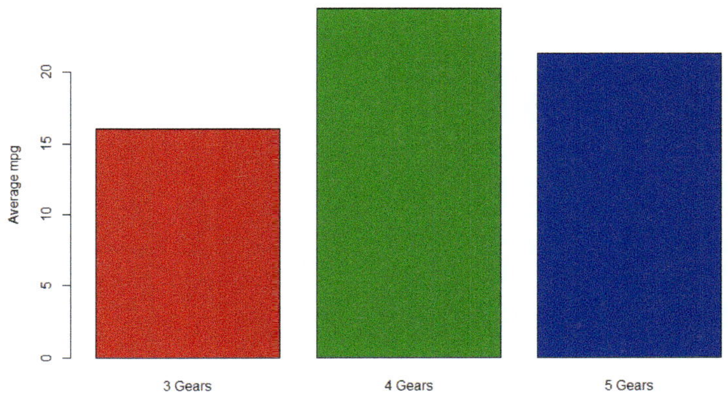

디폴트로 범주의 축선이 나타나지 않는다. axis.lty=1 옵션으로 축의 선을 그릴 수 있다(아래 예를 참고).

```
> par(mfrow=c(1,2))
> counts <- table(mtcars$cyl)
> barplot(counts)
> barplot(counts, axis.lty=1)
```

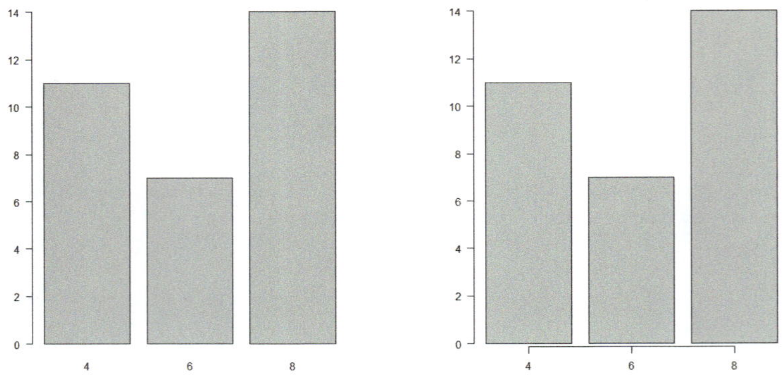

막대의 수가 많은 경우 막대의 라벨이 중첩될 수 있다. 이 경우 cex.names= 옵션으로 폰트의 크기를 줄일 수 있다(1보다 작은 값을 지정). 추가적으로, 그래픽 모수의 지정으로 막대그래프의 라벨 스타일을 지정할 수 있다. 예를 들면 다음과 같다.

```
> par(las=1)     # las= 은 라벨의 스타일을 지정(0~3).
> ## 0(디폴트: 항상 축과 평행), 1(항상 수평), 2(항상 축과 수직), 3(항상 수직)

> par(mar=c(5,8,4,2))     # y축 마진을 늘림
> counts <- table(mtcars$cyl)
> barplot(counts, main="Car Distribution", horiz=TRUE, density=10, names.arg=c("4
Cylinders", "6 Cylinders", "8 Cylinders"), cex.names=0.8, col="magenta")
```

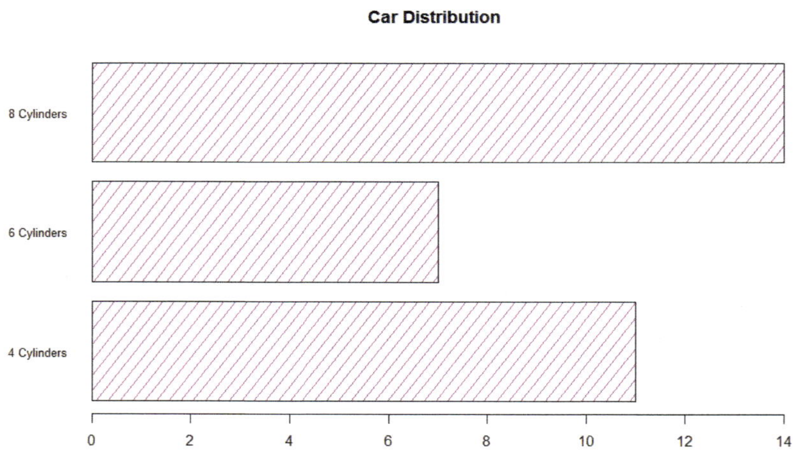

4.3.2 인구피라미드 그림

pyramid{pyramid} 함수는 인구피라미드 그림을 제공한다. 이 함수의 일반형식은 다음과 같다.

```
pyramid(data, Laxis=NULL, Raxis=NULL,
        AxisFM="g", AxisBM="", AxisBI=3, Cgap=0.3, Cstep=1, Csize=1,
        Llab="Males", Rlab="Females", Clab="Ages", GL=TRUE, Cadj=-0.03,
        Lcol="Cyan", Rcol="Pink", Ldens=-1, Rdens=-1, main="", ...)
```

- data: 데이터프레임. 1열은 좌측 피라미드 수, 2열은 우측 피라미드 수를 나타낸다. 보통 각 연령대에서 좌측은 남성(male), 우측은 여성(female)의 수를 나타낸다. 데이터프레임이 3열을 가질 경우, 3열은 연령대를 나타내는 라벨을 나타내며, 생략 시에는 row.names(data)가 연령대 라벨을 대신한다.

예제 1

{pyramid} 패키지에서 제공하는 인구피라미드 그림

```
> ## 인구피라미드 그림 적용 예- 1)
> library(pyramid)
> ages <- c('0-9','10-19','20-29','30-39','40-49','50-59','60-')
> males <- c(34,19,11,11,8,7,5)
> females <- c(26,25,16,11,7,5,1)
> data <- data.frame(males,females,ages)
> pyramid(data)
```

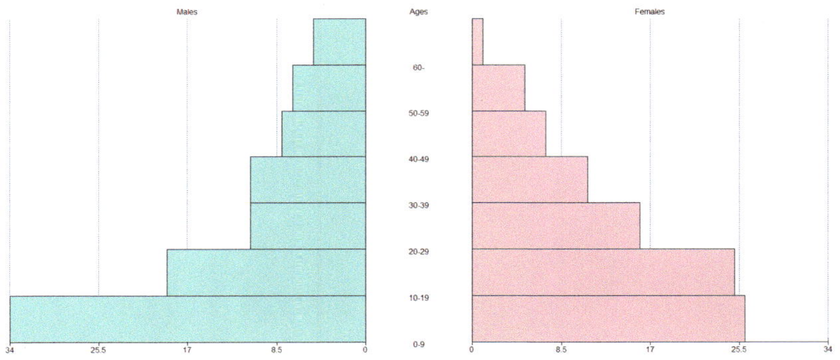

```
> ## 인구피라미드 그림 적용 예-(2)
> py.Males <- c(80,40,30,20,10)
> names(py.Males) <- c('0-9','10-19','20-29','30-39','40-')
> py.Females <- c(60,50,40,30,5)
> names(py.Females) <- names(py.Males)
> py.df <- data.frame(py.Females, py.Males)
> pyramid(py.df,Llab="Females", Rlab="Males",Lcol="navy", Ldens=5,
  Rcol="red", Rdens=10, GL=FALSE, main="An example of population pyramid\n
  with auto-axis")
```

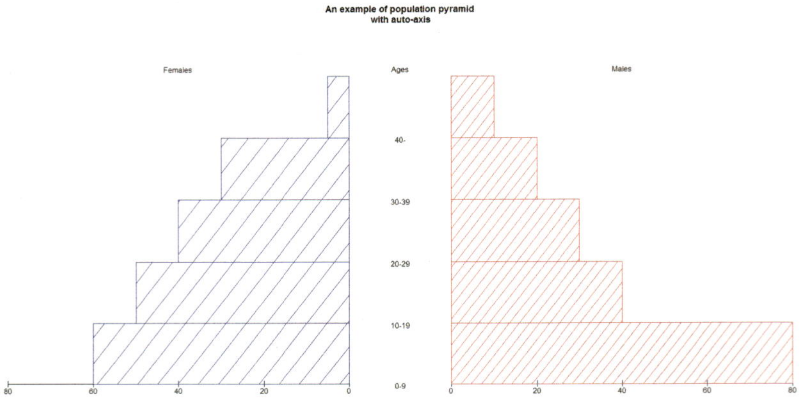


```
> ## 인구피라미드 그림 적용 예-(3): 2005년 일본 군마현의 인구 센서스 자료
> pyramid(GunmaPop2005, Llab="Males", Rlab="Females", Clab="",
    Laxis=seq(0,20000,len=5), AxisFM="d", AxisBM=",", Csize=0.8,
    Cstep=10, main="Population pyramid of Gunma Prefecture\n (Data:
    Census 2005, total by gender)")
```

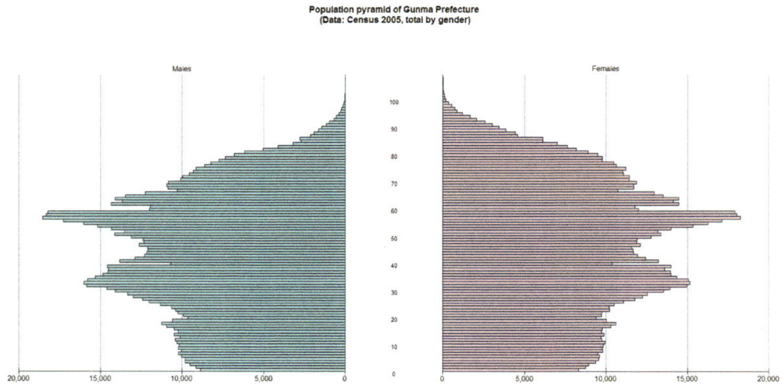

4.4 파이차트 계열

이 절에서는 파이차트, 도넛차트, 와플차트, 극좌표 영역 차트를 소개한다.

4.4.1 파이차트

(a) 기본 파이차트

숫자형 벡터 객체에 대해 파이차트(pie chart)를 그리는 과정은 다음과 같다.

```
> B <- c(2, 4, 5, 7, 12, 14, 16)
> pie(B, main="My Piechart",
        col=rainbow(length(B)),
        labels=c("Mon","Tue","Wed","Thu","Fri","Sat","Sun"))
```

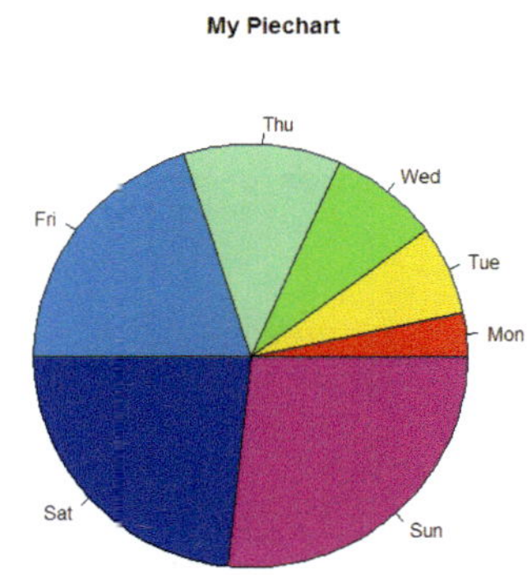

다음과 같이 옵션을 변경하여 파이차트를 그려 보자.

```
> cols <- c("grey90","grey50","black","grey30","white","grey70","grey50")
> percentlabels<- round(100*B/sum(B), 1)
> pielabels<- paste(percentlabels, "%", sep="")
> pie(B, main="My Best Piechart", col=cols, labels=pielabels, cex=0.8)
> legend("topright", c("Mon","Tue',"Wed","Thu","Fri","Sat","Sun"), cex=0.8,
fill=cols)
```

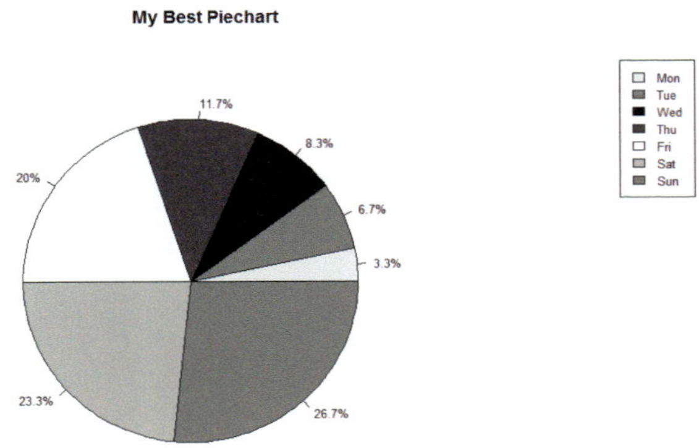

데이터프레임으로부터 파이차트를 그릴 때는, 다음과 같이 먼저 테이블 객체로 전환 후 pie( ) 함수를 적용한다.

```
> cyltable <- table(mtcars$cyl)
> cyltable
> labs <- paste("(",names(cyltable),")", "\n", cyltable, sep="")
> pie(cyltable, labels=labs, col=c("red", "yellow", "blue"),
    main="PIE CHART OF CYLINDER NUMBERS\n with sample sizes")
```

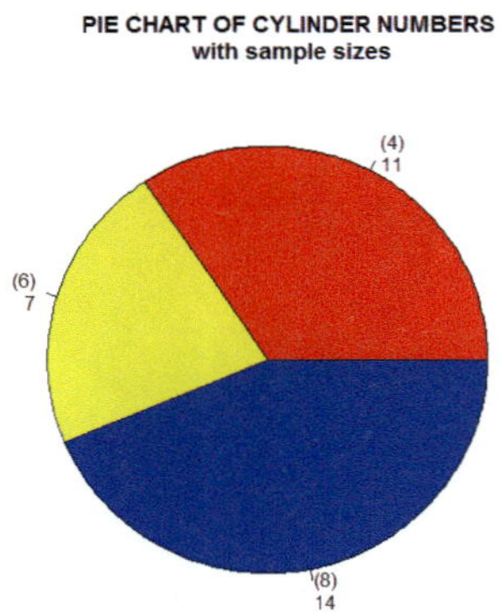

(b) 파이차트의 변형

패키지 {plotrix}의 다음 함수들은 파이차트의 다양한 변형을 제공한다.

- fan.plot( )
- pie3D( )
- radial.pie( )

```
> ## fan,plot() 함수 적용 예: 부채(fan) 그림을 그려줌
> library(plotrix)
> slices <- c(10, 12, 4, 16, 8)
> lbls <- c("US", "UK", "Australia", "Germany", "France")
> fan.plot(slices, labels=lbls, align="left", max.span=pi)
```

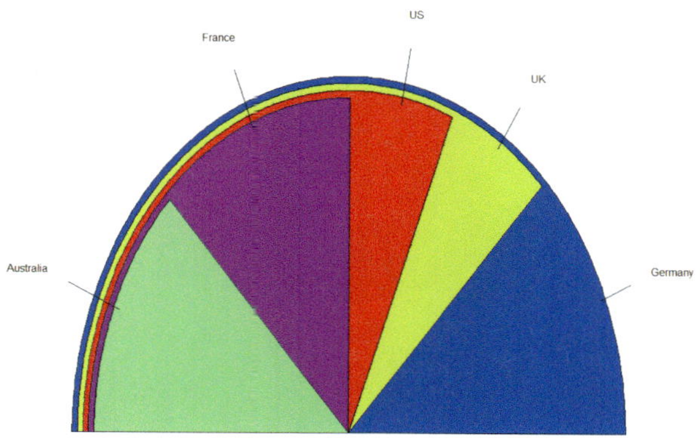


```
> ## pie3D() 함수 적용 예: 3차원 파이차트를 그려줌
> pie3D(slices,
        labels=lbls,
        explode=0.1,
        main="Pie Chart of Countries")
> ## radius=pi/3 옵션을 추가해서 그려볼 것
```

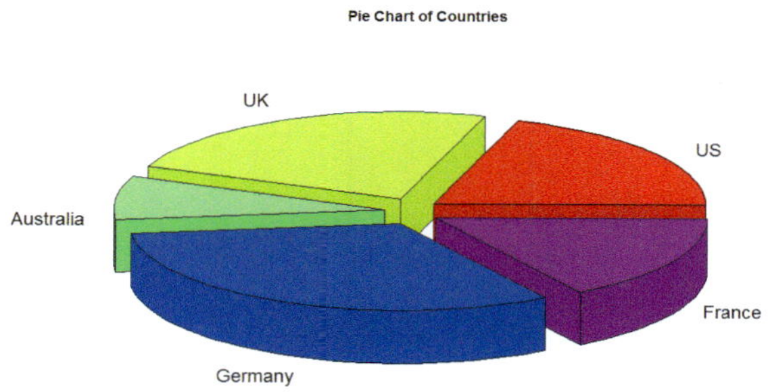


```
> ## radial.pie() 함수 적용 예: 극좌표 영역(polar area) 차트를 제공
> radial.pie(slices, labels=lbls, radlab=TRUE)
```

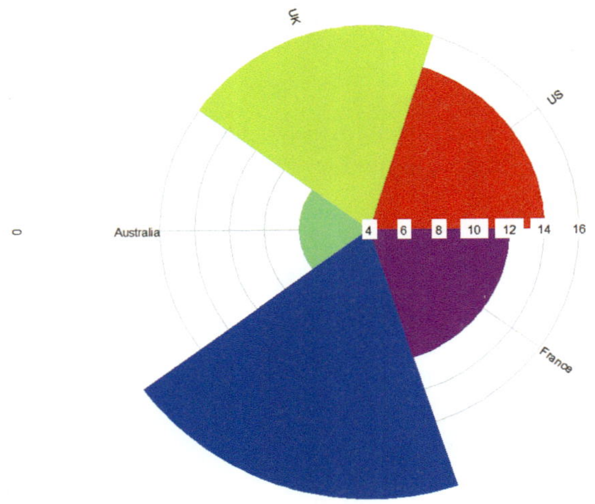

4.4.2 도넛차트

도넛차트(doughnut or ring chart)는 파이차트와 유사하지만, 중간에 홀을 가진다. 파이차트보다 덜 지루하므로 잘 활용하면 좋을 것이다.

```
> ## 도넛차트 적용 예
> dat <- data.frame(party=c("CDU", "FDP", "CSU", "SPD", "The Left", "The Greens"),
                    members.of.parliament=c(193, 93, 44, 146, 76, 68))
> library(googleVis)
> doughnut <- gvisPieChart(dat, options=list(
                  width=500, height=500,
                  slices="{0: {offset: 0.2},
                          1: {offset: 0.2},
                          2: {offset: 0.2}}",
                  title='German parliament 2009 - 2013
                       (Goverment: CDU/FDP/CSU)',
                  legend='none',
                  colors="['black','orange', 'blue', 'red', 'purple', 'green']",
                  pieSliceText='label',
                  pieHole=0.5),
                  chartid="doughnut")

> plot(doughnut)
```

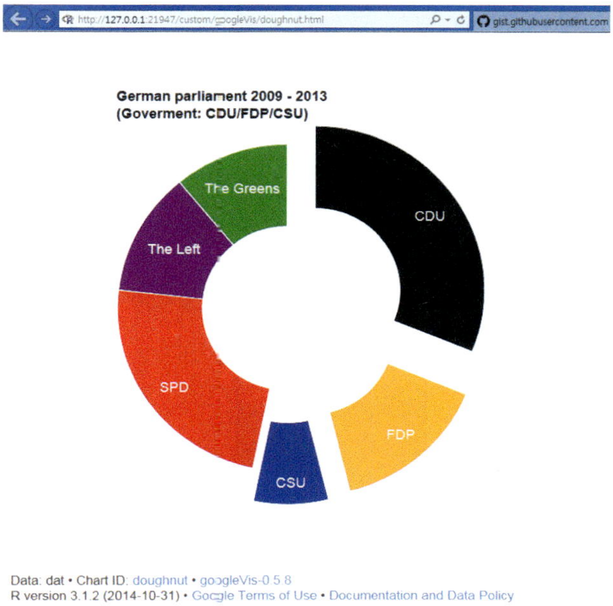

4.4.3 와플차트

와플차트(waffle chart)는 파이차트의 대안적 방법으로 waffle{waffle} 함수를 이용한다. 그 사용법은 매우 간단하다. 즉, 이름이 부여된 수치형 벡터 자료만 있으면 아래와 같이 간단히 그려낼 수 있다. 주의할 점은 벡터의 숫자를 모두 합한 수만큼 사각형 격자가 만들어지므로, 적당히 스케일을 조정할 필요가 있다.

```
> ## 와플차트 적용 예
> library(waffle)
> savings <- c("Mortgage ($84,911)"=84911,
               "Auto andntuition loans ($14,414)"=14414,
               "Home equity loans ($10,062)"=10062,
               "Credit Cards ($8,565)"=8565)
> savings는 이름을 가진 숫자형 벡터(named numeric vector)

> waffle(savings/392, rows=7, size=0.5,
        colors=c("#c7d4b6", "#a3aabd", "#a0d0de", "#97b5cf"),
        # 위의 색상 지정에 대해서는 9장을 참고
        title="Average Household Savings Each Year",
        xlab="1 square == $392")
```

```
> parts <- c("Un-breachednUS Population"=(318-11-79),
             "Premera"=11,
             "Anthem"=79)

> waffle(parts, rows=8, size=1,
         colors=c("#969696", "#1879bf", "#009bda"),
         title="Health records breaches as fraction of US Population",
         xlab="One square == 1m ppl")
```

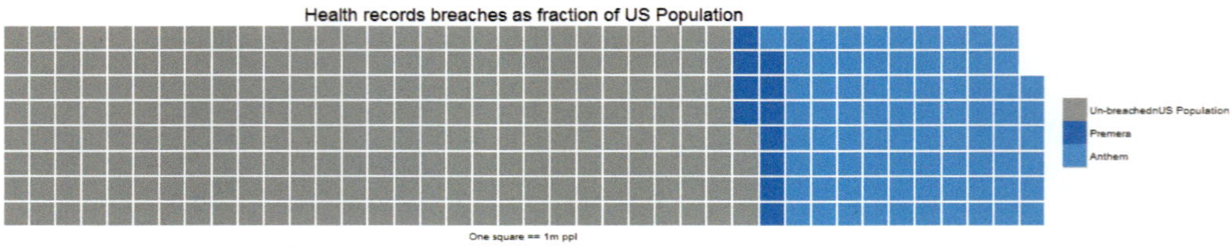


```
> waffle(parts/10, rows=3,
         colors=c("#969696", "#1879bf", "#009bda"),
         title="Health records breaches as fraction of US Population",
         xlab="One square == 10m ppl")
```

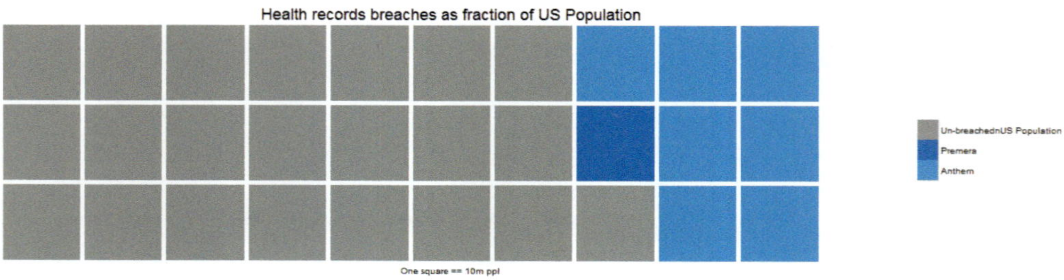

4.5 누적 영역차트

누적 영역차트(stacked area chart)는 누적 막대그래프의 연속형 버전으로 생각할 수 있다. 누적 영역차트는 x축이 시간(time)과 같이 순서적인 의미를 가지는 자료(예를 들어, 경제 자료)의 시각화에 유용하다. 누적 영역차트는 다음 함수를 통해 그려진다.

```
ggplot{ggplot2} + geom_area()
```

- ggplot{ggplot2} 함수는 ggplot 객체를 초기화하는 함수이다. 이 함수는 그래픽을 위한 입력 데이터프레임을 선언하고, 그림의 ㅁ 적(aesthetic) 집합을 지정한다.
- ggplot() 함수는 + 연산자를 통해 성성된 ggplot 객체에 layers를 추가할 수 있다.

R의 {ggplot2} 패키지는 Hadley Wickham이 개발한 패키지로 매우 다양한 그래픽을 제공한다. 다만 그 사용법이 다소 난해하여, 본서에서 자세히 다루지는 않는다.

예제 2

가상의 자료에 대해 ggplot{ggplot2} 함수를 이용하여 누적 영역그림을 그린다.

```
> library(ggplot2)
> set.seed(1000)
> d <- data.frame(t=rep(0:23, each=4), var=rep(LETTERS[1:4], 4),
                  val=round(runif(4*24, 0, 50)))
> head(d, 10)
   t var val
1  0   A  16
2  0   B  38
3  0   C   6
4  0   D  35
5  1   A  26
6  1   B   3
7  1   C  37
8  1   D  29
9  2   A  11
10 2   B  13

> tail(d, 10)
    t var val
87 21   C  24
```

```
88 21   D  14
89 22   A  21
90 22   B  22
91 22   C  46
92 22   D  41
93 23   A  30
94 23   B   1
95 23   C  27
96 23   D  31

> ## 각 시점(t)에서 절대적 크기를 (영역의) 높이로 정함
> ggplot(d, aes(x=t, y=val, group=var, fill=var)) + geom_area()
```

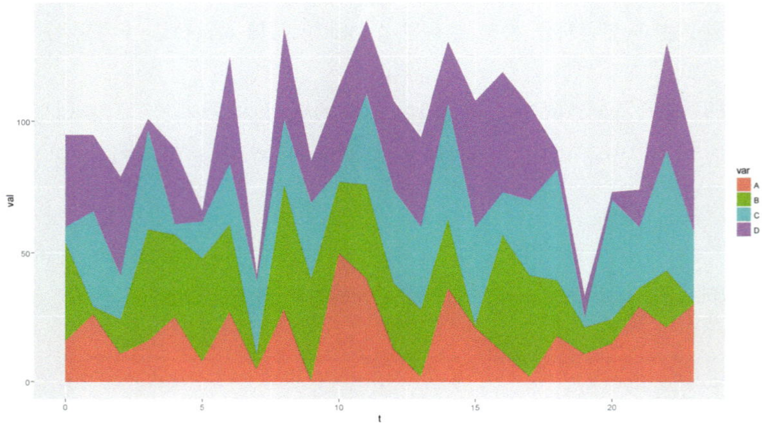


```
> ## 각 시점에서 상대적 크기(비율)를 (영역의) 높이로 정함
> ggplot(d, aes(x=t, y=val, group=var, fill=var)) +
geom_area(position="fill")
```

```
# 위의 그림에 사용된 데이터프레임의 구조는 긴(long) 형식이 사용되었다. 넓은(wide)
형식을 긴 형식으로 바꾸는 과정을 소개하면 다음과 같다.

> ## 데이터프레임을 넓은 형식에서 긴 형식으로 바꿈: reshape() 함수 이용
> set.seed(1000)
> m <- matrix(round(runif(4*24, min=0, max=50)), nrow=4)
> colnames(m) <- paste0("val", 0:23)
> m <- as.data.frame(m)
> df <- data.frame(var=LETTERS[1:4], m)
> head(df)

  var val0 val1 val2 val3 val4 val5 val6 val7 val8 val9 val10 val11 val12 val13 val14 val15 val16 val17 val18
1   A   16   26   11   16   25    8   27    5   28    1    50    40    13     2    36    21    12     2    18
2   B   38    3   13   43   32   40   34    6   48   39    27    36    25    26    27     1    45    39    21
3   C    6   37   17   38    4   14   23   28   25   29     5    35    36    32    44    38    16    29    43
4   D   35   29   38    4   29    4   41    2   35   16    32    28    34    34    24    48    46    36     7

  val19 val20 val21 val22 val23
1    11    15    29    21    30
2    10     9     7    22     1
3     4    46    24    46    27
4     8     3    14    41    31

> df.long <- reshape(df, direction="long", varying=2:25, sep="")
> head(df.long)
    var time val id
1.0   A    0  16  1
2.0   B    0  38  2
3.0   C    0   6  3
4.0   D    0  35  4
1.1   A    1  26  1
2.1   B    1   3  2
```

24.2절에서는 reshape( ) 함수를 이용하여 데이터프레임을 넓은(wide) 형에서 긴(long) 형으로(또는 그 반대 방향으로) 변형하는 방법에 대해 자세히 다루고 있다.

[4장] 연습문제

01 OrchardSprays 자료는 꿀벌(honey)에게 유황의 함량에 따른 스프레이의 효과를 측정한 자료로, 64개의 관측값과 4개의 변수를 가진 데이터프레임이다. 8개의 처리(treatment: A~H)에 따른 용해액의 감소량(decrease)을 상자그림과 띠그래프로 나타내어라.

02 VADeaths 자료는 1940년 미국 버지니아주에서 부그룹별로 인구 1000명당 사망률을 기록한 자료이다. 5행과 4열로 구성된 행렬 자료이다. VADeaths 자료에 대해 점도표, 막대그래프, 인구피라미드 그림을 그려라.

03 VADeaths 자료에 대해 파이차트, 도넛차트, 와플차트를 그려라.

04 인터넷으로부터 적절한 공공데이터(엑셀 자료)를 하나 읽어 들이고, 이를 누적 영역 차트로 시각화하여라.

[5장] 히스토그램과 상자그림의 활용

5.1 히스토그램

히스토그램(histogram)은 연속형 자료를 시각적으로 요약하는 대표적인 방법으로, R에서는 hist( ) 함수를 이용한다. 이 함수는 다양한 옵션을 제공하며, 주요 옵션의 활용은 아래의 예를 참고하기 바란다.

```
> ## 히스토그램 적용 예
> set.seed(100)
> BMI <- rnorm(n=1000, m=25, sd=2)
> hist(BMI, freq=FALSE)     # freq=FALSE는 y축을 상대도수(밀도)로 함
```

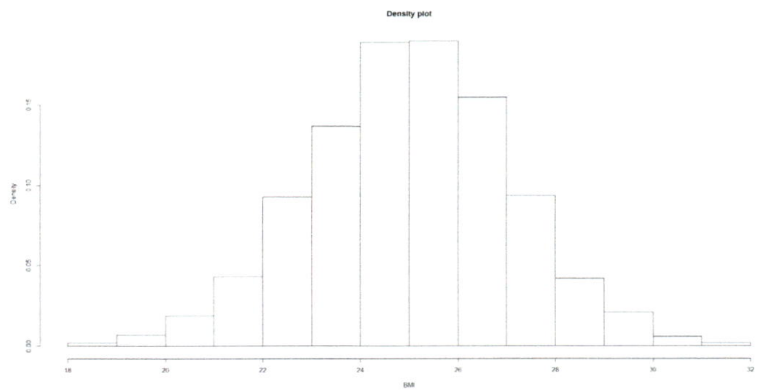

```
> histinfo <- hist(BMI)
> histinfo
$breaks
 [1] 18 19 20 21 22 23 24 25 26 27 28 29 30 31 32

$counts
 [1]   2   7  19  43  93 137 189 190 155  94  42  21   6   2

$density
 [1] 0.002 0.007 0.019 0.043 0.093 0.137 0.189 0.190 0.155 0.094 0.042 0.021 0.006
0.002

$mids
 [1] 18.5 19.5 20.5 21.5 22.5 23.5 24.5 25.5 26.5 27.5 28.5 29.5 30.5 31.5

$xname
[1] "BMI"

$equidist
[1] TRUE

attr(,"class")
[1] "histogram"

> ## breaks= 옵션은 구간의 수를 지정함
> par(mfrow=c(2,2))
> hist(BMI, breaks=20, main="Breaks=20")
> hist(BMI, breaks=5, main="Breaks=5")
> hist(BMI, breaks=c(17,20,23,26,29,32), main="Breaks is vector of breakpoints")
> hist(BMI, breaks=seq(17,32,by=3), main="Breaks is vector of breakpoints")
> par(mfrow=c(1,1))
```

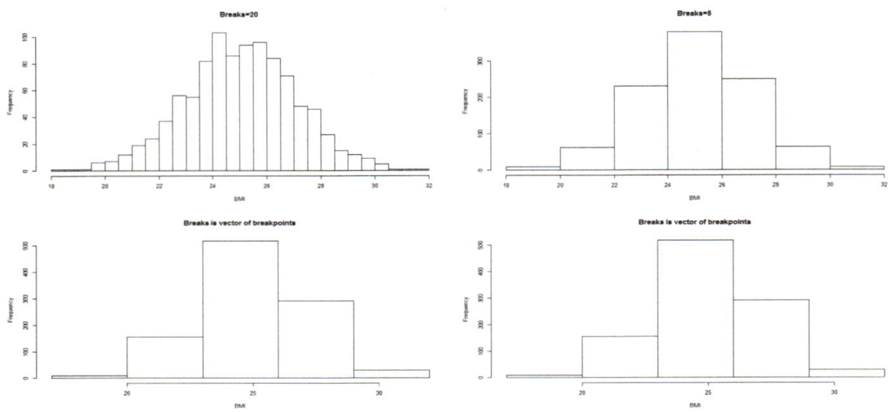

5.2 분포 겹쳐 그리기

(a) 히스토그램에 정규분포 또는 밀도곡선 겹쳐 그리기

```
> ## 밀도곡선 겹쳐 그리기
> hist(BMI, freq=FALSE, xlab="Body Mass Index", main="Distribution of Body Mass
Index", col="lightgreen", xlim=c(15,35),  ylim=c(0, .20))
> curve(dnorm(x, mean=mean(BMI), sd=sd(BMI)), add=TRUE, col="darkblue", lwd=2)
```

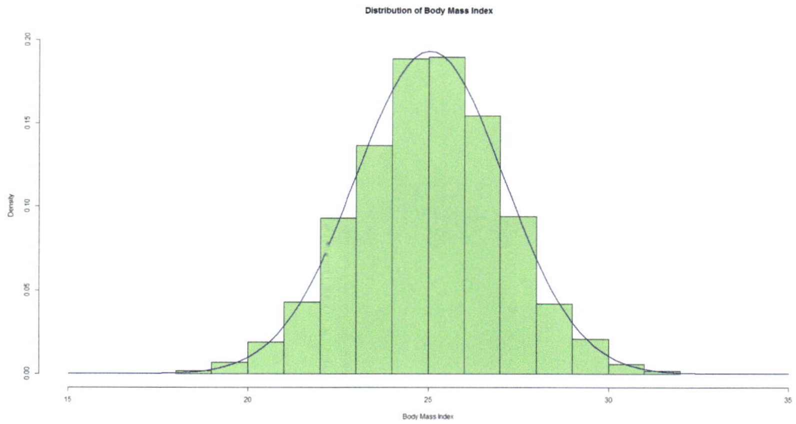

(b) 계단함수 형태의 히스토그램에 정규분포 곡선 겹쳐 그리기

히스토그램을 계단함수 형태로 그리기 위해서는 plot() 함수에서 type="s" 옵션을 사용한다.

```
> h <- hist(BMI, prob=F, breaks=15)
> xhist <- c(min(h$breaks), h$breaks)
> yhist <- c(0, h$density, 0)
> xfit <- seq(min(BMI), max(BMI), length=40)
> yfit <- dnorm(xfit, mean=mean(BMI), sd=sd(BMI))
> plot(xhist, yhist, type="s", ylim=c(0, max(yhist,yfit)),
        main="Normal pdf and histogram")
> lines(xfit, yfit, col="red")
```

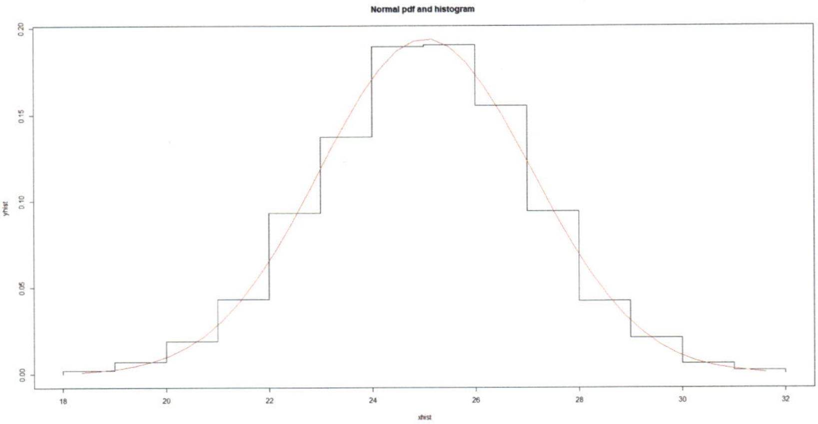

5.3 누적히스토그램 겹쳐 그리기

```
> ## 자료 준비
> set.seed(100)
> x <- rnorm(100, 50, 10)

> ## 누적빈도의 계산과 두 개의 히스토그램 그리기
> hcum <- h <- hist(x, plot=FALSE)
> hcum$counts <- cumsum(hcum$counts)
> plot(hcum, main="")
> plot(h, add=T, col="grey")

> ## 밀도와 누적 밀도 그리기
> d <- density(x)
> lines(x=d$x, y=d$y * length(x) * diff(h$breaks)[1], col="blue")
> lines(x=d$x, y=cumsum(d$y)/max(cumsum(d$y)) * length(x), col="red")
```

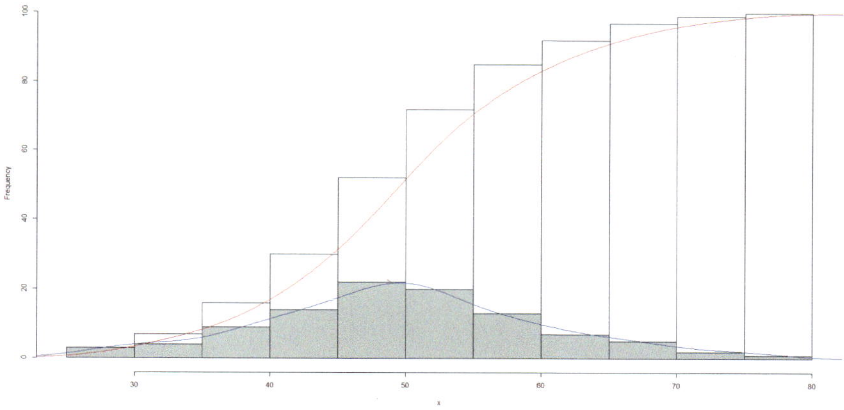

5.4 상자그림의 활용

상자그림(Boxplot)은 연속적 자료를 요약하는 유용한 시각화 방법이다. 상자그림에 대한 자세한 설명은 12.2절에서 다루고 있다. 여기서는 그 활용에 도움이 되는 몇 가지를 소개하는 것으로 한다.

상자그림에 필요한 요소는 중앙값, 제1사분위수, 제3사분위수, 인접값(또는 수염의 상, 하위값), 이상치이다. 이 가운데 인접값과 이상치는 사분위수 범위(IQR)를 통해 결정된다.

R에서는 상자그림의 요소들을 쉽게 구할 수 있는 다음 함수를 제공한다.

- quantile( ), IQR( ): 분위수와 사분위수 범위를 제공
- fivenum( ): 다섯-숫자 요약(5-number summary)을 제공. 최솟값, 최댓값, 중앙값, 제1사분위수, 제3사분위수
- boxplot.stats( ): 상자그림의 요소와 이상치 등의 값을 제공한다.

```
> ## 적용 예
> x <- c(1:100, 1000)
> quantile(x, seq(0, 1, 0.1))     # 분위수
 0%  10%  20%  30%  40%  50%  60%  70%  80%  90% 100%
  1   11   21   31   41   51   61   71   81   91 1000

> IQR(x)     # 사분위수 범위
```

```
[1] 50

> fivenum(x)     # 다섯-숫자 요약
[1]    1   26   51   76 1000

> (b1 <- boxplot.stats(x))     # 상자그림의 요약 통계
$stats
[1]   1  26  51  76 100

$n
[1] 101

$conf
[1] 43.13921 58.86079

$out     # 이상치(outliers)
[1] 1000
```

boxplot() 함수는 상자그림을 그려주며, 다양한 옵션을 제공한다. 일반형식과 주요 옵션은 다음과 같다.

```
boxplot(y ~ x, ...)
boxplot(x, ..., range=1.5, width=NULL, varwidth=FALSE,
        notch=FALSE, outline=TRUE, names, plot=TRUE,
        border=par("fg"), col=NULL, log="",
        pars=list(boxwex=0.8, staplewex=0.5, outwex=0.5),
        horizontal=FALSE, add=FALSE, at=NULL)
```

- varwidth=TRUE이면 상자의 너비를 자료수의 제곱근에 비례하게 그려줌
- pars= 을 통해 상자의 폭을 줄이거나 수염 끝의 경계선의 길이 등을 조정할 수 있음
- add=TRUE 는 다른 그림에 추가하여 그려줌
- at= 옵션은 add=TRUE 사용 시 위치를 지정함

```
> ## 상자그림 적용 예: InsectSpray 자료 이용
> boxplot(count ~ spray, data=InsectSprays, varwidth=TRUE, col=rainbow(6))
```

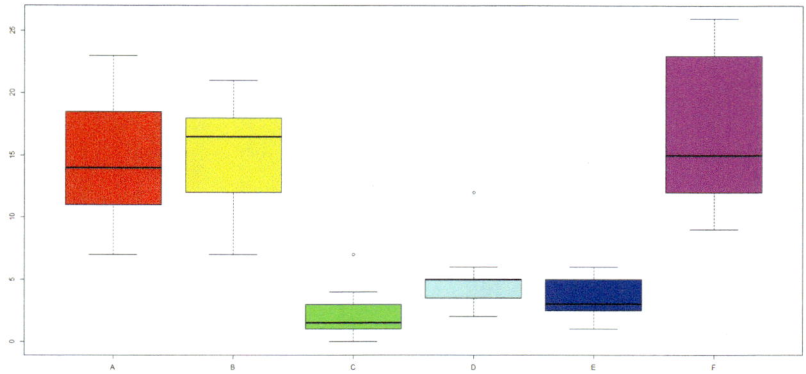

```
> ## boxwex= 는 상자의 폭을 줄이고, staplewex= 수염 끝의 경계선 길이를 길게 함
> boxplot(count ~ spray, data=InsectSprays,
      pars=list(boxwex=0.5, staplewex=0.8), col="blue")
```

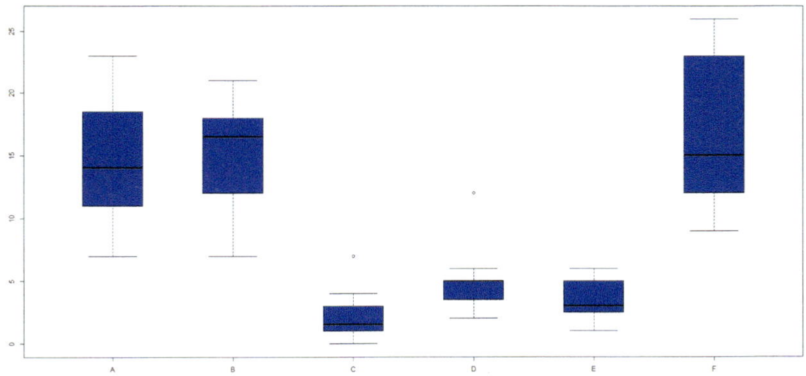

```
> ## 상자그림에 정보 추가: mtcars 자료 이용
> boxplot(mtcars$hp, ylab="Horse Power")
> f <- fivenum(mtcars$hp)     # 다섯-숫자 요약을 저장함
> text(rep(1.3, 5), f, labels=c("minimum", "the 1st quartile", "median", "the 3rd
quartile", "maximum"))
```

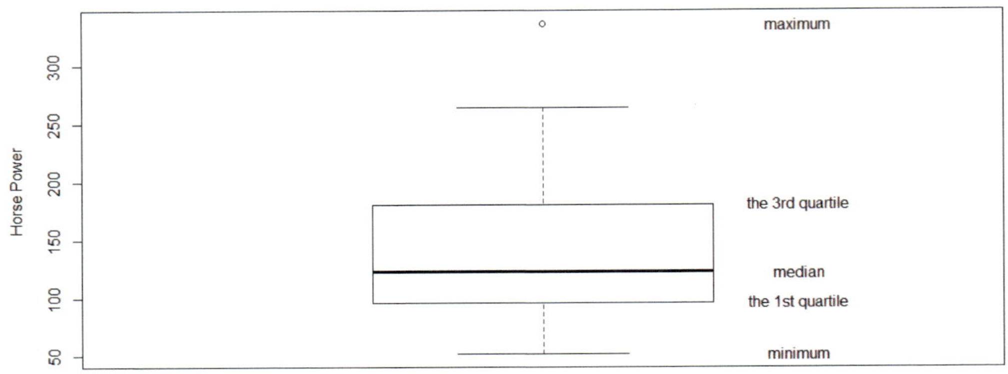

5.5 상자그림과 함께 그리기

히스토그램을 상자그림과 함께 그리는 과정을 소개한다.

```
> layout(mat=matrix(data=c(1,2), nrow=2, ncol=1, byrow=TRUE), height=c(1,3))
> par(mar=c(3.1, 3.1, 1.1, 2.1))
> boxplot(iris$Sepal.Length, horizontal=TRUE, outline=TRUE, ylim=c(4,8), frame=F,
col="green1")
> hist(iris$Sepal.Length, xlim=c(4,8), col="pink")
```

위에서 사용된 함수에 대한 설명은 다음과 같다.

layout( ) 함수는 플롯의 배치(layout)를 지정하는 함수로, mat= 옵션에서 지정한 형태(2행 1열)로 지정한다. widths= 와 heights= 옵션은 그림의 너비와 높이를 지정(1:3으로)한다.

par( ) 함수는 플롯의 옵션을 지정하는 함수로, mar= 옵션은 플롯의 여백(margin)을 지정한다. c(bottom, left, top, right)의 순이며, 디폴트는 c(5,4,4,2)+0.1 이다.

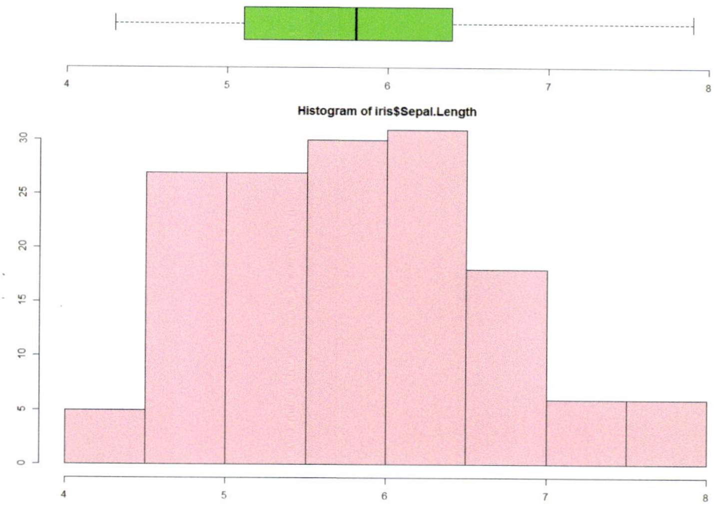


```
> layout(mat=matrix(c(1,2), 2, 1, byrow=TRUE), height=c(3,1))
> par(mar=c(3.1, 3.1, 1.1, 2.1))
> hist(iris$Sepal.Length, xlim=c(4,8), col="pink")
> boxplot(iris$Sepal.Length, horizontal=TRUE, outline=TRUE, ylim=c(4,8), frame=F,
col="green1")
```

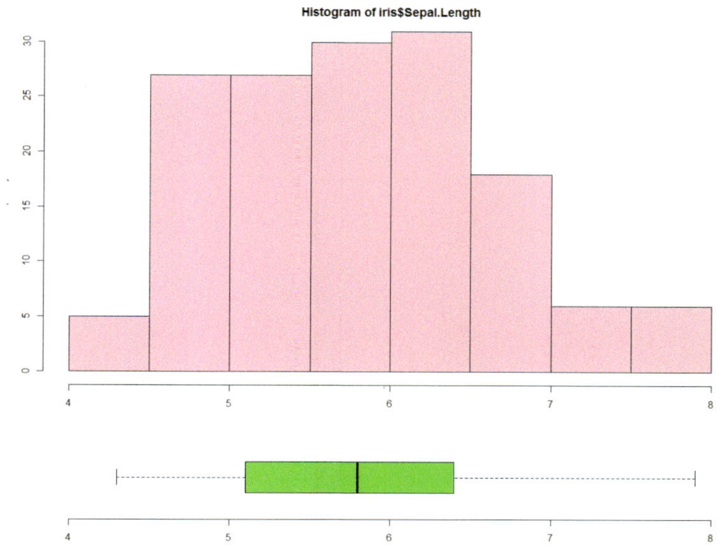

마지막의 boxplot() 함수에 add=T 옵션을 추가하면 다음의 결과를 얻게 된다.

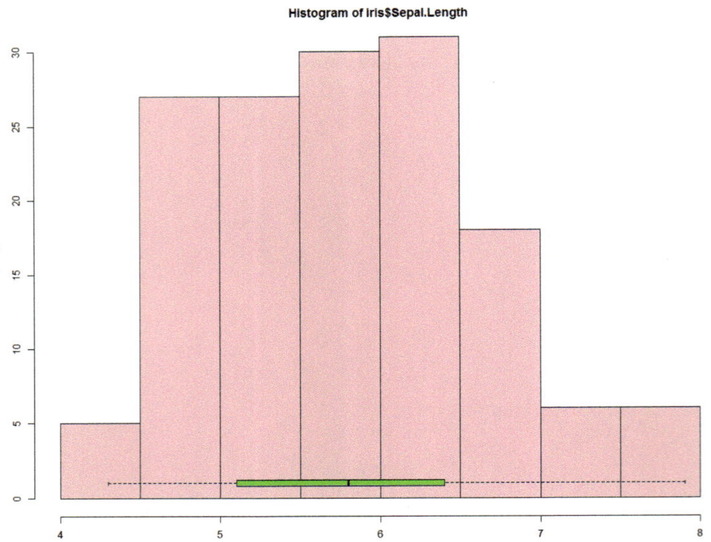

[5장] 연습문제

01 5.2절의 히스토그램에서 22~27 구간에만 음영을 추가하여라.

02 mtcars 자료의 연비(mpg)를 변속기의 종류에 따라 상자그림을 그리되, notch=TRUE와 horizontal=TRUE 옵션을 사용하여라.

03 5.5절에서 layout( ) 함수 대신 par(fig=c( )) 함수를 이용하여 동일한 그림을 그려라 (그래픽 디바이스의 분할은 3.6절을 참고 바람).

04 mtcars 자료에서 변속기의 종류별(am=0,1)로 연비(mpg)에 대해 히스토그램과 상자그림을 함께 그려라.

05 mtcars 자료에서 실린더의 종류별(cyl=4,6,8)로 연비(mpg)에 대해 띠그래프와 상자그림을 함께 그려라.

[6장]

R 시각화 분석

6.1 범주형 자료의 시각화

다음의 함수는 범주형(분할표) 자료를 시각화하는 데 유용하다.

```
barplot(), mosaicplot(), assocplot(), fourfoldplot()
```

(a) barplot 함수의 적용 예

```
> Admit.by.Dept <- margin.table(UCBAdmissions, c(1,3))
> Admit.by.Dept
          Dept
Admit        A   B   C   D   E   F
  Admitted 601 370 322 269 147  46
  Rejected 332 215 596 523 437 668

> par(mfrow=c(1,2))
> barplot(Admit.by.Dept, col=c("green", "blue"))
> barplot(Admit.by.Dept, beside=T, ylim=c(0,1000), legend=T, col=c("green",
  "blue"), main="Admissions by Department")
```

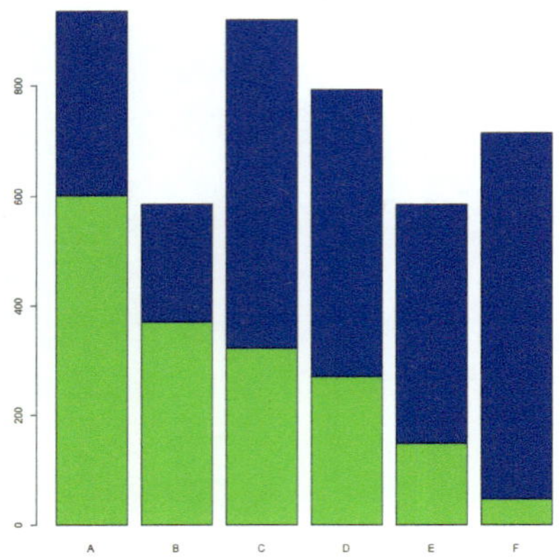

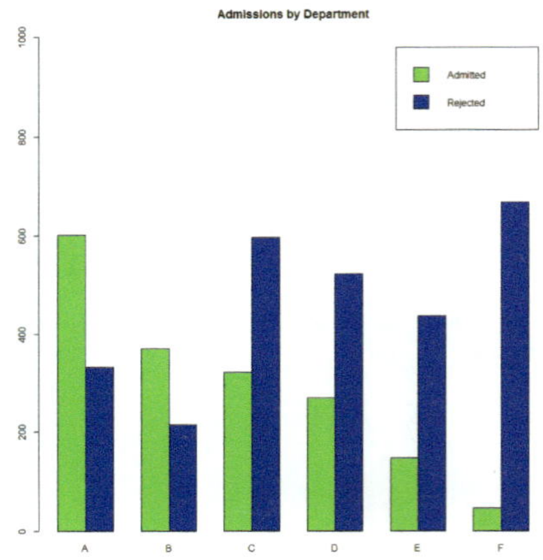

(b) mosaicplot( ) 함수의 적용 예

```
> data(Titanic)
> str(Titanic)    # Titanic은 테이블 객체의 자료임
 table [1:4, 1:2, 1:2, 1:2] 0 0 35 0 0 0 17 0 118 154 ...
 - attr(*, "dimnames")=List of 4
  ..$ Class   : chr [1:4] "1st" "2nd" "3rd" "Crew"
  ..$ Sex     : chr [1:2] "Male" "Female"
  ..$ Age     : chr [1:2] "Child" "Adult"
  ..$ Survived: chr [1:2] "No" "Yes"

> mosaicplot(Titanic, main="Survival on the Titanic", color=c("blue", "red"))
> ## mosaic{vcd} 함수도 모자이크 플롯을 제공함
```

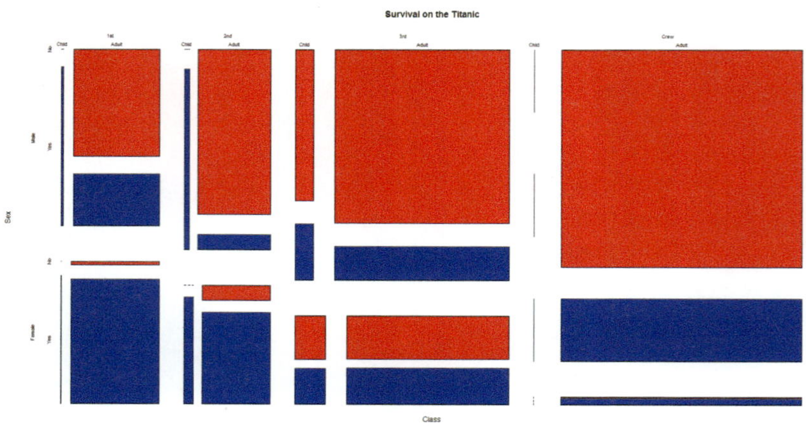

```
# 위 그림의 해석을 위해 아래의 표와 비교해 보기 바란다.
> ftable(Titanic)     # 분할표를 작성
                   Survived  No Yes
Class Sex    Age
1st   Male   Child            0   5
             Adult          118  57
      Female Child            0   1
             Adult            4 140
2nd   Male   Child            0  11
             Adult          154  14
      Female Child            0  13
             Adult           13  80
3rd   Male   Child           35  13
             Adult          387  75
      Female Child           17  14
             Adult           89  76
Crew  Male   Child            0   0
             Adult          670 192
      Female Child            0   0
             Adult            3  20
```

(c) assocplot( )과 fourfoldplot( )의 적용 예

```
> (mt.1 <- margin.table(Titanic, c(1,4)))
> ## 1, 4번째 변수(Class, Survived)에 대한 주변표(marginal table)
      Survived
Class   No Yes
  1st  122 203
  2nd  167 118
  3rd  528 178
  Crew 673 212

> assocplot(mt.1)
> ## 연관성 플롯: 2차원 분할표에서 독립성으로부터의 편차 그림
```

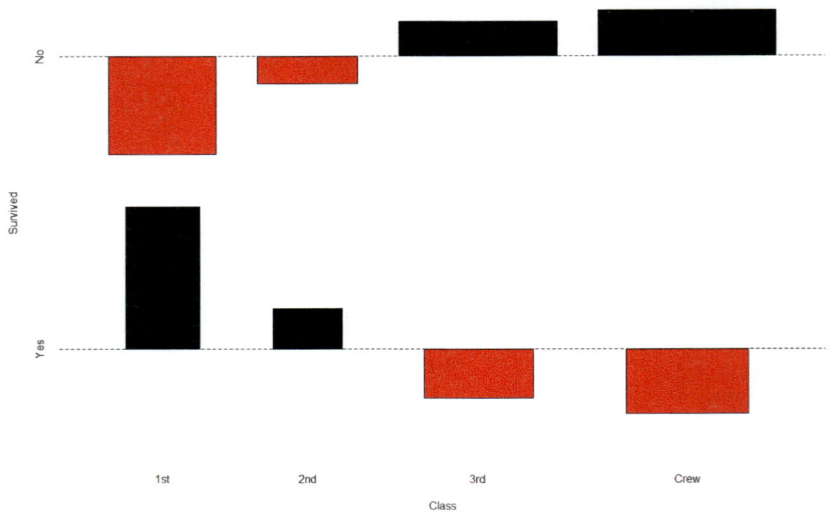


```
> (mt.2 <- margin.table(Titanic, c(2,4)))
        Survived
Sex         No  Yes
  Male    1364  367
  Female   126  344

> fourfoldplot(mt.2)
```

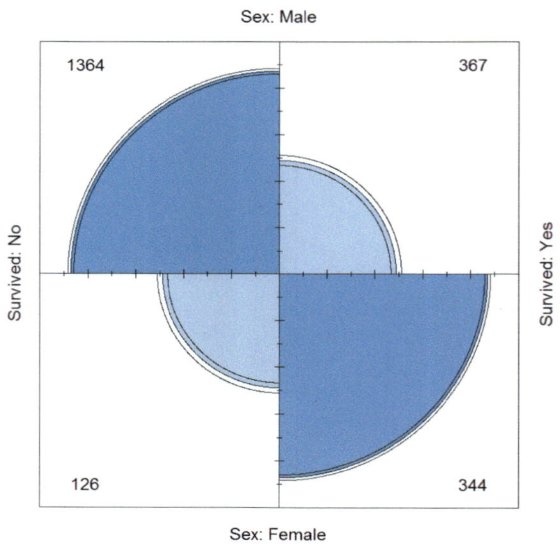

```
# 위의 그림에서 각 코너의 값들은 원 자료이며, 사분원(quadrant)의 면적은 (면적의 대각선 곱의
  비가) 원 자료의 오즈비((1364*344)/(367*126) ≈ 10.15)와 동일한 값을 가지도록, 동시에 행과
  열의 주변합이 같아지도록 원 자료를 표준화한 값이다.

# 오즈비(odds ratio는 1에서 멀어질수록 두 변수 간의 독립성이 위배된다. 즉, 사분원 면적의 크기가
  모두 비슷할수록 두 변수가 독립에 가깝다고 말할 수 있다. 또한 원의 호(arc)는 오즈비에 대한
  99% 신뢰구간을 나타내며, 오즈비가 1로부터 유의하게 벗어나지 않으면 인접한 사분원의 신뢰
  링(rings)이 중첩(overlap)되게 나타난다.

# fourfoldplot() 함수는 2x2xk 분할표, 즉 k개의 2차원 분할표에 대해 적용될 때 효과적이다.
```

이상에서 소개한 기본함수 외에 R 패키지 {vcd}와 {vcdExtra}는 다양한 범주형 자료의 시각화 함수를 제공한다. vcd는 visualizing categorical data의 약어이다.

(d) 모자이크 플롯의 활용 – 변수 쌍에 대한 모자이크 플롯

pairs{vcd} 함수는 범주형 변수 쌍에 대해 모자이크 플롯을 제공한다.

```
> library(vcd)
> pairs(Titanic)     # Titanic은 테이블 객체임
> pairs(Titanic, diag_panel=pairs_diagonal_text)     # 아래에서 오른쪽 그림
```

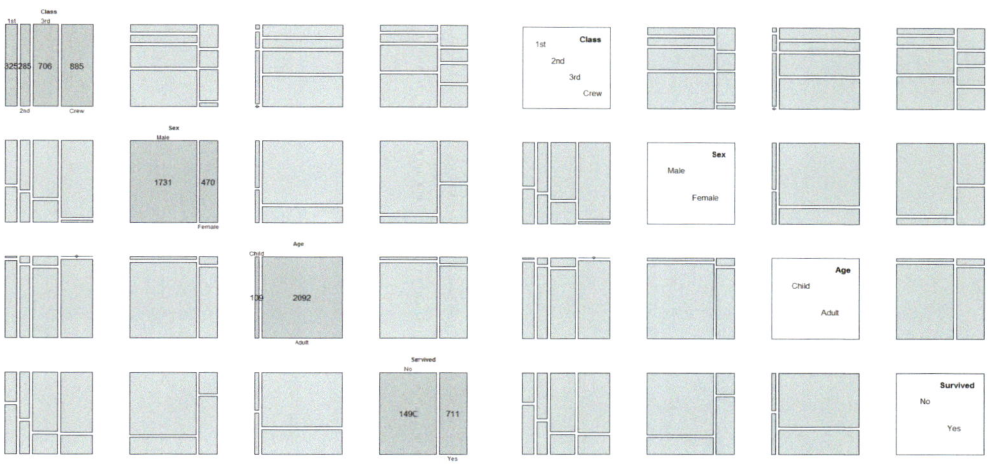

(e) 모자이크 플롯의 활용 – 동적 3차원 모자이크 플롯

mosaic3d{vcdExtra} 함수는 테이블 객체에 대해 동적 3차원 모자이크 플롯을 제공한다.

```
> library(vcdExtra)
> mosaic3d(Bartlett, box=TRUE)     # 동적그래픽으로 마우스로 상하, 좌우 회전이 가능함
```

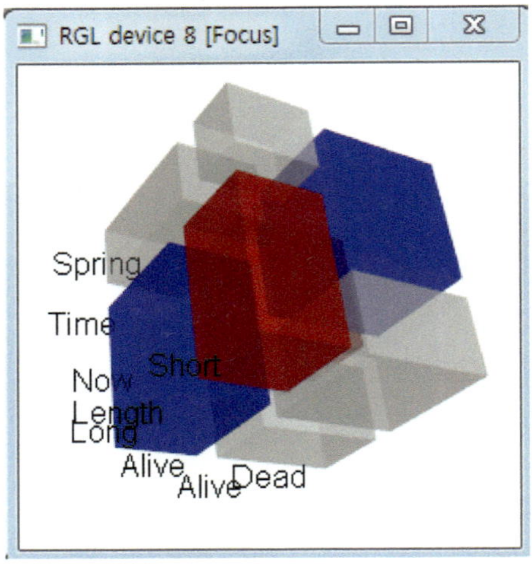

6.2 시계열 자료의 시각화

(a) 기본 함수 소개

시계열 자료를 시각화하는 기본 함수로는 plot.ts()와 ts.plot() 함수가 있다.

- plot.ts( ): 시계열 객체가 다변량인 경우 주기(frequency)와 날짜(dates)가 동일해야 함.
- ts.plot( ): plot.ts( )와 유사하나, 다변량의 경우 날짜는 달라도 됨.

```
> ## 단변량 시계열 예제
> data(AirPassengers)
> plot.ts(AirPassengers)
> ts.plot(AirPassengers)
```

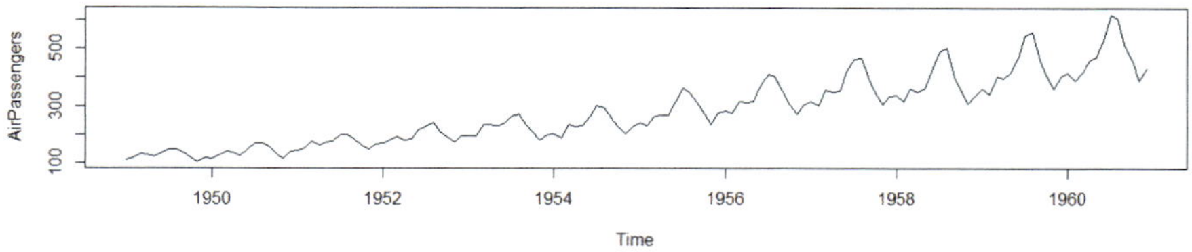

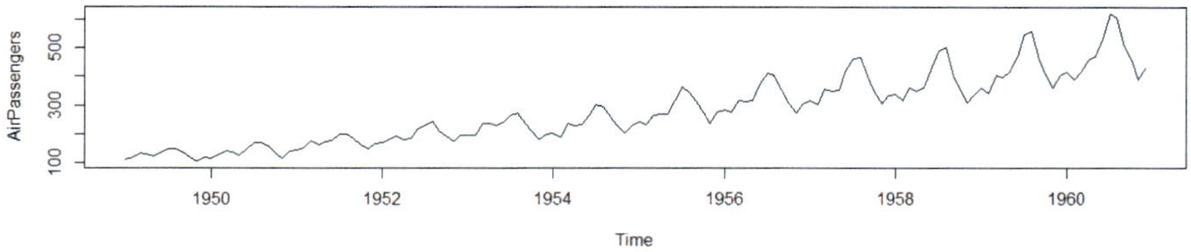


```
> ## 다변량 시계열 예제
> install.packages("tseries")
> library(tseries)
> data(nino)
> str(nino)
 mts [1:598, 1:2] 24 24.5 26.6 26.6 25.9 ...
 - attr(*, "dimnames")=List of 2
  ..$ : NULL
  ..$ : chr [1:2] "nino3" "nino3.4"
 - attr(*, "tsp")= num [1:3] 1950 2000 12
 - attr(*, "class")= chr [1:2] "mts" "ts"

> plot.ts(nino)
```

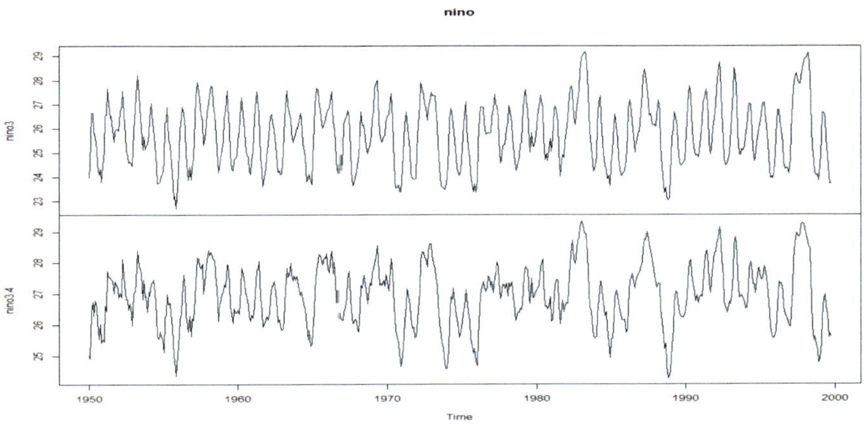


```
> ts.plot(nino, col=1:2)
```

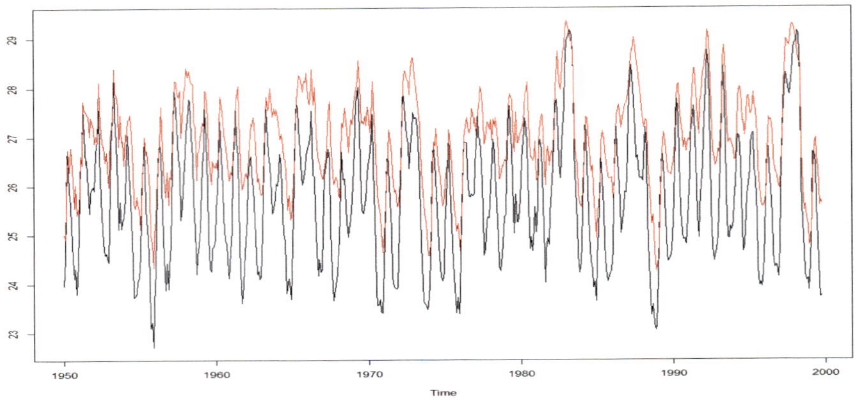


```
> ## 데이터프레임 자료를 시계열 객체로 전환(취급)하여 시계열 플롯 함수를 적용함
> attach(iris)
> t.iris <- as.ts(iris[,-5])
> plot.ts(t.iris)
```

plot.ts() 함수는 시계열 객체가 다변량인 경우 주기(frequency)와 날짜(dates)가 동일해야 한다.

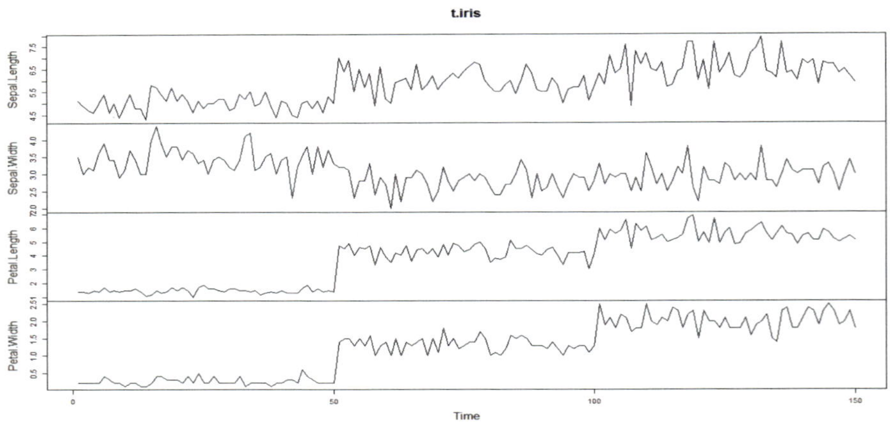


```
> ts.plot(t.iris, col=1:4)
```

ts.plot() 함수는 시계열 객체가 다변량인 경우 주기(frequency)는 같아야 하지만 날짜(dates)는 동일할 필요가 없다.

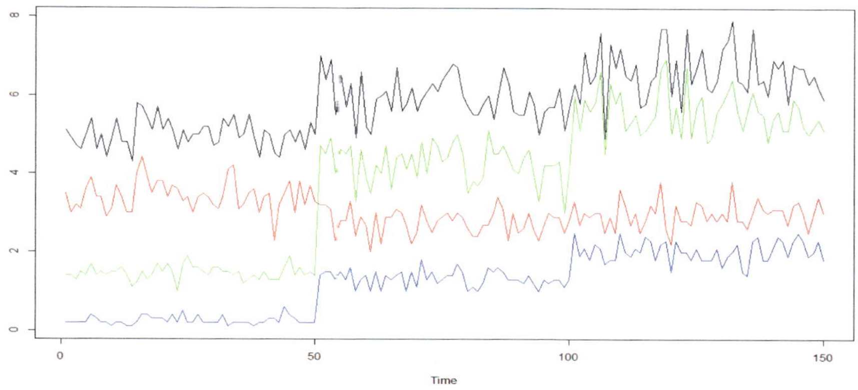

(b) 시계열 자료의 분해

시계열 자료는 추세성(trend), 계절성(seasonality)에 랜덤성(randomness)을 포함한다[장기적으로 주기성(periodicity)이 추가되기도 함]. 시계열 자료를 이들 성분으로 분해(decomposition)하는 것은 시계열 자료의 탐색에 매우 유용하다.

R의 decompose( ) 함수는 이동 평균을 사용하여 시계열 자료를 여러 성분(추세성분, 계절성분, 랜덤성분)으로 분해(decompcse)한다.

```
> ## 시계열 분해 예제: decompose() 함수
> m <- decompose(co2)
> names(m)
[1] "x"        "seasonal" "trenc"    "random"   "figure"   "type"

> m$figure
 [1] -0.05359649  0.61055921  1.37564693  2.51682018  3.00028509  2.32921053
0.81293860 -1.25052632 -3.05458333 -3.25194079 -2.06969298 -0.96512061

> plot(m)
```

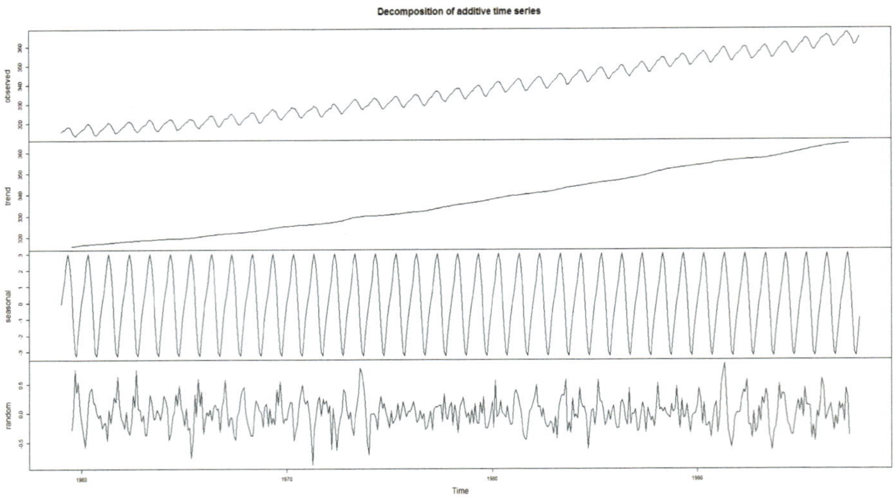

(해설) 위의 그림은 차례대로 원 시계열 자료, 추세성, 계절성, 임의성을 나타낸다. 임의성은 원 시계열에서 추세성과 계절성의 효과를 제거한 것이다.

6.3 다변량 자료의 시각화

다변량 자료의 시각화 함수는 다음과 같다.

```
pairs(), matplot(), stars(), symbols(), faces{aplpack}
```

(a) pairs( ) 함수

pairs( ) 함수는 다변량 산점도를 제공한다. 이 그림은 변수들 간의 상관성 등의 관계성을 시각적으로 파악하는 데 유용하다.

```
> pairs(iris[1:4],
      pch=21, bg=c("red", "green3", "blue")[unclass(iris$Species)])
```

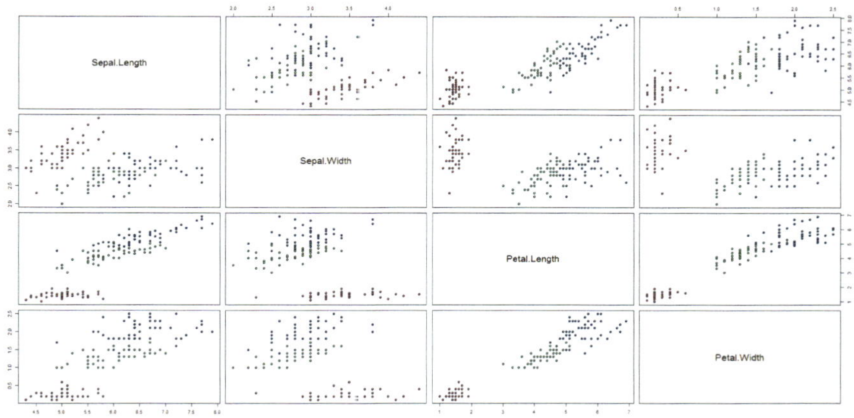

(b) matplot( ) 함수

matplot( )은 (행렬) 자료의 열(column)을 그려준다. 측정 단위가 동일한 변수(열)들 간의 비교에 유용하다.

```
> matplot(iris)
```

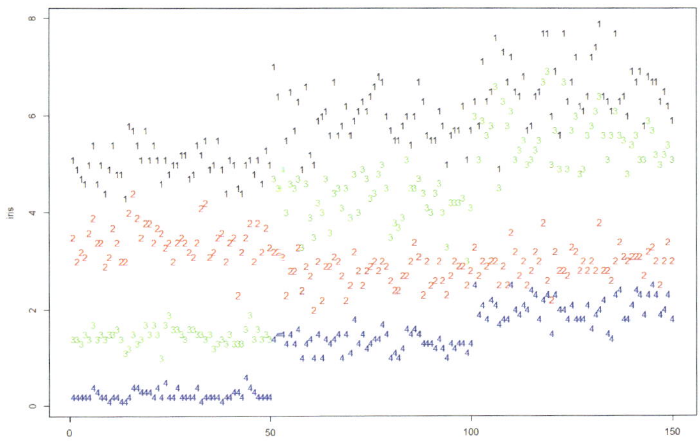

(c) stars( ) 함수: 별그림

star( ) 함수는 다변량 자료를 별그림 또는 조각난 다이어그램(도형 그림)으로 요약한다. 단일 location을 이용하여 spider(또는 radar) 플롯을 그려준다. 중심에서 연결된 선 또는 (조각난 도형의) 면적은 해당 변수의 크기를 나타낸다.

```
> ## 별그림 예제-(1): iris 자료
> stars(iris, col.lines=1:nrow(iris))
```

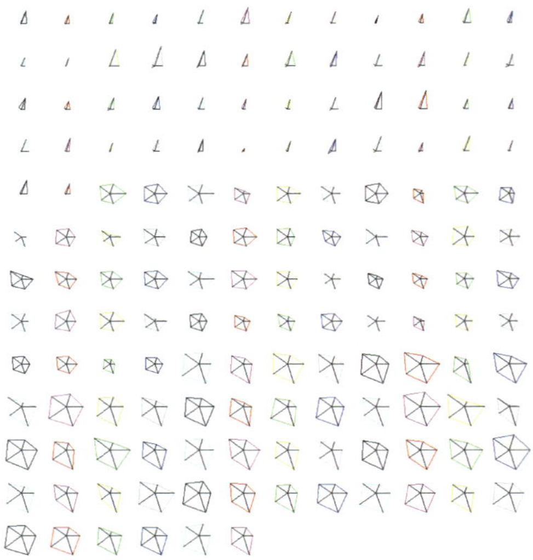

위의 별그림은 자료의 대략적인 파악에 유용하나, 좀 더 나은 그림을 위해서는 다음과 같이 수행한다.

```
> ## 별그림 예제-(2): mtcars 자료
> require(grDevices)
> stars(mtcars[, 1:7], flip.labels=FALSE, key.loc=c(14, 1.5), draw.segments=TRUE,
        col.lines=NA, main="Motor Trend Cars")
```

flip.labels=FALSE는 각 그림의 label이 정렬된 형태로 나타낸다. key.lock=c(14, 1.5)는 우측하단의 그림 설명부의 위치를 지정한다. draw.segments=TRUE는 조각난 도형을 그린다. col.lines= 옵션은 컬러 벡터를 지정하나, draw.segment=TRUE인 경우는 무시된다.

다음 그림은 나이팅게일 차트(Nightingale chart)로도 알려져 있다.

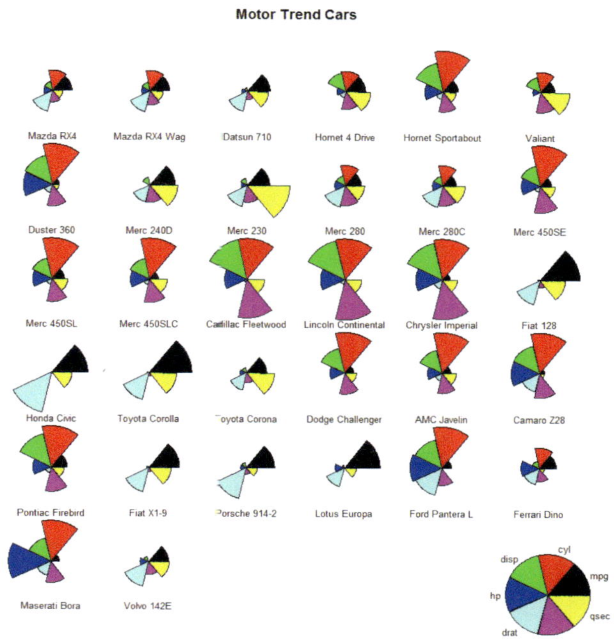


```
> ## 레이더 플롯 예제: star() 함수에 location=c(0,0) 지정
> stars(iris, location=c(0, 0), col.lines=iris$Species, key.loc=c(0,0))
```

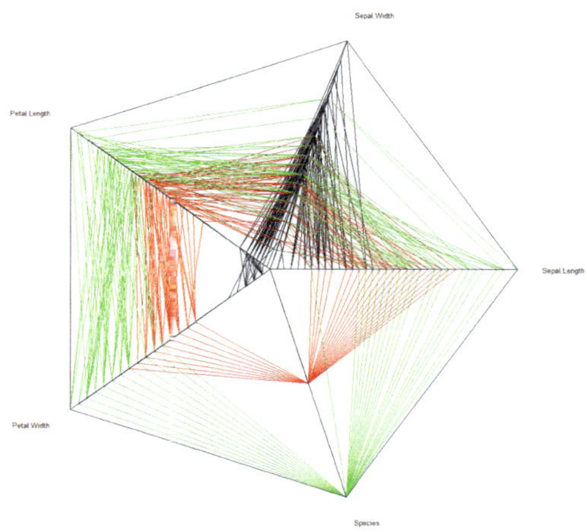

```
> stars(mtcars[, 1:7], locations=c(0, 0), radius=FALSE,
        key.loc=c(0, 0), main="Mctor Trend Cars",
        lty=2, col.lines=1:nrow(mtcars))
```

lty=2는 점선으로 그리는 옵션이고, col.lines=1:nrow(mtcars)는 선의 색상을 행의 수만큼 지정한다.

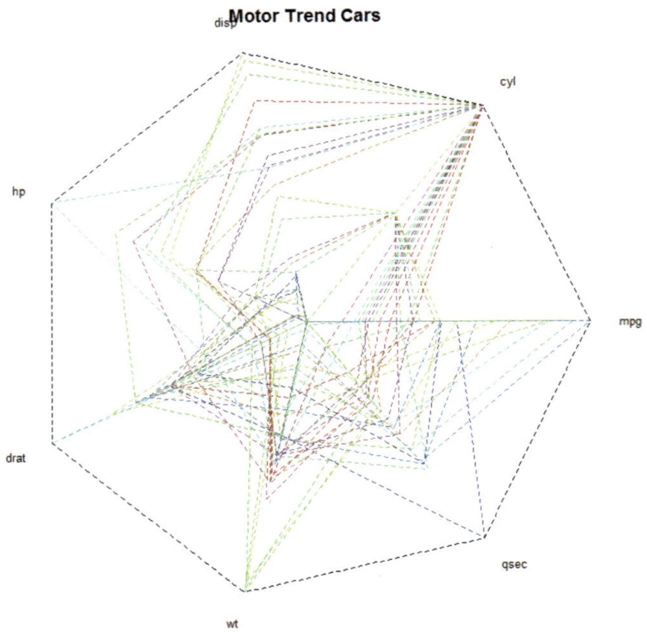

레이더차트(radar chart) 또는 Spider 그림은 radarchart{fmsb}를 통해 그릴 수도 있다. 그 예는 다음과 같다. 패키지 {fmsb}는 functions for medical statistics book의 약어이다.

```
> maxmin <- data.frame( total=c(5, 1),
                        phys=c(15, 3),
                        psycho=c(3, 0),
                        social=c(5, 1),
                        env=c(5, 1))
> set.seed(123)
> dat <- data.frame( total=runif(3, 1, 5),
                     phys=rnorm(3, 10, 2),
                     psycho=c(0.5, NA, 3),
                     social=runif(3, 1, 5),
                     env=c(5, 2.5, 4))
> dat <- rbind(maxmin,dat)
> radarchart(dat)
```

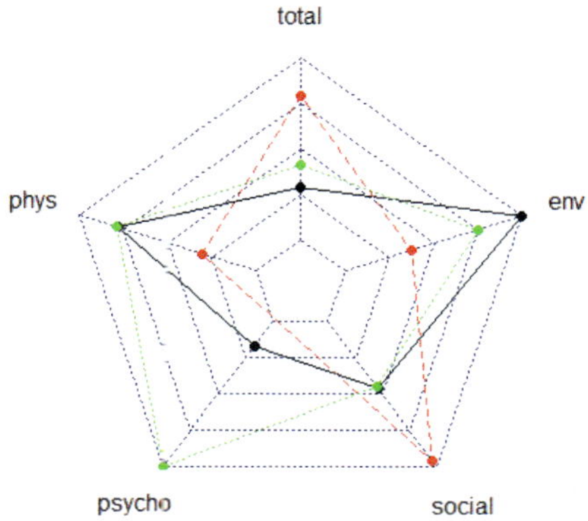

(d) symbols( ) 함수

이 함수는 플롯의 지정된 x, y 좌표에 여러 가지 심볼(원, 사각형, 별, 온도계, 상자그림)을 그려준다. 심볼의 크기를 비롯한 여러 가지 특징들은 옵션으로 조절 가능하다.

```
symbols(x, y= NULL, circles=, squares=, rectangles=, stars=,
        thermometers=, boxplots=, inches= TRUE, add=FALSE,
        fg=par("col"), bg=NA, ...)

> ## symbols() 함수 예제: y=NULL인 경우
> symbols(iris$Sepal.Length, squares=iris$Petal.Length, fg=iris$Species)
```

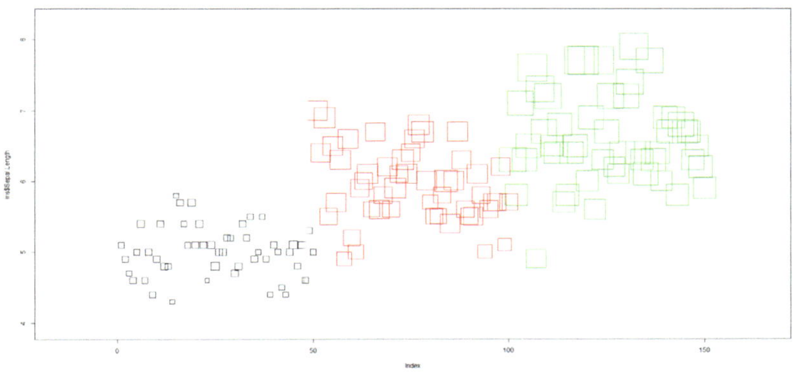

```
> ## symbols() 함수 예제: 심볼에 색상 지정
> attach(trees)
> op <- palette(rainbow(nrow(trees), end=0.9))
> symbols(Height, Volume, circles=Girth/16, inches=FALSE, bg=1:nrow(trees),
          fg="gray30", col=op)
```

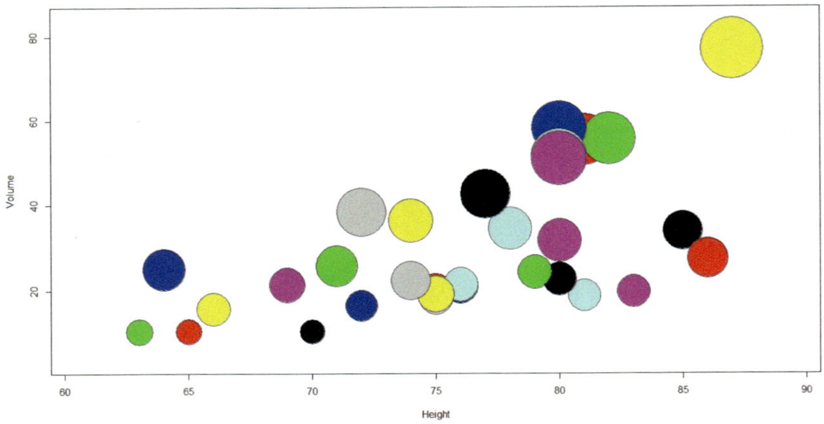

위 그림의 형태를 흔히 버블차트(bubble chart)라고도 한다. 위의 그림은 두 변수의 조합에서 제3의 변수 값을 쉽게 파악할 수 있게 해준다. palette( ) 함수에 대해서는 9.2절을 참고하기 바란다.

(e) faces{aplpack} 함수: 체르노프 얼굴그림

체르노프 얼굴그림(Chernoff's face)은 다변량 자료의 각 변수를 얼굴의 여러 구성요소에 대응시켜 그린 그림으로, 서로 닮은 형태의 객체가 유사함을 나타낸다. faces{aplpack} 함수는 최대 15개의 변수를 나타낼 수 있으며, face.type= 옵션은 얼굴의 형태를 지정하며 0(선 얼굴 그림), 1(색이 칠해진 얼굴), 2(산타클로스 얼굴)을 지원한다.

```
> ## 체르노프 얼굴그림 예제-(1): 메이저리그 야구선수 50명의 기록 자료
> install.packages("tcltk2")
> bball<-read.csv("http://datasets.flowingdata.com/ppg2008.csv", header=TRUE)
> install.packages("aplpack")
> library(aplpack)
> faces(bball[,2:16], ncolors=15, labels=bball$Name)
effect of variables:
 modified item        Var
 "height of face    " "G"
 "width of face     " "MIN"
 "structure of face" "PTS"
 "height of mouth   " "FGM"
 "width of mouth    " "FGA"
 "smiling           " "FGP"
 "height of eyes    " "FTM"
 "width of eyes     " "FTA"
 "height of hair    " "FTP"
 "width of hair    "  "X3PM"
```

```
 "style of hair    "  "X3PA"
 "height of nose   "  "X3PP"
 "width of nose    "  "ORB"
 "width of ear     "  "DRB"
 "height of ear    "  "TRB"
```

```
> ## 체르노프 얼굴그림 예제-(2): longley 자료
> data(longley)
> longley
     GNP.deflator     GNP Unemployed Armed.Forces Population Year Employed
1947         83.0 234.289      235.6        159.0    107.608 1947   60.323
1948         88.5 259.426      232.5        145.6    108.632 1948   61.122
1949         88.2 258.054      368.2        161.6    109.773 1949   60.171
...
1962        116.9 554.894      400.7        282.7    130.081 1962   70.551

> faces(longley[1:16,], face.type=2)
effect of variables:
 modified item       Var
 "height of face   " "GNP.deflator"
 "width of face    " "GNP"
 "structure of face" "Unemployed"
 "height of mouth  " "Armed.Forces"
 "width of mouth   " "Population"
```

```
"smiling            " "Year"
"height of eyes     " "Employed"
"width of eyes      " "GNP.deflator"
"height of hair     " "GNP"
"width of hair     "  "Unemployed"
"style of hair     "  "Armed.Forces"
"height of nose    "  "Population"
"width of nose     "  "Year"
"width of ear      "  "Employed"
"height of ear     "  "GNP.deflator"
```

```
> plot(longley[1:16, 2:3], bty="n")
> a <- faces(longley[1:16,], plot=FALSE)
> plot.faces(a, longley[1:16, 2], longley[1:16, 3], width=35, height=30)
```

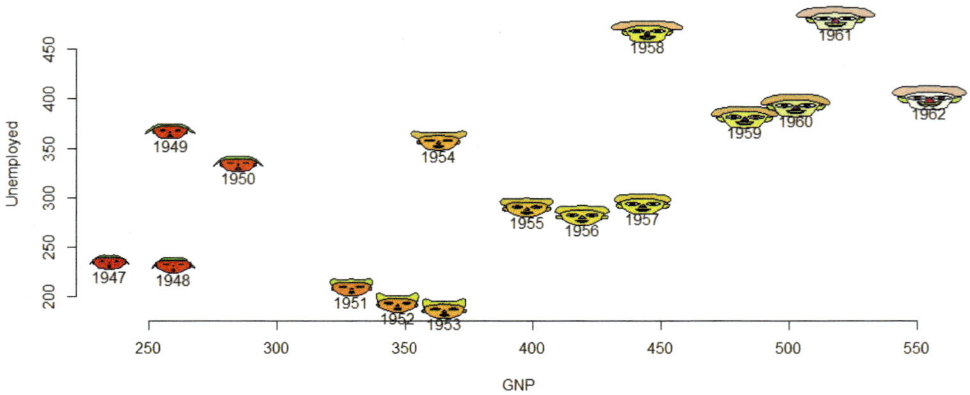

6.4 통계분석 결과의 시각화

R에서는 특정 통계분석을 수행한 결과 객체를 시각화할 수 있다. 여기서는 회귀분석과 주성분분석의 결과 객체를 시각화하는 예를 소개한다.

(a) 회귀모형의 적합 그림

회귀모형을 적합하고 그 결과를 시각화하는 예는 다음과 같다. 회귀모형의 적합에 대해서는 20장을 참고하기 바란다.

```
> reg <- glm(Petal.Length ~ Petal.Width)
> par(mfrow=c(2,2))
> termplot(reg)
> termplot(reg, rug=T)
> termplot(reg, partial.resid=T, se=T, main=T)
> termplot(reg, partial.resid=T, smooth=panel.smooth, span=1/4 )
```

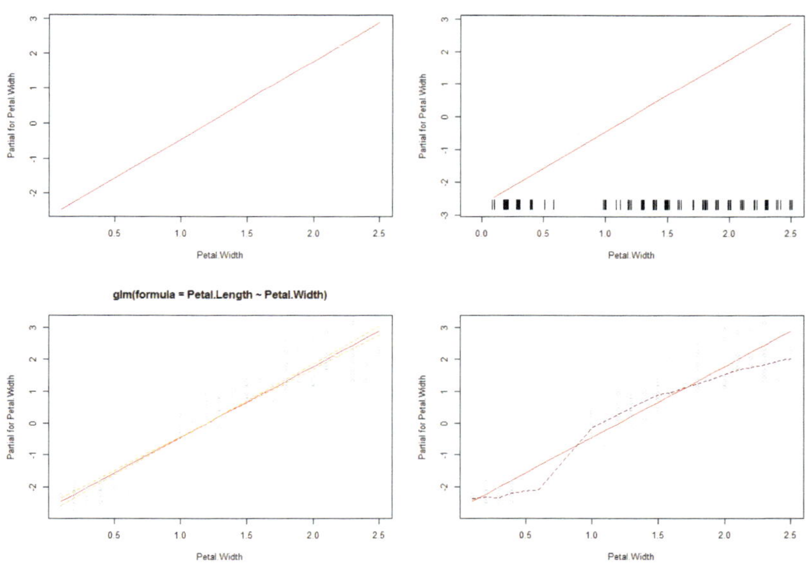

(b) 주성분분석 결과의 시각화

biplot( ) 함수는 주성분분석의 결과를 시각화한다. 주성분분석은 고차원의 다변량 자료를 저차원으로 축소시켜주는 분석 기법으로, 다변량 자료의 차원축소에 유용하다.

```
> biplot(princomp(USArrests))
```

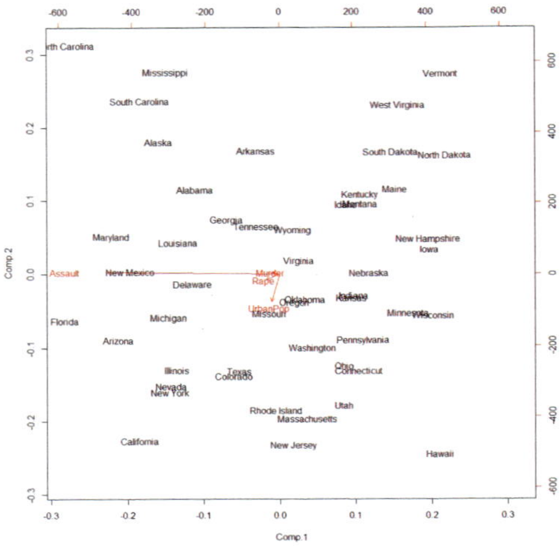

[6장] 연습문제

01 mtcars 자료에서 실린더(cyl)의 크기별로 마력(hp)의 평균값을 막대그래프로 나타내어라.

02 HairEyeColor 자료에 대해 모자이크(mosaic) 플롯을 비롯한 시각화 그림을 그리고, 이를 해석하여라.

03 UKgas 자료는 1960년 1분기 ~ 1984년 4분기 기간에 영국의 가스 소비량을 나타내는 시계열 자료이다. 이 자료를 시각화하고 decompose( ) 함수를 이용하여 분해하여라. 또한 이 자료를 분기별로 시각화하여라.

04 Seatbelts 자료는 1969년 1월 ~ 1984년 12월 기간에 치명적인 사고를 당한 운전자의 수를 기록한 자료이다. 이 자료를 시각화하고, 해석하여라. 참고로 안전벨트의 착용이 의무화된 것은 1983년 1월 31일이다.

05 iris 자료에서 붓꽃의 종류(Species)별로 나머지 4개 변수의 평균값을 이용하여 레이더차트를 그려라.

06 USArrests 자료에 대해 별그림(나이팅게일 차트)과 체르노프 얼굴그림을 그리고, 이를 해석하여라.

07 mtcars 자료에서 실린더(cyl)와 마력(hp)에 따라 연비(mpg)의 크기를 버블차트로 나타내어라(차량에 따라 다른 색상을 부여할 것).

[7장]

공간 자료와 지도 다루기

7.1 공간 자료의 시각화

공간 자료를 시각화하는 함수는 다음과 같다.

```
contour(), persp(), wireframe{lattice}, levelplot{lattice}, misc3d{drawScene}
```

(a) contour( ) 함수: 등고선 그림

contour( ) 함수는 등고선 그림을 그리거나, 그려진 그림 위에 등고선 라인을 추가한다.

```
> ## 등고선 그림 예제: volcano 자료
> data(volcano)
> str(volcano)
 num [1:87, 1:61] 100 101 102 103 104 105 105 106 107 108 ...
> contour(volcano, col="red")
```

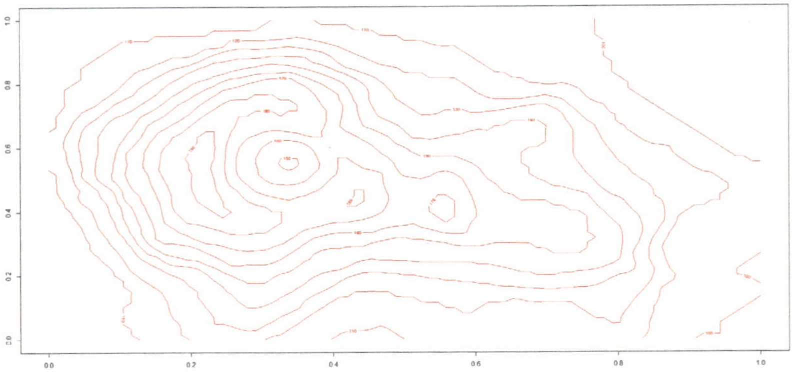

```
> filled.contour(volcano, color=terrain.colors, asp=1)
```

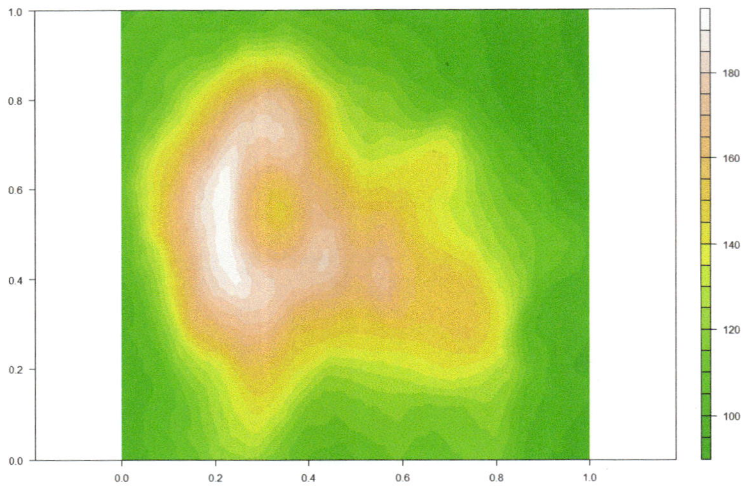

(b) persp( ) 함수: 투시도(perspective plot)

persp( ) 함수는 x-y 평면상에 표면의 투시도를 그려준다.

```
> persp(volcano, theta=30, phi=30, col="blue", expand=0.5)
```

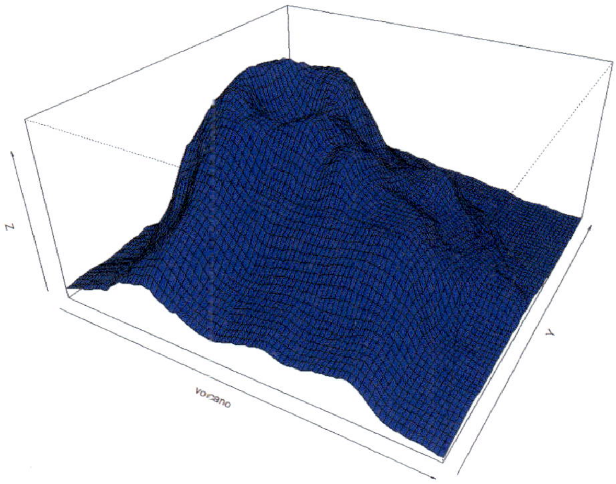

(c) wireframe{lattice} 함수: 철망형 그림

wireframe{lattice} 함수는 3차원 산점도와 철망형 표면 그림을 그려준다.

```
> wireframe(volcano, drape=TRUE,  aspect=c(1,1), colorkey=TRUE)
```

drape=TRUE는 높이에 따라 색으로 장식(drape)한다. aspect=은 2개의 숫자로 이루어진 벡터로 지정되며, 각각 (y−크기/x−크기), (z−크기/x−크기)를 나타낸다. colorkey=TRUE는 color key를 옆(alongside)에 그려준다.

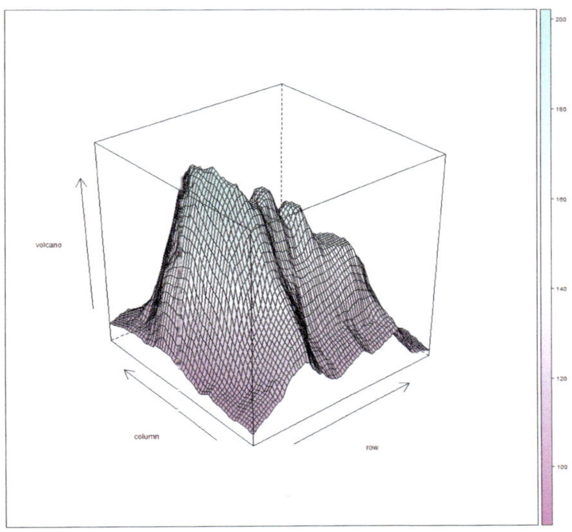

(d) levelplot{lattice} 함수: 색상 수준 플롯

levelplot{lattice} 함수는 색상 수준 플롯과 등고선 그림을 제공한다.

```
> levelplot(Sepal.Length ~ Petal.Length*Petal.Width, cut=10)
```

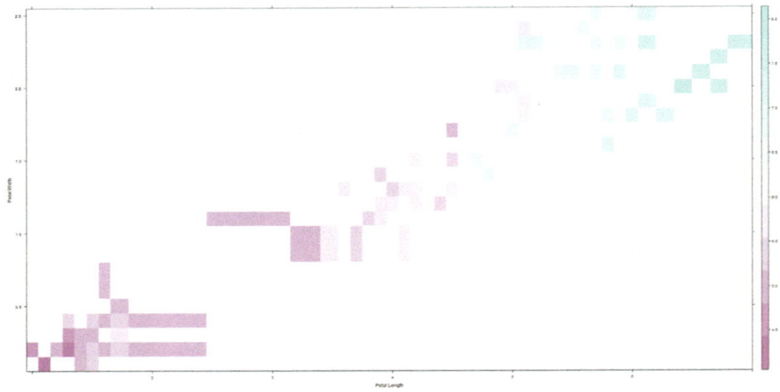

(e) drawScene{misc3d} 함수

drawScene{misc3d} 함수는 한 개 또는 여러 개 표면으로 구성된 장면을 그려준다. 삼각망사(triangle mesh)로 불리는 객체 자료가 요구된다.

```
> library(misc3d)
> volcano.1 <- local({
                    z1 <- 7 * volcano
                    x1 <- 20 * (1:nrow(z1))
                    y1 <- 20 * (1:ncol(z1))
                    surfaceTriangles(x1, y1, z1, color="skyblue1")
                  })
> drawScene(volcano.1, scale=FALSE)
```

7.2 3차원 산점도와 활용

다음 함수는 3차원 산점도(3-dimensional scatter plot)를 제공한다.

- scatterplot3d{scatterplot3d}
- plot3d{rgl}, scatter3d{Rcmdr}: 3차원의 동적 그래픽을 제공
- scatter3d{Rcmdr}: 3차원 산점도 겹쳐 그리기

(a) scatterplot3d{scatterplot3d} 함수: 3차원 산점도

scatterplot3d{scatterplot3d} 함수는 3차원의 점 구름(point cloud) 그림을 그려준다.

```
> attach(iris)
> install.packages("scatterplot3d")
> library("scatterplot3d")
> scatterplot3d(iris[1:3], color='blue")
```

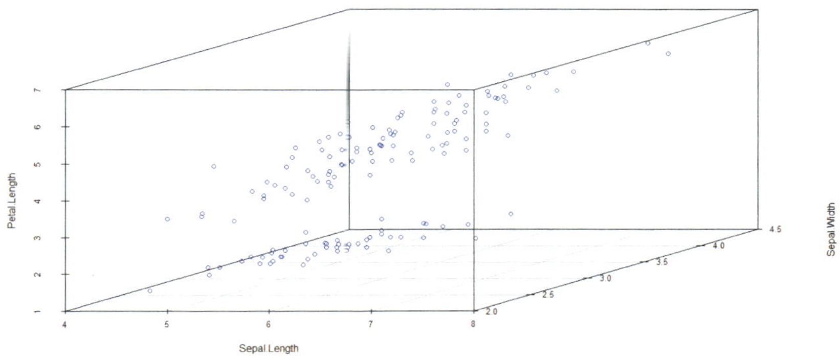

(b) plot3d{rgl} 함수: 3차원 산점도 - 동적 그래픽 (1)

plot3d{rgl} 함수는 3차원 산점도를 그려준다. 이 그림은 동적그래픽으로 상하, 좌우 회전이 가능하여 탐색적 자료분석에 유용하다.

```
> install.packages("rgl")
> library("rgl")
> plot3d(iris[1:3])
> ## 아래 결과는 동적 그래픽으로 마우스로 상하, 좌우 회전이 가능함
```

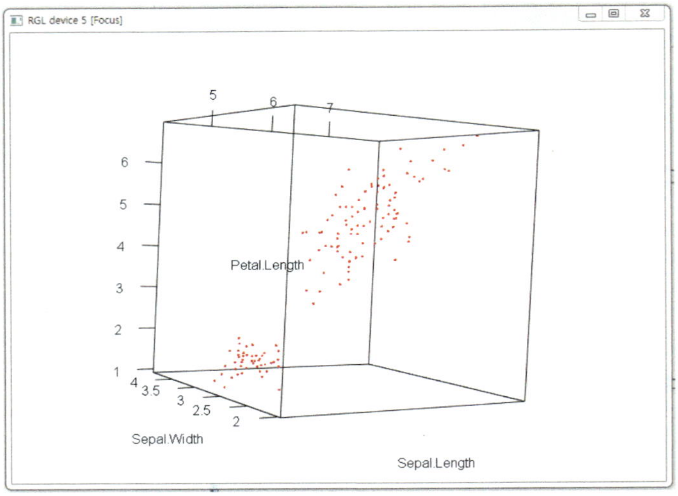

(c) scatter3d{car} 함수: 3차원 산점도 – 동적 그래픽 (2)

scatter3d{car} 함수는 다양한 회귀 평면과 함께 3차원 산점도를 그려준다. Identify3d() 함수를 추가로 적용하면 마우스를 이용하여 대화식으로 점에 라벨을 부여할 수 있다.

```
> install.packages("car")
> library(car)
> scatter3d(Sepal.Length, Sepal.Width, Petal.Length)
> ## 동적그래픽으로 회전이 가능함
```

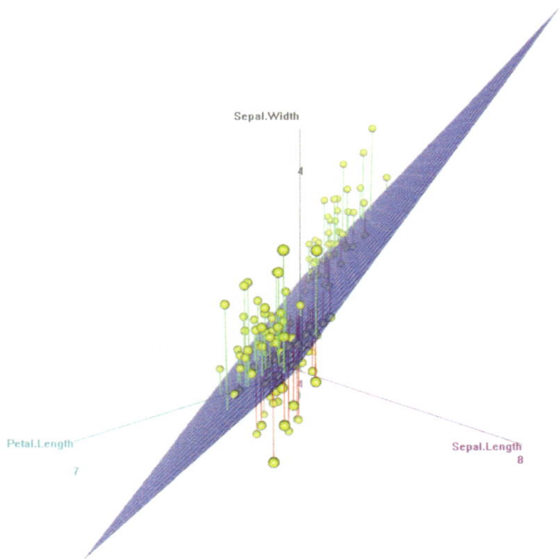

```
> Identify3d(Sepal.Length, Sepal.Width, Petal.Length)    # 점에 라벨 부여
# 위의 그림에서 마우스의 오른쪽버튼으로 사각형 영역을 지정하면 영역 내의 점에 라벨이 부여됨

> ## scatter3d{car} 함수 적용 예: 3차원 산점도 겹쳐 그리기
> library("scatterplot3d")
> a <- scatterplot3d(iris[1:3], color="blue", zlim=c(0,10), ylim=NULL)
> b <- iris
> b[3] <- b[3]+2
> a$points3d(b, col="red")
```

이와 같은 방식으로 계속 추가하여 그릴 수 있다.

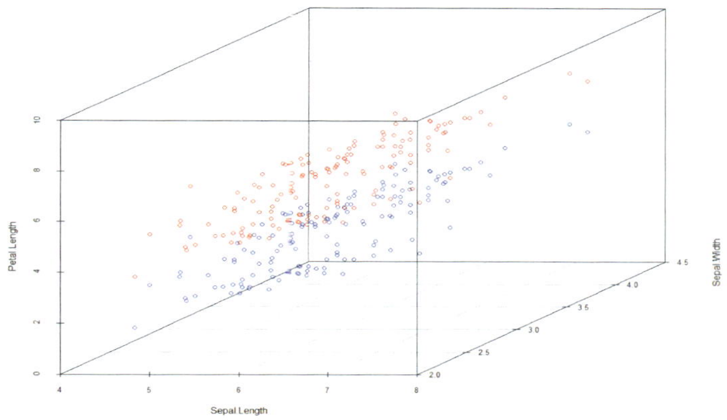

* 7.3 지도 다루기

7.3.1 지도 불러오기

get_map{ggmap} 함수는 Google Maps, OpenStreetMap, Stamen Maps 또는 Naver Map servers에서 지도를 가져온다.

```
get_map(location=c(lon=-95.3632715, lat=29.7632836),
        zoom="auto", scale="auto",
        maptype=c("terrain", "satellite", "roadmap", "hybrid",
                  "toner", "watercolor", ...),
```

```
        source=c("google", "osm", "stamen", "cloudmade"),
        force=ifelse(source == "google", TRUE, TRUE),
        messaging=FALSE, urlonly=FALSE, filename="ggmapTemp",
        crop=TRUE, color=c("color", "bw"), language="en-EN", api_key)
```

위 함수에 대한 주요 옵션은 다음과 같다.

- location: 주소, 경도/위도 또는 왼/아래/오른/위쪽 경계 박스
- zoom: 맵의 줌. 3(대륙)~21(빌딩). 디폴트는 10(시, city)
- scale: get_googlemap 또는 get_openstreetmap의 척도 인자
- maptype: 문자열로 맵의 형태 지정
  "terrain", "terrain-background", "satellite", "roadmap", "hybrid"(google maps)
  "watercolor", and "toner"(stamen maps), or 양의 정수(cloudmade maps)
- source: 지도의 소스
  Google Maps ("google"), OpenStreetMap ("osm"), Stamen Maps ("stamen"), or CloudMade maps ("cloudmade")
- filename: 다운로드를 위한 위치 지정
- color: color ("color") 또는 black-and-white ("bw")
- language: google maps를 위한 언어

(a) 맵의 형태에 따른 지도 유형

```
> ## maptype= 옵션에 따른 지도 유형
> library(ggmap)
> map.1<-get_map(location="Seoul", zoom=14, maptype="roadmap", source="google")
> g <- ggmap(map.1)
> print(g)
```

- maptype="roadmap", "satellite"

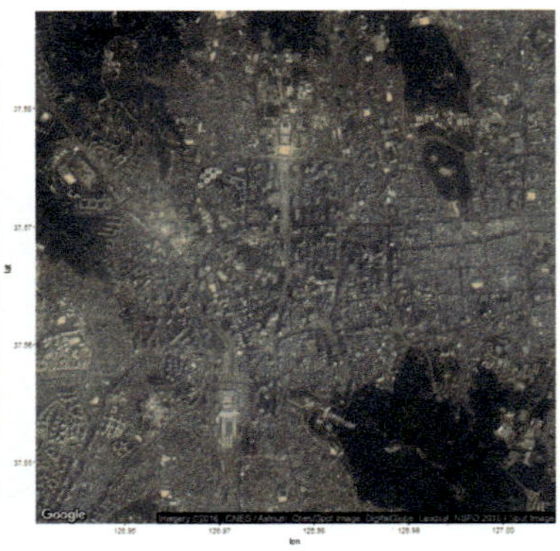

- maptype="terrain", "watercolor"

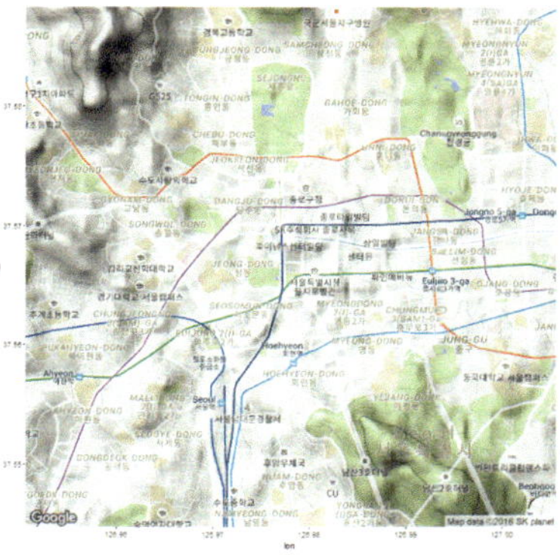

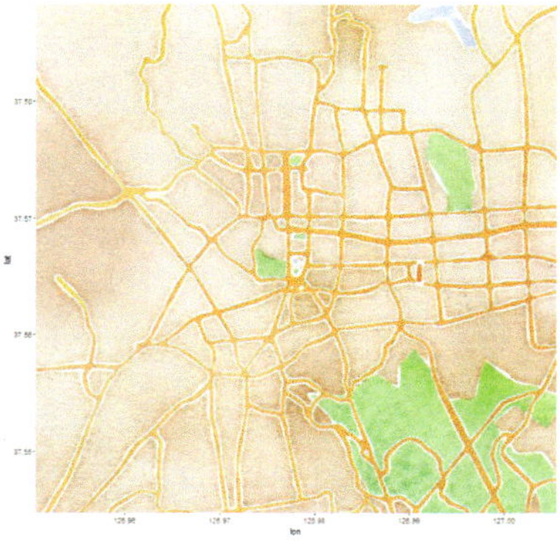

- maptype="hybrid", "toner"

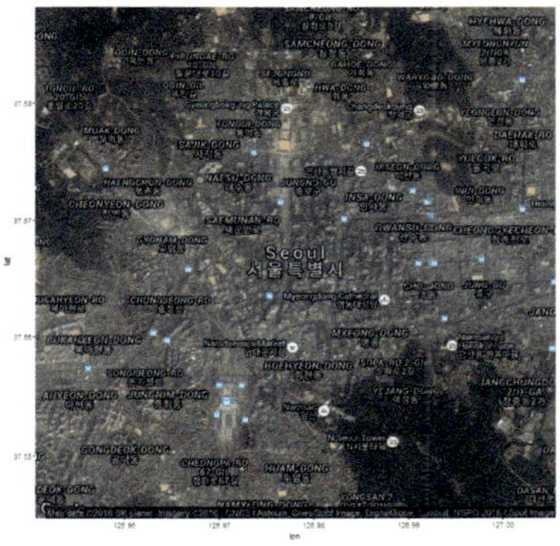

(b) 줌의 크기에 따른 지도의 크기

```
> ## zoom= 옵션에 따른 지도 크기
> library(ggmap)
> map <- get_map(location="Seoul, South Korea", zoom=10, maptype="satellite")
> p <- ggmap(map)
# > p <- p + labs(title="Seoul, South Korea -satellite")    # 제목 추가 시 사용
> print(p)
```

- zoom=10(디폴트); 서울 지도(location="Seoul"), maptype="satellite", "roadmap "

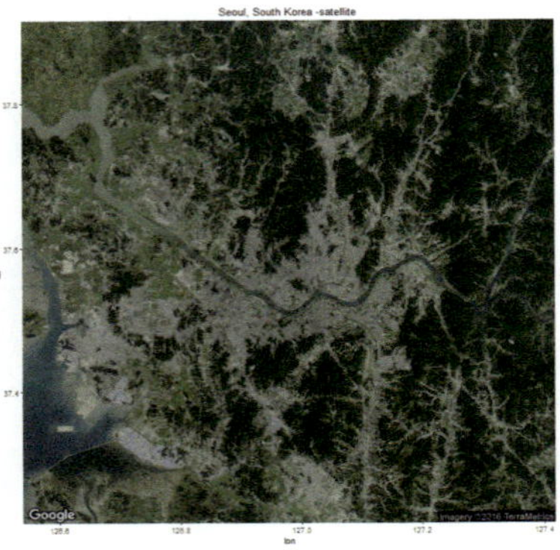

- zoom=3, 5; 남한(location="South Korea") 지도

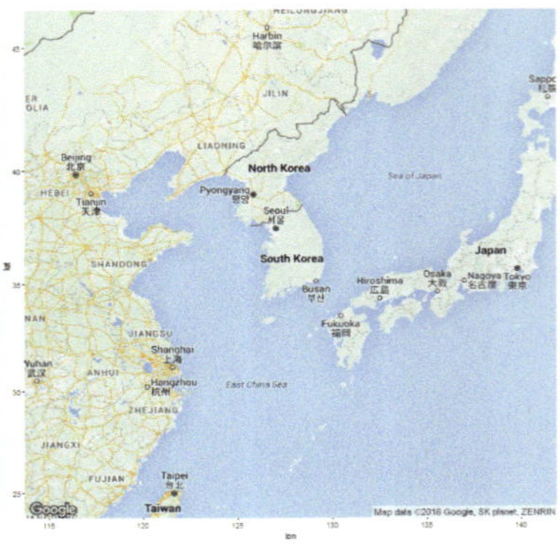

- zoom=7, 9; 서울(location="Seoul") 지도

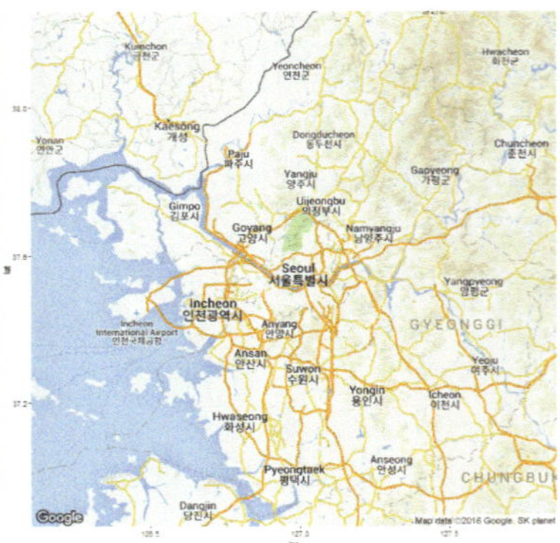

- zoom=19,19; 서울시청(location="Seoul City Hall", maptype="roadmap"), 서울타워(location="Seoul Tower", maptype="satellite") 지도

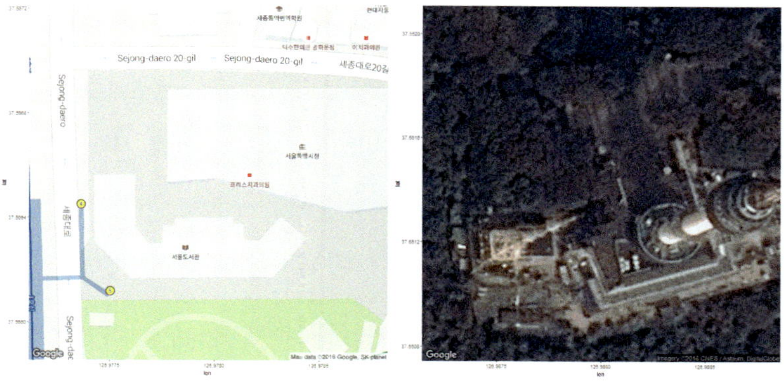

(c) 랜드마크 설정

지도상에 특정 지점을 표시하는 방법은 다음과 같다. 원하는 지점의 위치 정보(위도, 경도)가 필요하다.

```
> library(ggmap)
> map.1 <- get_map(location="Seoul", zoom=14, maptype="roadmap", source="google")
> g <- ggmap(map.1)
> print(g)
> landmarks <- c("Seoul Tower", "City Hall, Seoul")
> lbls <- cbind(geocode(landmarks), text=landmarks)
> g <- ggmap(map.1)
> g <- g + geom_point(data=lbls, aes(x=lon, y=lat), size=5, colour="orange")
> g <- g + geom_point(data=lbls, aes(x=lon, y=lat), size=3, colour="red")
> g <- g + geom_text(data=lbls, aes(x=lon, y=lat, label=text),
                    size=5, colour="blue", hjust=0, vjust=0)
> print(g)
```

7.3.2 지도 활용 예제

앞 절에서 소개한 지도 불러오기를 실제의 자료분석에 활용한 예를 몇 가지 소개한다.

예제 1

USArrests 자료에서 주(states)별 폭행별 살인 비율(murder/assault)을 지도상에 시각화한다.

```
> library(ggplot2)
> arrests <- USArrests   # {ggplot2}에 내장되어 있는 미국의 범죄 데이터
> names(arrests) <- tolower(names(arrests))
> arrests$region <- tolower(rownames(USArrests))
> head(arrests)
           murder assault urbanpop rape     region
Alabama      13.2     236       58 21.2    alabama
Alaska       10.0     263       48 44.5     alaska
Arizona       8.1     294       80 31.0    arizona
Arkansas      8.8     190       50 19.5   arkansas
California    9.0     276       91 40.6 california
Colorado      7.9     204       78 38.7   colorado

> library(ggmap)
> states <- map_data("state")    # 미국의 주별 지도 데이터 불러오기
> ## 범죄데이터와 주별 지도 데이터 합치기
> ds <- merge(states, arrests, sort=FALSE, by="region")
> ## 그림으로 나타내기(폭행별 살인비율)
> g <- ggplot(ds, aes(long, lat, group=group, fill=murder/assault))
> ## 영역을 채움
> g <- g + geom_polygon()
> print(g)
```

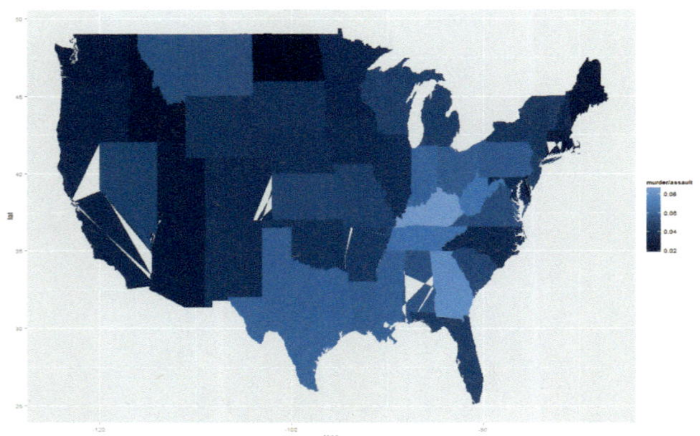

예제 2

서울시의 공공 와이파이 위치정보 시각화

서울시 홈페이지의 열린 데이터 광장(http://data.seoul.go.kr/)에서 제공하는 "서울시 공공 WiFi 위치정보"를 다운받아 다음과 같은 형태의 익셀 자료를 만들고, 이를 활용한다.

```
> library(ggmap)
> wifi=read.csv("c:/wifi.csv")      # 데이터 불러오기
```

	A	B	C	D	E	F	G
1		division	street_type	place_name	supplier	latitude	longitude
2	1	강남구	주요거리	과학기술원앞	SKT	37.5010123	127.0301874
3	2	강남구	주요거리	국기원	SKT	37.5020315	127.0296054
4	3	서초구	공원	반포한강공원	KT	37.5070606	126.9910741
5	4	강남구	주요거리	선릉역주변	SKT	37.5054166	127.0484206
6	5	강남구	주요거리	선릉역주변	SKT	37.5044511	127.0475672
7	6	강남구	주요거리	선릉역주변	SKT	37.5037664	127.0474095
8	7	강남구	주요거리	선릉역주변	SKT	37.5046293	127.0501482
9	8	강남구	주요거리	역삼역주변	SKT	37.5004505	127.0350354
10	9	강남구	주요거리	역삼역주변	SKT	37.5000097	127.0358946

```
> attach(wifi)
> cent <- c(mean(longitude), mean(latitude))      # 위도, 경도의 평균

> ## 서울시 지도에 와이파이 기지국 데이터 표시하기
> wifi.map <- ggmap(get_googlemap(center=cent,     # center=c("seoul")도 가능
                    zoom=11, maptype="roadmap")) + geom_point(data=wifi,
                    aes(x=longitude, y=latitude, colour=supplier, size=4))
> print(wifi.map)
> wifi.map + facet_wrap(~supplier)      # 통신사별로 나누어서 표현
```

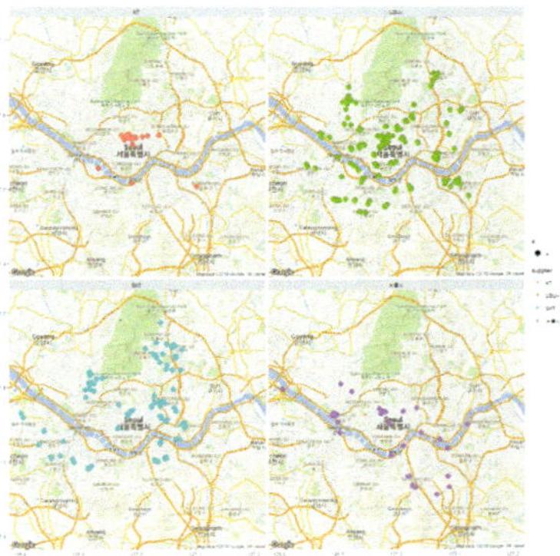

예제 3

한국과 일본 간 항공편 정보 시각화

항공 정보를 제공하는 사이트(http://openflights.org/data.html)로부터 한국과 일본 간의 공항 및 항공 노선 정보를 가져와 다음과 같은 위, 경도 정보를 포함하는 두 개의 데이터 파일(airport.krjp, lines)을 만들고, 이 자료를 이용하여 시각화한다.

```
> str(airport.krjp)
'data.frame': 111 obs. of  6 variables:
 $ IATA     : chr  "HND" "ICN" "CTS" "FUK" ...
 $ City     : chr  "Tokyo" "Seoul" "Sapporo" "Fukuoka" ...
 $ Country  : chr  "Japan" "South Korea" "Japan" "Japan" ...
 $ latitude: num  35.6 37.5 42.8 33.6 35.8 ...
 $ longitude: num  140 126 142 130 140 ...
 $ Freq     : int  96 75 67 53 53 49 45 42 41 36 ...    # 도착 항공 편수

> str(lines)
'data.frame': 1852 obs. of  3 variables:
 $ longitude: num  127 126 126 126 130 ...
 $ latitude: num  36.7 33.5 33.5 33.5 33.6 ...
 $ group    : int  1 2 3 4 5 6 7 8 9 10 ...    # 1~926(=1852/2)의 값을 가짐
```

group 변수의 값이 동일한 행의 2개 점(위도, 경도)을 연결하여 다음 그림을 완성한다.

```
> map <- ggmap(get_googlemap(center=c(lon=134, lat=36),
                             zoom=5, maptype='roadmap',
                             color='bw', scale=2),
                   extent='device')

> map + geom_point(data=airport.krjp, aes(x=longitude, y=latitude,
      size=Freq), colour='gray10', alpha=0.3)
      + geom_line(data=lines, aes(x=longitude, y=latitude, group=group),
      size=0.2, alpha=.1, color='#816960')
      + scale_size(range=c(0,15))
      + theme(legend.position="none")
```

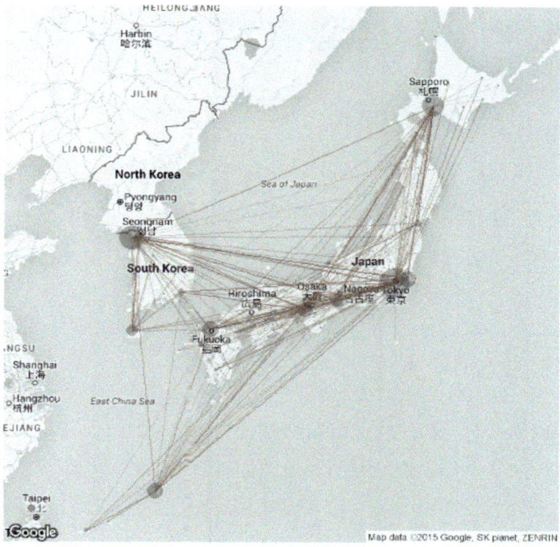
Harbin
JILIN
LIAONING
North Korea
Pyongyang
Seongnam
South Korea
Sea of Japan
Sapporo
Japan
Hiroshima
Osaka
Nagoya
Tokyo
Fukuoka
Shanghai
Hangzhou
East China Sea
Taipei
Google
Map data ©2015 Google, SK planet, ZENRIN

[7장] 연습문제

01 다음은 contour() 함수를 이용하여 페르시안 양탄자(Persian rug)를 그린 예이다. outer() 함수의 기능을 말하고, 프로그램의 수행 절차를 설명하여라.

```
> x <- y <- seq(-4*pi, 4*pi, len=27)
> r <- sqrt(outer(x^2, y^2, "+"))
> opar <- par(mfrow=c(2, 2), mar=rep(0, 4))
> for(f in pi^(0:3)) contour(cos(r^2)*exp(-r/f),
                    drawlabels=FALSE, axes=FALSE, frame=TRUE)
```

02 상관계수가 0.3인 이변량 정규분포의 밀도함수를 구하고 등고선 그림을 그려라(두 변수의 평균과 분산은 0과 1로 한다).

03 mtcars 자료에서 배기량(disp)과 마력(hp)에 따른 연비(mpg)를 3차원 산점도로 나타내어라.

04 OrchardSprays 자료에서 (rowpos, colpos)의 수준 조합에 따른 용해액의 감소량(decrease)을 3차원 산점도로 그리되, 처리 방법(A~H)에 따라 점의 색을 다르게 나타내어라.

[8 장]

유용한 그래픽스와 시각화 분석

8.1 한 그림에 두 개의 y축 사용하기

스케일이 다른 두 변수를 하나의 그림에 나타내는 방법을 소개한다. 다음에 소개되어 있는 다양한 예제를 통해 그 기능을 익히기 바란다.

예제 1

1974 ~ 1979년 영국에서 발생한 여성과 남성의 폐질환으로 인한 사망자 수를 나타내는 시계열 자료를 비교한다. 이 자료는 남성 사망자가 더 큰 빈도를 보이는 자료이다.

```
> ## fdeaths, mdeath, ldeath는 각각 여성, 남성, 전체 사망자를 나타내는 시계열 객체임
> plot(fdeaths)
> par(new=TRUE)
> plot(mdeaths, yaxt="n", ylab="", col=2)
> axis(4)
> mtext("mdeaths", side=4, line=3)
```

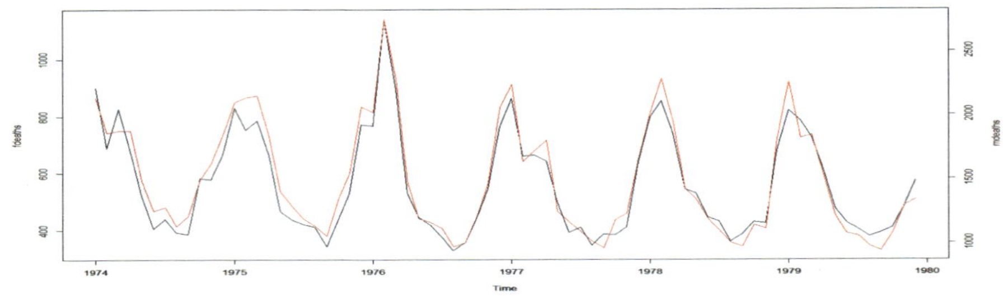

예제 2

정규분포로부터의 난수 자료를 이용하여, 스케일이 다른 자료에 대한 다양한 그림을 그리는 방법을 제시한다.

```
> library(latticeExtra)
> library(lattice)
> set.seed(1000)
> foo <- list(x=1:100, y=cumsum(rnorm(100)))

> ## 원 자료 그림
> xyplot(y+y^2 ~ x, foo, type="l")
```

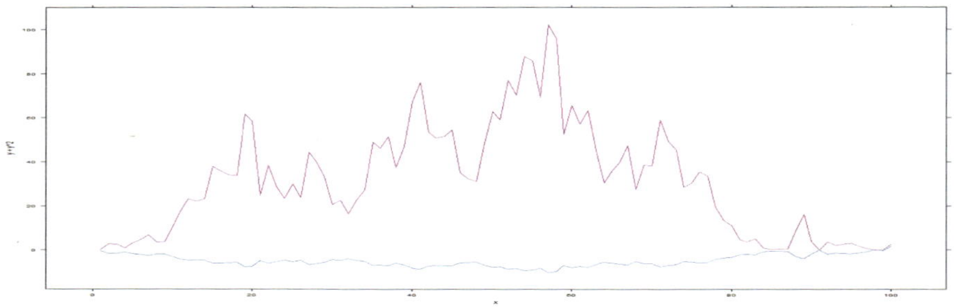

```
> ## 각 계열에 대해 분리된 그림
> obj1 <- xyplot(y ~ x, foo, type="l")
> obj2 <- xyplot(y^2 ~ x, foo, type="l")

> ## 단순한 경우: 중복되는 그림의 y축 값을 표시하지 않음
> doubleYScale(obj1, obj2, add.axis=FALSE)
```

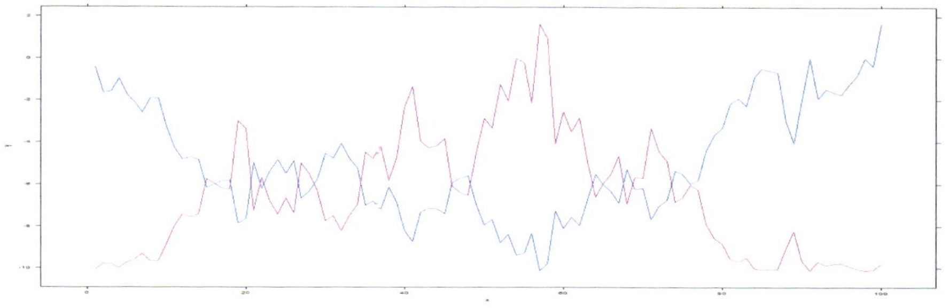

```
> ## 축을 표시함
> doubleYScale(obj1, obj2)
```

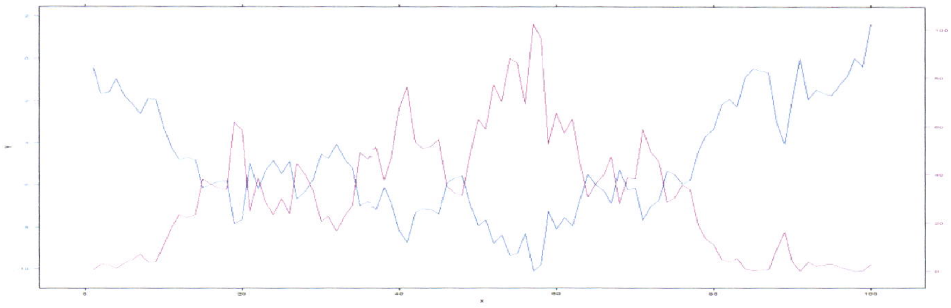

```
> ## y 라벨 추가
> doubleYScale(obj1, obj2, add.ylab2=TRUE)
```

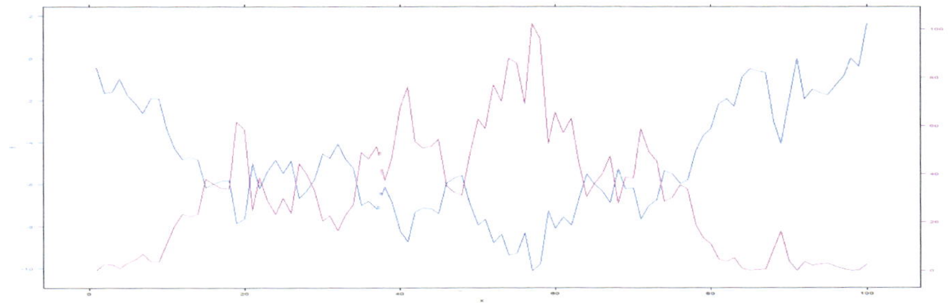

```
> ## 키(key)를 추가: 그림 상단
> doubleYScale(obj1, obj2, text=c("obj1", "obj2"))
```

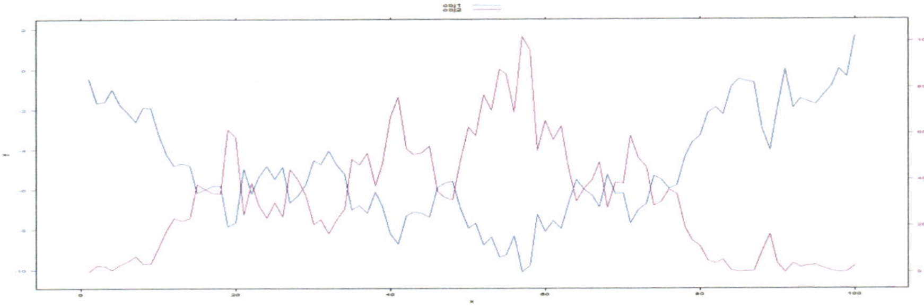

```
> ## 맞춤형 그림
> update(doubleYScale(obj1, obj2, text=c("obj1", "obj2")),
         par.settings=simpleTheme(col=c('red','black'), lty=1:2))
```

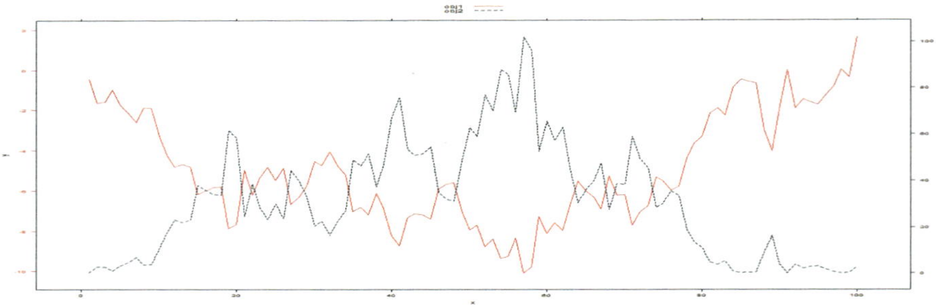

예제 3

2007년 1월 ~ 3월 기간 동안 시에틀-타코마 공항의 일일 강우량과 기온 자료를 시각적으로 비교한다.

```
> data(SeatacWeather)
> xyplot(min.temp + max.temp ~ day | month,
             data=SeatacWeather, type="l", layout=c(3,1))
```

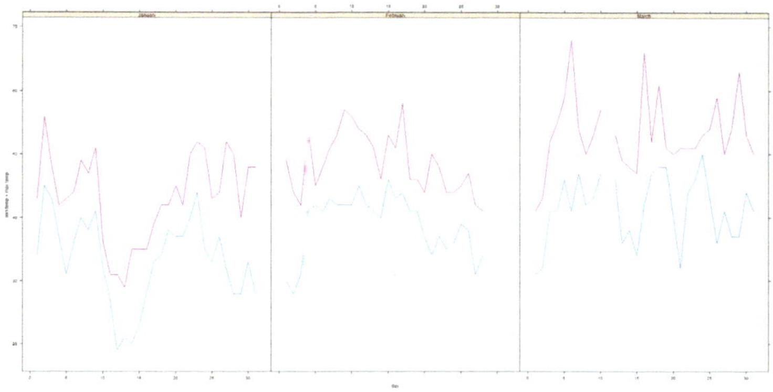

```
> temp <- xyplot(min.temp+max.temp ~ day | month,
             data=SeatacWeather, type="b", layout=c(1,3))
> rain <- xyplot(precip ~ day | month, data=SeatacWeather, type="h")
> doubleYScale(temp, rain,
             style1=0, style2=3,
> # style1= 과 style2= 옵션은 0(default)~6의 값을 취함
             add.ylab2=TRUE,
             text=c("min. T", "max. T", "rain"),
             columns=3)     # columns= 옵션은 text= 옵션의 형식을 지정
```

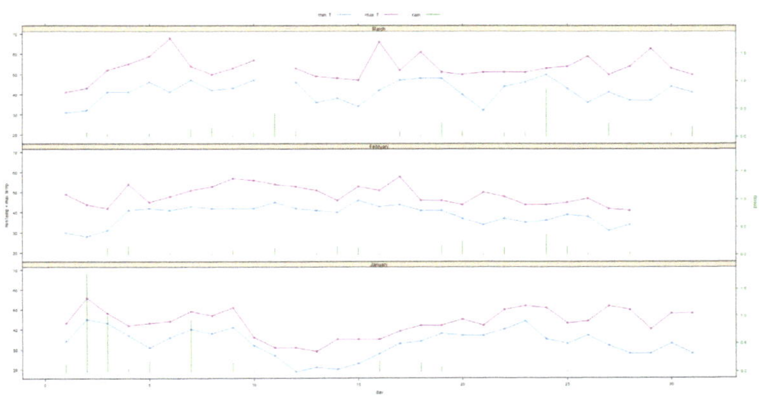

예제 4

히스토그램과 밀도함수 추정곡선을 함께 그린다. 두 그림은 서로 다른 스케일을 가지는 그림으로 하나의 그림에 두 개의 y축이 사용되었다.

```
> library(latticeExtra)
> library(lattice)
> set.seed(1000)
> x <- rnorm(1000)
> doubleYScale(histogram(x), densityplot(x), use.style=TRUE)
> ## use.style=TRUE는 각 함수의 적용 결과를 색으로 구분해 줌
```

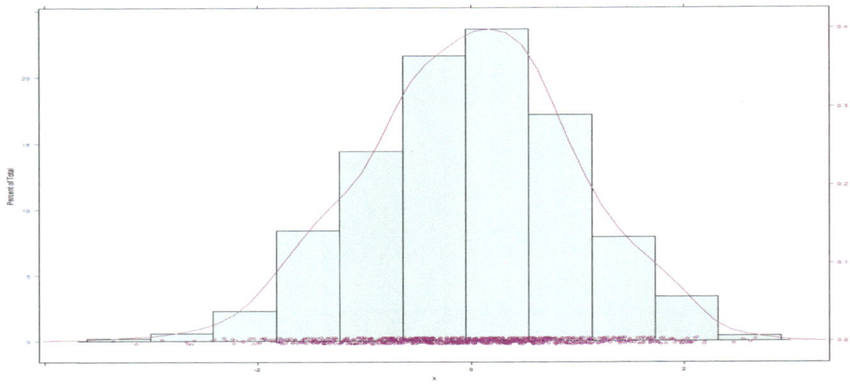

8.2 스케일이 다른 그림 겹쳐 그리기

as.layer{latticeExtra} 함수는 x축과 y축(또는 두 축 모두)의 스케일(scale)이 동일하거나 다른 스케일 상에 그려진 격자플롯을 겹쳐 그리거나, 한 개의 패널 layer를 다른 객체의 여러 개의 패널에 적용한 그림을 그려준다.

```
> ## 예제: 폐질환 사망자수 자료(fdeaths, mdeaths, ldeaths) 이용
> xyplot(fdeaths ~ mdeaths)
```

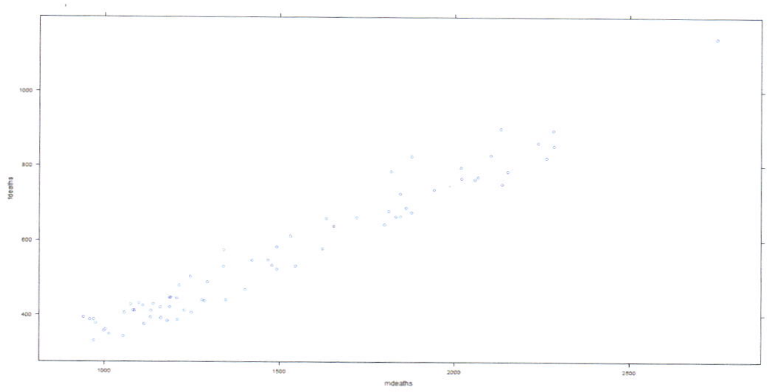

```
> ## x, y의 스케일이 동일한 경우(디폴트)
> xyplot(fdeaths ~ mdeaths) +
      as.layer(xyplot(fdeaths ~ mdeaths, col=2, subset=ldeaths > 2000))
```

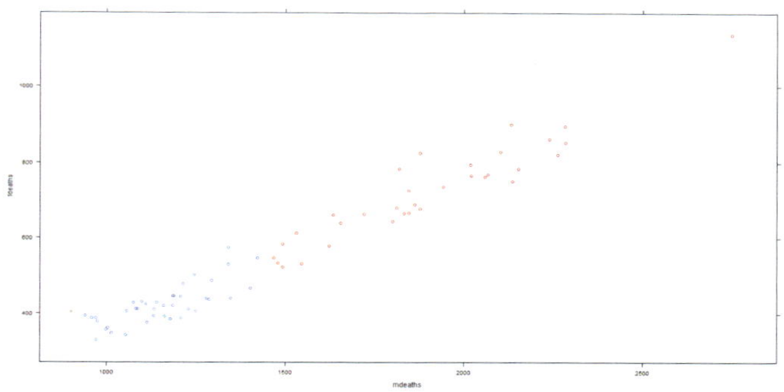

```
> ## x 스케일은 동일하나, y 스케일은 다른 경우
> xyplot(fdeaths ~ mdeaths) +
      as.layer(bwplot(~ mdeaths, box.ratio=0.2), y.same=FALSE)
> ## box.ratio= 옵션은 상자의 폭을 지정함
```

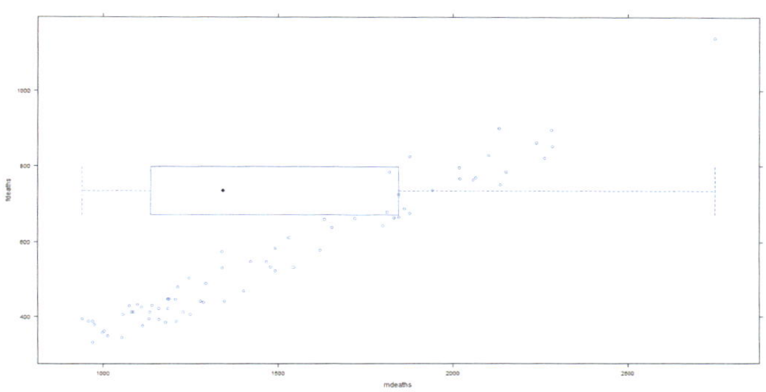

```
> xyplot(fdeaths ~ mdeaths) +
      as.layer(bwplot(fdeaths ~ factor(mdeaths * 0), box.ratio=0.2), x.same=FALSE)
```

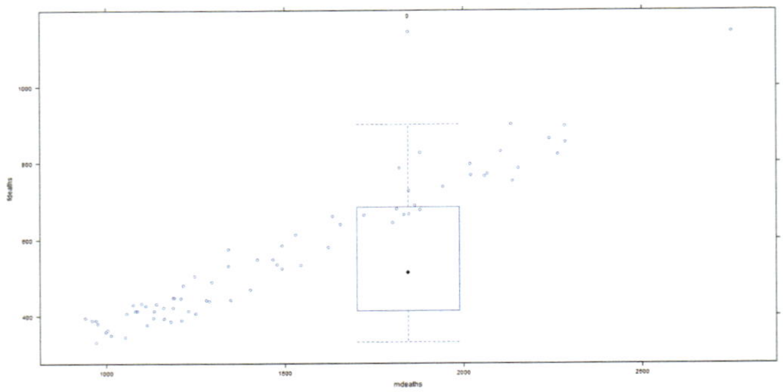

```
> ## 두 개의 플롯이 더해지면 as.layer() 함수가 자동으로 호출됨
> histogram(~ ldeaths, type="density") + densityplot(~ ldeaths, lwd=3)
```

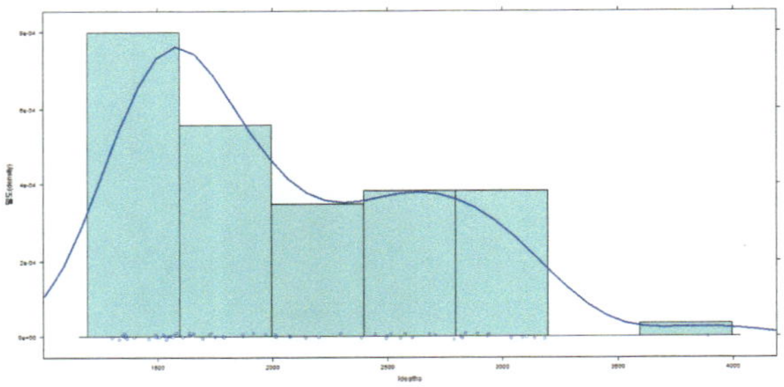

```
> ## 하나의 패널 layer를 다른 객체의 여러 개 패널 layer에 적용함
> xyplot(Sepal.Length + Sepal.Width ~ Petal.Length + Petal.Width | Species,
       data=iris, scales="free")
```

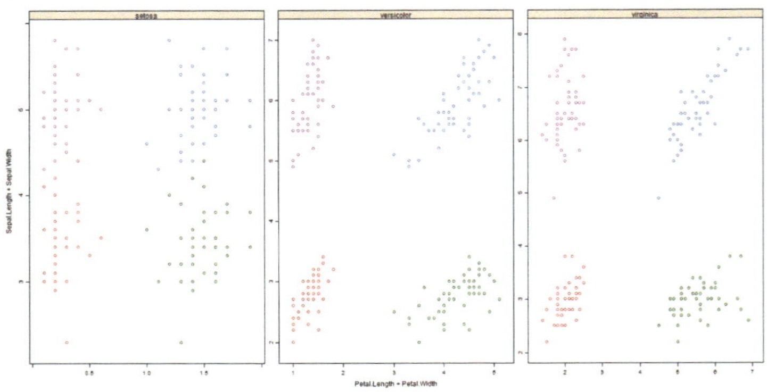

```
> xyplot(Sepal.Length + Sepal.Width ~ Petal.Length + Petal.Width | Species,
        data=iris, scales="free") + as.layer(levelplot(volcano), x.same=FALSE,
        y.same=FALSE, under=TRUE)
```

under=FALSE 지정 시에는 두 번째 그림(levelplot)이 아래로(under)로 배치하지 않고 산점도 위에 겹쳐 그려지므로, 아래 그림에서 점들은 보이지 않게 됨

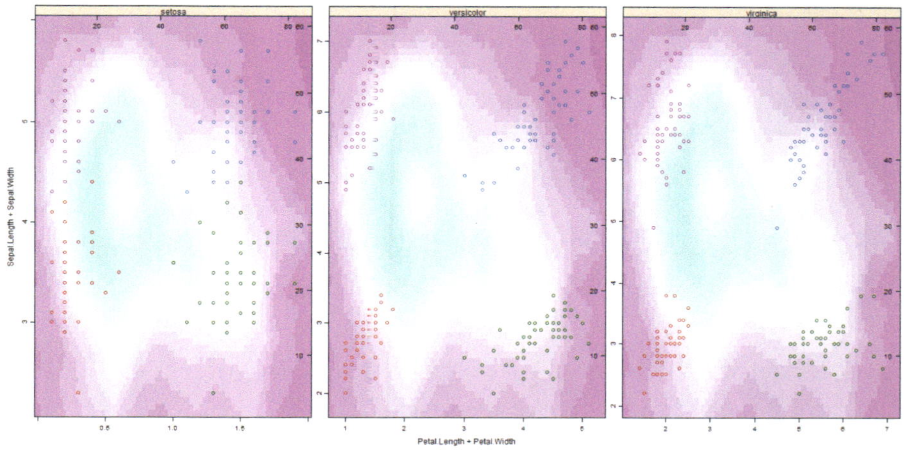

8.3 {openair} 패키지를 활용한 시각화 I

openair 프로젝트는 영국의 자연환경연구위원회(NERC)의 지식교환 프로젝트로 대기 오염 자료의 분석을 위한 오픈-소스 도구의 제공을 그 목적으로 한다.

8.3.1 {openair}를 활용한 시계열 자료의 시각화

{openair}는 다양하고 편리한 시각화 기능을 제공한다. 여기서는 데이터프레임 구조로 저장된 시계열 자료의 시각화를 소개한다.

```
> library(openair)
> data(mydata)
> str(mydata)
'data.frame':                           65533 obs. of  10 variables:
 $ date: POSIXct, format: "1998-01-01 00:00:00" ...
 $ ws  : num  0.6 2.16 2.76 2.16 2.4 3 3 3 3.36 3.96 ...
 $ wd  : int  280 230 190 170 180 190 140 170 170 170 ...
 $ nox : int  285 NA NA 493 468 264 171 195 137 113 ...
 $ no2 : int  39 NA NA 52 78 42 38 51 42 39 ...
 $ o3  : int  1 NA 3 3 2 0 0 0 1 2 ...
 $ pm10: int  29 37 34 35 34 16 11 12 12 12 ...
 $ so2 : num  4.72 NA 6.83 7.66 8.07 ...
 $ co  : num  3.37 NA 9.6 10.22 8.91 ...
 $ pm25: int  NA NA NA NA NA NA NA NA NA NA ...
```

설명 데이터프레임의 1열은 POSIXct 형의 날짜(date) 객체로, 이에 대해서는 8.3.3절을 참고하기 바람.

summaryPlot{openair} 함수는 데이터프레임의 요약 그림을 제공한다. 이 함수는 다양한 옵션을 제공하므로 도움말을 참고하기 바란다.

- summaryPlot(mydata, na.len=24, clip=TRUE, percentile=0.99,
  type="histogram", pollutant="nox", period="years",
  breaks=NULL, col.trend="darkgoldenrod2", col.data="lightblue",
  col.mis=rgb(0.65, 0.04, 0.07), col.hist="forestgreen", cols=NULL,
  date.breaks=7, auto.text=TRUE, ...)

```
> summaryPlot(mydata)
    date1      date2         ws         wd        nox        no2
"POSIXct"  "POSIXt" "numeric" "integer" "integer" "integer"
       o3       pm10        so2         co       pm25
"integer" "integer" "numeric" "numeric" "integer"
```

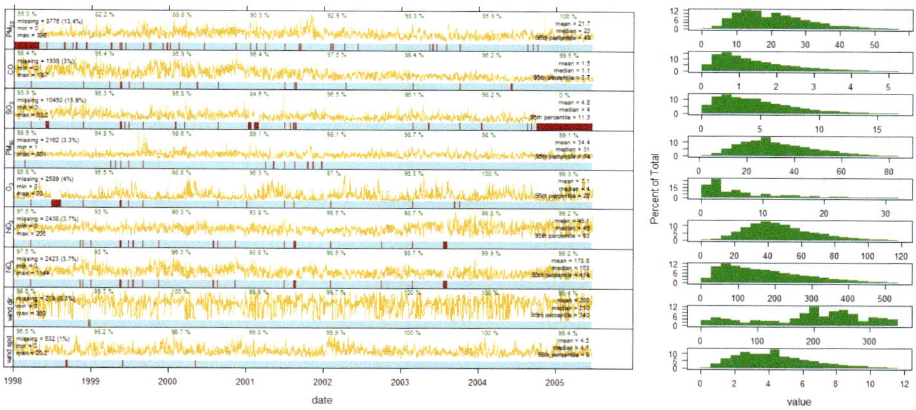

timePlot{openair} 함수는 다변량 시계열 자료를 그룹화 형태 또는 분리된 패널에 쉽고 빠르게 그려준다. 이 함수는 다양한 옵션을 제공하므로 도움말을 참고하기 바란다.

- timePlot(mydata, pollutant="nox", group=FALSE, stack=FALSE,
  normalise=NULL, avg.time="default", data.thresh=0,
  statistic="mean", percentile=NA, date.pad=FALSE,
  type="default", cols="brewer1", plot.type="l", key=TRUE,
  log=FALSE, windflow=NULL, smooth=FALSE, ci=TRUE,
  y.relation="same", ref.x=NULL, ref.y=NULL, key.columns=1,
  name.pol=pollutant, date.breaks=7, date.format=NULL,
  auto.text=TRUE, ...)

예제 5

timePlot( ) 함수의 적용 예: mydata 이용

```
> timePlot(selectByDate(mydata, year=2003, month=7),
        pollutant=c("nox", "o3", "pm25", "pm10", "ws"))
```

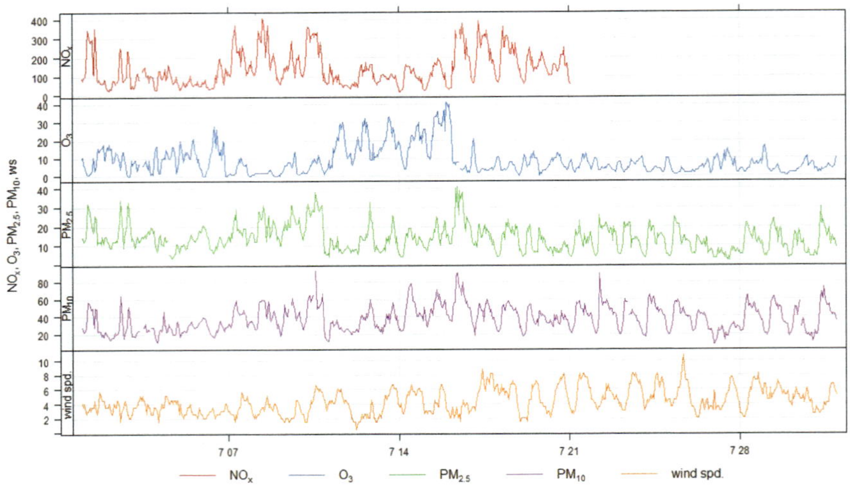


```
> ## group=TRUE 옵션 추가 시
```

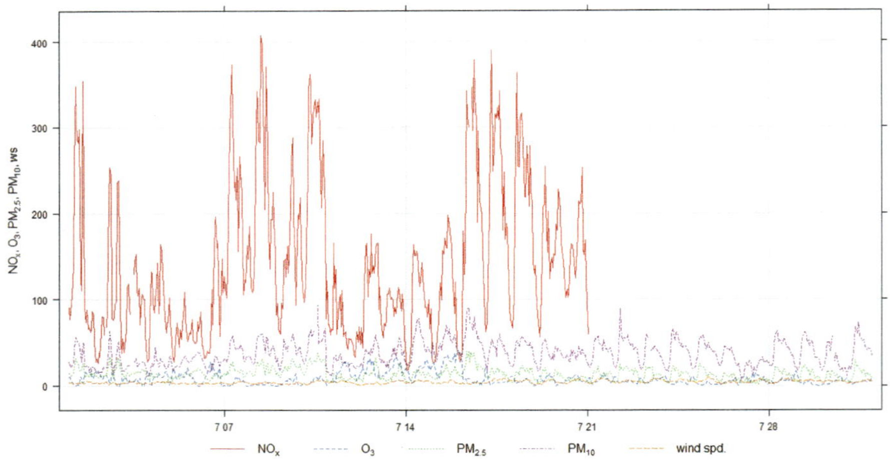

selectByDate{openair} 함수는 날짜(data)에 기초한 데이터프레임의 부분 집합을 생성한다. 이 함수의 일반 용법과 옵션은 다음과 같다.

```
selectByDate(mydata, start="1/1/2008", end="31/12/2008", year=2008,
            month=1, day="weekday", hour=1)
```

- mydata= date 열(field)을 포함하는 데이터프레임
- start=, end= 옵션: 날짜 열 (예) "d/m/yyyy"("1/2/1999"), "YYYY-mm-dd"("1999-02-01")
- year= (예) 1998:2004, c(1998, 2004)
- month= (예) 1:6, c("January", "December"), 소문자 또는 대문자로 3자리 약어("mon")
- day= (예) c("Monday", "Wednesday"), 1:10(각 달의 1일~10일), 소문자 또는 대문자로 3자리 약어("mon"), "weekday", "weekend"
- hour= (예) 0:12(0~23의 숫자 가능)

(사용 예) selectByDate(mydata, start='2003-06-30", end="2003-08-01")

예제 6

(예제 5)의 timePlot( ) 함수의 결과 객체에 다양한 정보를 추가한다. 아래 그림은 그 결과를 보여주며, 차례대로 그 작성 과정을 소개한다.

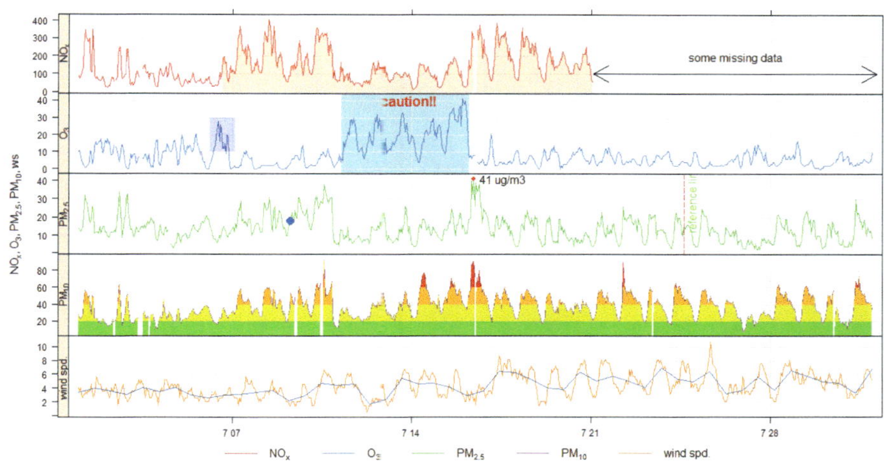


```
> ## 첫 번째 그림: 문장과 화살표 추가
> trellis.last.object() +
      layer(ltext(x=as.POSIXct("2003-07-27"), y=200,
              labels="some missing data"), rows=1)
> trellis.last.object() +
      layer(larrows(as.POSIXct("2003-07-21 11:00"), 100,
               as.POSIXct("2003-08-01 12:00"),
               100, code=3, angle=30), rows=1)

> ## 두 번째 그림: 음영 다각형을 추가
> # 우측의 다각형과 문장
> trellis.last.object() +
```

```
        layer(lpolygon(x=c(as.POSIXct("2003-07-11 15:00"),
            as.POSIXct("2003-07-11 15:00"), as.POSIXct("2003-07-16
            15:00"),
            as.POSIXct("2003-07-16 15:00")), y=c(-20, 50, 50, -20),
            col="lightblue", border=NA), under=TRUE, rows=2)
> trellis.last.object() +
       layer(ltext(x=as.POSIXct("2003-07-14 06:00"), y=40,
            labels="caution!!", col="red",
            font=2, cex=1.2), rows=2)

> # 좌측의 다각형
> trellis.last.object() +
       layer(lpolygon(x=c(as.POSIXct("2003-07-06 12:00"),
           as.POSIXct("2003-07-06 12:00"),
           as.POSIXct("2003-07-07 12:00"),
           as.POSIXct("2003-07-07 12:00")),
           y=c(10, 30, 30, 10), col="blue", border=NA,
           alpha=0.2), rows=2)


> ## 세 번째 그림
> # 참조선(reference line)과 문장 추가
> trellis.last.object() +
       layer(panel.abline(v=as.POSIXct("2003-07-25"), lty=5, col="red"),
             rows=3)
> trellis.last.object() +
       layer(ltext(x=as.POSIXct("2003-07-25 07:00"), y=30,
             labels="reference line", col="green", srt=90),
             rows=3)

> # 특정 (데이터) 점과 라벨 추가
> trellis.last.object() +
       layer(lpoints(x[200], y[200], pch=16, cex=1.5),
       rows=3)
> trellis.last.object() +
       layer({maxy <- which.max(y);
       lpoints(x[maxy], y[maxy], col="red", pch=16)},
       rows=3)
> trellis.last.object() +
      layer({maxy <- which.max(y);
      ltext(x[maxy], y[maxy], paste(y[maxy], "ug/m3"),
      pos=4)},
      rows=3)
```

```
> ## 네 번째 그림
> # 색이 채워진 다각형 추가
> # poly.na() 함수: 색 다각형 작성을 위한 함수
> poly.na <- function(x1, y1, x2, y2, col="black", alpha=0.2) {
      for(i in seq(2, length(x1)))
         if (!any(is.na(y2[c(i - 1, i)])))
            lpolygon(c(x1[i - 1], x1[i], x2[i], x2[i - 1]),
                     c(y1[i - 1], y1[i], y2[i], y2[i - 1]),
                     col=col, border=NA, alpha=alpha)
      }

      > # 색이 채워진 다각형 추가(첫 번째 그림)
      > trellis.last.object() +
            layer({id <- which(x >= as.POSIXct("2003-07-07 00:00") &
                                 x <= as.POSIXct("2003-07-21 12:00"));
                  poly.na(x[id], y[id], x[id], rep(0, length(id)),
                  col="darkorange")},
                  rows=1)

> # 공기의 등급(질)을 나타내는 색 다각형 추가
> trellis.last.object() +
      layer(poly.na(x, y, x, rep(0, length(x)),
            col="green", alpha=1),
            rows=4)
> trellis.last.object() +
      layer(poly.na(x, ifelse(y <20, NA, y), x,
            rep(20, length(x)), col="yellow", alpha=1),
            rows=4)
> trellis.last.object() +
      layer(poly.na(x, ifelse(y <40, NA, y),
            x, rep(30, length(x)),
            col="orange", alpha=1),
            rows=4)
> trellis.last.object() +
      layer(poly.na(x, ifelse(y <60, NA, y),
            x, rep(40, length(x)),
            col="red", alpha=1),
            rows=4)


> ## 다섯 번째 그림:
> trellis.last.object() +
      layer(panel.loess(x, y, span=0.03, style=1), rows=5)
```

8.3.2 {openair} 패키지의 기타 시각화 함수

{openair} 패키지는 풍향(wind direction)과 관련된 다양한 시각화 함수를 제공한다. 이 가운데 몇 가지를 소개하면 다음과 같다.

- windRose{openair}
- pollutionRose{openair}
- polarPlot{openair}

```
> ## windRose{openair}: 전통적인 바람(풍향/풍속) 장미 그림(rose plot)
> windRose(mydata)     # ws="ws", wd="wd"(디폴트)가 생략됨
> ## pollutionRose{openair}: 오염(pollution) 장미 그림
> pollutionRose(mydata, pollutant="nox")     # key.position="right"(디폴트)
```

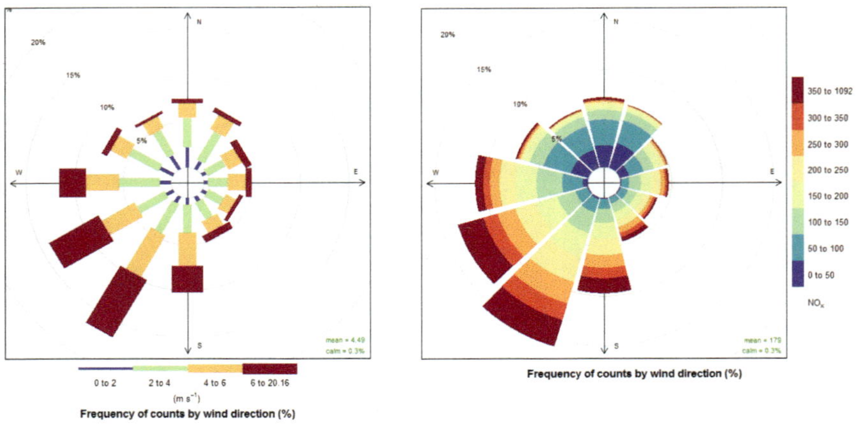

해석 왼쪽 그림은 풍향(wd)/풍속(ws) 빈도를 그린 것이다. 풍속은 각 패널에서 구간으로 나누어져 있다. 회색 원은 퍼센트 빈도를 나타낸다. 오른쪽 그림은 풍향(wd)에 따른 산화질소(nox)의 농도를 나타낸다. 농도가 큰 산화질소는 풍향 SW와 연관되어 있다.

```
> ## polarPlot() 함수: 오염 농도를 나타내는 이변량의 극좌표 평활 그림을 제공
> # 풍향에 따른 풍속(또는 다른 변수의 농도)을 나타냄
> polarPlot(mydata, pollutant="ws")
> polarPlot(mydata, pollutant="nox")
```

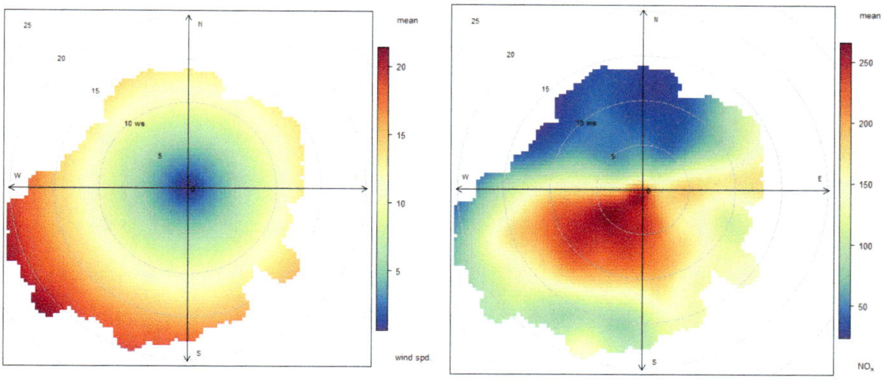

해석 왼쪽 그림은 풍향/풍속의 그림을 나타낸다. 오른쪽 그림은 풍향에 따른 산화질소(nox)의 농도를 나타낸다.

8.3.3 날짜-시간 변환 함수

strptime() 함수는 문자로부터(또는 문자로) 날짜-시간을 변환해 준다.

```
strptime(x, format, tz="")
```

- x는 변환될 객체
- format= 문자열로 "%Y-%m-%d %H:%M:%S"(디폴트), "%Y-%m-%d"
- tz= 변환에 사용되는 시간-영역(time zone)을 지정하는 문자열. ""은 현재 시간 영역, "GMT"는 UTC 임

```
> ## strptime() 함수 사용 예-1
> (x <- strptime(c("2006-01-08 10:07:52", "2006-08-07 19:33:02"),
                 "%Y-%m-%d %H:%M:%S", tz="GMT"))
[1] "2006-01-08 10:07:52 GMT" "2006-08-07 19:33:02 GMT"
> str(x)
 POSIXlt[1:2], format: "2006-01-08 10:07:52" "2006-08-07 19:33:02"

> (y <- as.POSIXct(x))     # as.POSIX*(): 날짜-시간 변환 함수임
 POSIXct[1:2], format: "2006-01-08 10:07:52" "2006-08-07 19:33:02"

> ## strptime() 함수 사용 예-2: csv 파일로부터 읽어서 변환하기
> # openair 홈페이지(http://www.openair-project.org)로부터 자료를 읽어 옴
> mydata <- read.csv("http://www.openair-project.org/CSV/
```

```
                        OpenAir_example_data_long.csv", header=TRUE)
> head(mydata$date)
[1] 01/01/1998 00:00 01/01/1998 01:00 01/01/1998 02:00 01/01/1998 03:00
[5] 01/01/1998 04:00 01/01/1998 05:00
65533 Levels: 01/01/1998 00:00 01/01/1998 01:00 ... 31/12/2004 23:00

> mydata$date <- as.POSIXct(strptime(mydata$date, format="%d/%m/%Y %H:%M",
                            tz="GMT"))
> head(mydata$date)
[1] "1998-01-01 00:00:00 GMT" "1998-01-01 01:00:00 GMT" "1998-01-01 02:00:00 GMT"
[4] "1998-01-01 03:00:00 GMT" "1998-01-01 04:00:00 GMT" "1998-01-01 05:00:00 GMT"

> summary(mydata[,1:3])
      date                          ws               wd
 Min.   :1998-01-01 00:00:00   Min.   : 0.000   Min.   :  0
 1st Qu.:1999-11-14 15:00:00   1st Qu.: 2.600   1st Qu.:140
 Median :2001-09-27 06:00:00   Median : 4.100   Median :210
 Mean   :2001-09-27 06:00:00   Mean   : 4.489   Mean   :200
 3rd Qu.:2003-08-10 21:00:00   3rd Qu.: 5.760   3rd Qu.:270
 Max.   :2005-06-23 12:00:00   Max.   :20.160   Max.   :360
                               NA's   :632      NA's   :219
```

R에서 날짜(date) 객체 다루기는 11.3절을 참고하기 바란다.

* 8.4 {openair} 패키지를 활용한 시각화 II

이 절에서는 {openair} 패키지를 이용하여 날짜(date) 열을 포함하는 시계열(데이터프레임) 자료로부터 서로 다른 시간 기반의 집계(aggregate) 시계열 자료를 생성하고, 이를 시각화하는 방법을 소개한다.

(a) aggregate(format( )) 함수 이용한 집계 시계열 자료의 생성

{openair} 패키지는 다음 형식의 aggregate( ) 함수를 통해 날짜(date) 열을 포함하는 데이터프레임(시계열) 자료를, 지정한 형식에 따라 다른 시간을 기반으로 하는 집계 (시계열) 자료를 생성한다.

```
aggregate(x, format(date열, "형식" , FUN=mean, na.rm=TRUE)
```

- x는 날짜(date) 열을 포함하는 데이터프레임
- format(date열, 형식)은 날짜(date) 열을 기준으로 지정한 형식을 적용함. 사용되는 형식은 다음의 [표 8.1]과 같음
- FUN= 옵션은 집계 함수 지정

[표 8.1] 집계 자료의 생성에 유용한 날짜-시간 형식

형식 코드	기능	자료의 수
%Y	연평균	연수
%m	월평균	월수
%Y-%m	연도별 연평균	연수×월수
%Y-%j	연도별 일평균	연수×일수
%Y-%W	연도별 주평균	연수×주수
%w-%H	요일별 시간 (요일은 0~6, 0: Sunday)	요일×시간

예제 7

{openair} 패키지의 mydata를 다른 시간 기반의 집계 시계열을 구한 후, 이를 시각화한다.

```
> plot(mydata$date, mydata$pn10, type="l")
```

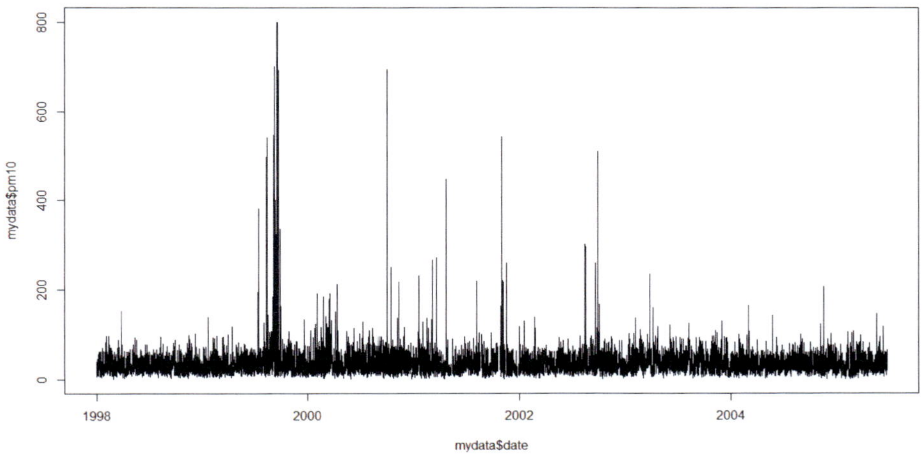

```
> ## 연도별 일평균 자료로 집계
> means <- aggregate(mydata["pm10"], format(mydata["date"], "%Y-%j"),
                     mean, na.rm=TRUE)
> # 해당되는 날짜 수열을 생성
> means[, "date"] <- seq(min(mydata[, "date"]), max(mydata[, "date"]),
                        length= nrow(means))
> # 집계 시계열 자료를 플롯
> with(means, plot(date, pm10, type="l"))
```

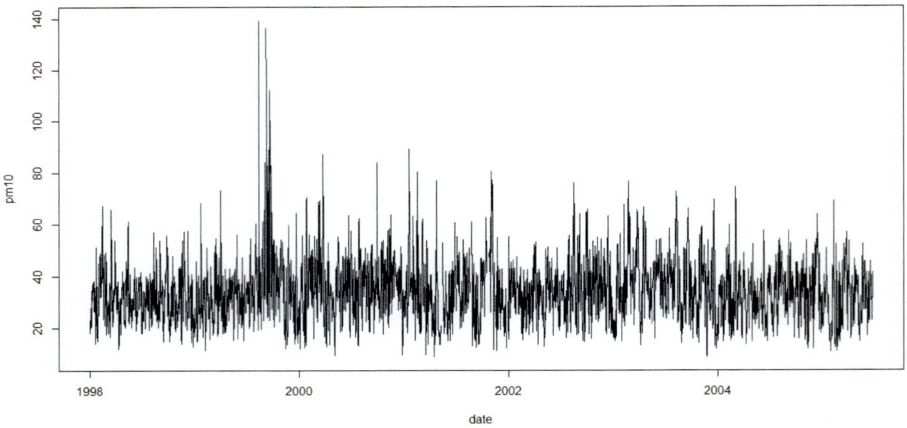


```
> ## 연도별 월평균 자료로 집계
> means <- aggregate(mydata["pm10"], format(mydata["date"],"%Y-%m"),
                     mean, na.rm=TRUE)
> # 해당되는 날짜 수열을 생성
> means$date <- seq(min(mydata$date), max(mydata$date),
length=nrow(means))
> # 집계 시계열 자료를 플롯
> plot(means$date, means[, "pm10"], type="l")
```

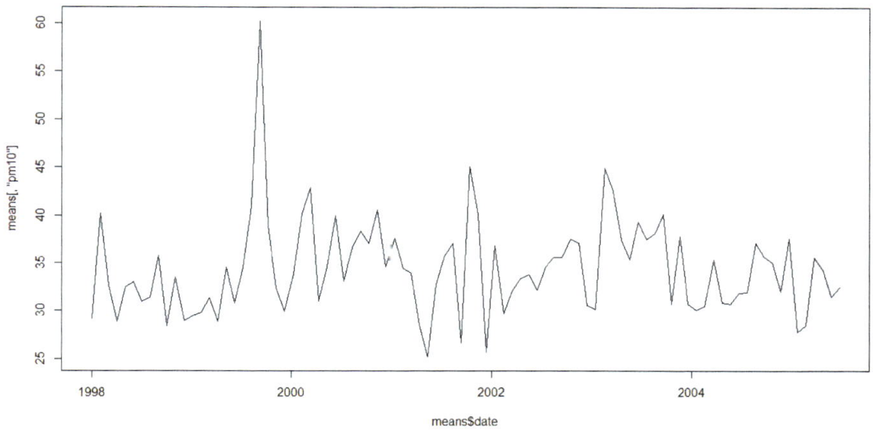


```
> ## 주별 시간당 평균으로 집계
> means <- aggregate(mydata["pm10"], format(mydata["date"],"%w-%H"), mean,
                     na.rm = TRUE)
> plot(means$pm10, xaxt="n", type="n",  ylim=c(20, 52))
> axis(1, at=seq(1, 169, 24), labels=FALSE)
> # x축에 라벨을 추가
> days <- c("Sun", "Mon", "Tue", "Wed", "Thu", "Fri", "Sat")
> loc.days <- seq(13, 157, 24)     # x축 상 라벨의 위치 지정
> # 마진에 문장(text) 추가
> mtext(days, side=1, line=1, at=loc.days)

> ## 요일 구분을 위한 수직선 추가 후 자료 플롯
> abline(v=seq(1, 169, 24), col="lightblue")
> lines(means$pm10, col="darkorange2", lwd=2)
```

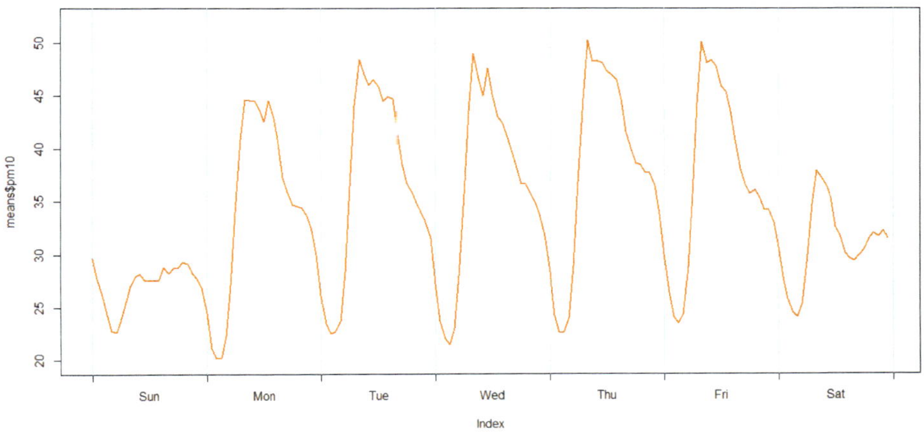

```
> ## 요일 구분을 위한 음영 다각형 추가 후 자료 플롯
> # 다각형 범위 지정
> ylow <- 20; yhigh <- 52
> xleft <- seq(1, 145, 48)
> xright <- xleft+24
> rect(xleft, ylow, xright, yhigh, col="lightcyan", border="lightcyan")
> lines(means$pm10, col="darkorange2", lwd=2)
```

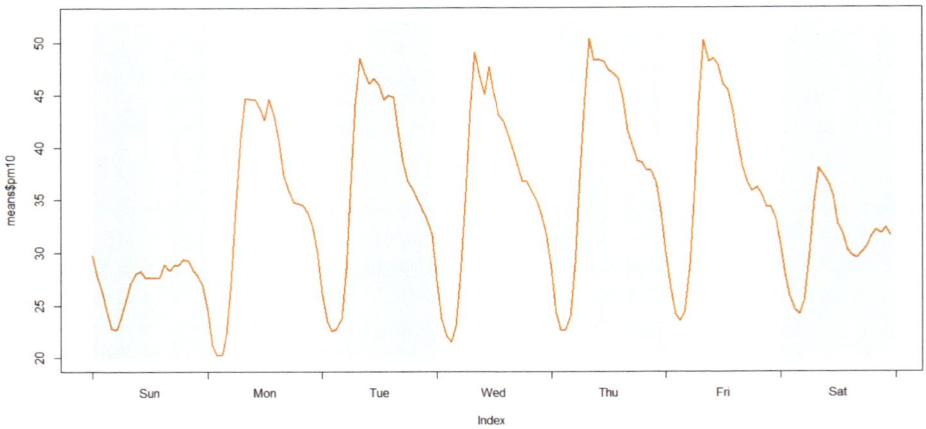


```
> ## 여러 열에 대해 동시에 aggregate() 함수 적용
> options(digits=2)
> means <- aggregate(mydata[-1], format(mydata[1], "%Y-%m"),
                     mean, na.rm=TRUE)
> head(means)
     date  ws  wd nox no2  o3 pm10 so2  co pm25
1 1998-01 5.1 171 168  42 4.3   29 5.2 1.9  NaN
2 1998-02 4.3 217 284  58 2.5   40 9.6 2.9  NaN
3 1998-03 4.7 225 194  50 5.3   33 9.0 2.0  NaN
4 1998-04 4.2 206 177  48 8.8   29 6.6 1.8  NaN
5 1998-05 3.5 163 122  44 9.5   32 5.0 1.3   21
6 1998-06 4.9 219 197  47 5.5   33 6.3 2.0   20
```

aggregate() 함수를 적용한 결과에서 date열은 R에서 date 객체로 인식되지 않는다. 따라서 plot() 함수를 적용하여 시계열 그림을 그리는 과정에서 위 예제에서와 같이 seq() 함수를 사용하여 해당되는 날짜 수열을 별도로 생성하거나, as.Date() 함수를 이용하여 다음과 같이 날짜 객체로 변환해야 한다. 예를 들어, 위 예제에서 생성된 마지막 객체에 대해 다음을 수행한다.

```
> # 월평균의 중간 날짜를 날짜(date) 객체로 전환
> means$date <- paste(means$date, "-15", sep="")
> means$date <- as.Date(means$date)
```

다음에 소개되는 {openair} 패키지의 timeAverage( ) 함수는 이 과정을 매우 쉽게 해결해 준다.

(b) timeAverage{openair} 함수를 이용한 집계 시계열 자료 생성

timeAverage{openair} 함수는 매우 편리한 방법으로 날짜(date) 객체를 포함한 데이터 프레임(시계열) 자료의 집계를 수행해 준다. 이 함수를 적용한 결과 객체는, 날짜(date) 객체의 성격이 원 자료와 동일하게 유지되므로, 앞 절에서 소개한 timePlot( ) 함수를 그대로 적용할 수 있다.

예제 8

timeAverage{openair} 함수를 이용하여 시계열 자료를 여러 가지 시간 기반으로 집계한다.

```
> ## 월 평균의 시계열 집계 자료 생성: (예제 1)의 마지막 객체와 동일
> means <- timeAverage(mydata, avg.time="month")
> head(means)
Source: local data frame [6 x 10]

         date    ws    wd   nox   no2    o3  pm10   so2    co  pm25
       (time) (dbl) (dbl) (dbl) (dbl) (dbl) (dbl) (dbl) (dbl) (dbl)
1 1998-01-01   5.1   213   168    42   4.3    29   5.2   1.9   NaN
2 1998-02-01   4.3   227   284    58   2.5    40   9.6   2.9   NaN
3 1998-03-01   4.7   233   194    50   5.3    33   9.0   2.0   NaN
4 1998-04-01   4.2   207   177    48   8.8    29   6.6   1.8   NaN
5 1998-05-01   3.5   348   122    44   9.5    32   5.0   1.3    21
6 1998-06-01   4.9   229   197    47   5.5    33   6.3   2.0    20

> ## 일 평균의 시계열 집계 자료 생성
> means <- timeAverage(mydata, avg.time="day")
> head(means)
Source: local data frame [6 x 10]
```

```
        date     ws     wd    nox    no2     o3   pm10    so2     co   pm25
      (time)  (dbl)  (dbl)  (dbl)  (dbl)  (dbl)  (dbl)  (dbl)  (dbl)  (dbl)
1 1998-01-01    6.8    188    154     39    6.9     18    3.2    2.7    NaN
2 1998-01-02    7.1    223    132     39    6.5     28    3.9    1.8    NaN
3 1998-01-03   11.0    226    120     38    8.4     20    3.2    1.7    NaN
4 1998-01-04   11.5    223    105     35    9.6     21    3.0    1.6    NaN
5 1998-01-05    6.6    237    175     46    5.0     24    4.5    2.1    NaN
6 1998-01-06    4.4    197    214     45    1.3     35    5.7    2.5    NaN

> ## 월별 95% 분위수 시계열 집계 자료 생성
> monthly <- timeAverage(mydata, avg.time="month",
                     statistic="percentile", percentile=95)
> head(monthly)
Source: local data frame [6 x 10]

        date     ws     wd    nox    no2     o3   pm10    so2     co   pm25
      (time)  (dbl)  (dbl)  (dbl)  (dbl)  (dbl)  (dbl)  (dbl)  (dbl)  (dbl)
1 1998-01-01   11.2     45    373     69     14     53     11    4.0     NA
2 1998-02-01    8.2     17    524     92      7     69     17    5.6     NA
3 1998-03-01   10.6     38    419     85     15     61     18    4.9     NA
4 1998-04-01    8.2     44    385     82     20     52     15    4.2     NA
5 1998-05-01    7.6     41    300     80     25     61     13    3.6     40
6 1998-06-01    8.8     51    377     75     15     53     12    4.3     34

> ## 2주 평균을 구하되, 데이터의 75%가 유용할 경우에만 계산
> twoweek <- timeAverage(mydata, avg.time="2 week", data.thresh=75)
> ## [1] "Input data time interval assumed is 3600 sec"
> head(twoweek)
Source: local data frame [6 x 10]

        date     ws     wd    nox    no2     o3   pm10    so2     co   pm25
      (time)  (dbl)  (dbl)  (dbl)  (dbl)  (dbl)  (dbl)  (dbl)  (dbl)  (dbl)
1 1997-12-29    7.0    212    167     41    4.6     29    4.5    2.2     NA
2 1998-01-12    4.9    221    173     42    4.7     29    5.1    1.9     NA
3 1998-01-26    2.8    242    233     51    2.3     35    8.1    2.4     NA
4 1998-02-09    4.4    215    276     57    2.6     44    9.0    2.9     NA
5 1998-02-23    6.9    237    248     57    5.0     29    9.8    2.6     NA
6 1998-03-09    3.0    288    160     45    5.6     33    8.6    1.6     NA
```

생성된 모든 집계 시계열 자료는 앞 절에서 다룬 timePlot() 함수 등을 그대로 적용하여 시각화할 수 있다(8.3.1절 참고).

(c) plot(format( )) 함수를 이용한 시각화

```
> plot(as.factor(format(mydata$date, "%m")), mydata$nox, col="lightblue")
```

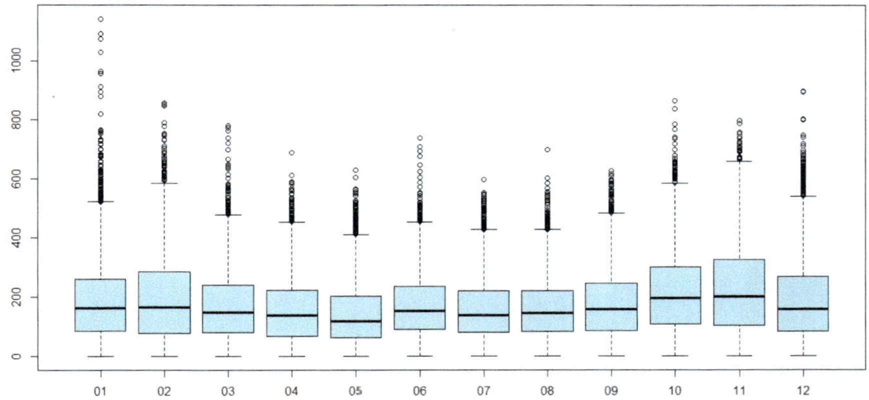


```
> plot(as.factor(format(mydata$date, "%Y-%m")), mydata$nox, col="lightpink")
```

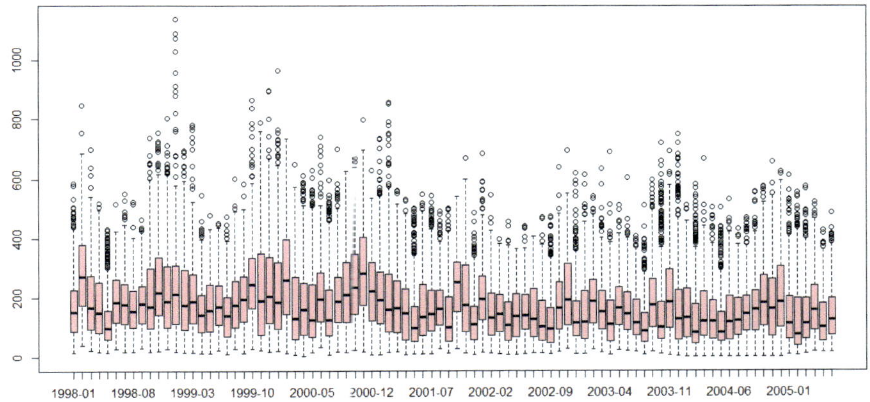

(d) 기타 유용한 {openair} 함수

rollingMean{openair} 함수는 이동 평균(rolling means)을 제공한다. data.thresh= 옵션을 통해 유용한 데이터의 비율을 지정할 수 있다.

```
> ## rollingMean() 함수: 마지막 7개는 계산되지 않음
> mydata <- rollingMean(mydata, pollutant="pm10", hours=8,
                  new.name="rollingo3", data.thresh=75)
```

```
> tail(mydata)
                         date  ws  wd nox no2 o3 pm10 so2  co pm25 rollingo3
65528 2005-06-23 07:00:00 1.5 250 404 156  4   49  NA 1.8   28        48
65529 2005-06-23 08:00:00 1.5 260 388 145  6   48  NA 1.6   26        52
65530 2005-06-23 09:00:00 1.5 210 404 168  7   58  NA 1.3   34        55
65531 2005-06-23 10:00:00 2.6 240 387 175 10   55  NA 1.3   34        54
65532 2005-06-23 11:00:00 3.1 220 312 125 15   52  NA 1.3   33        NA
65533 2005-06-23 12:00:00 3.1 220 287 119 17   55  NA 1.3   35        NA
```

calcPercentile{openair} 함수는 한 개 변수에 대해 분위수를 제공한다.

```
> calcPercentile(mydata, pollutant="pm10",
                percentile=c(25, 50, 75, 95), avg.time="year")
        date percentile.25 percentile.50 percentile.75 percentile.95
1 1998-01-01            21            29            41            58
2 1999-01-01            21            30            42            66
3 2000-01-01            23            34            47            70
4 2001-01-01            20            29            43            65
5 2002-01-01            22            32            43            61
6 2003-01-01            23            34            48            70
7 2004-01-01            22            31            43            60
8 2005-01-01            19            29            41            60
```

[8장] 연습문제

01 airquality 자료는 1973년 3월 ~ 9월 기간(153일간) 뉴욕의 일일 공기의 질을 측정한 자료이다. 총 6개의 변수 오존(Ozone, 단위: ppb), 방사선량(Solar.R, 단위: lang), 바람(Wind, 단위: mph), 기온(Temp, 단위: degrees F), 월(Month, 1 ~ 12), 일(Day, 1 ~ 31)로 구성되어 있다. 시간에 따른 오존(Ozone)과 방사선량(Solar.R)을 하나의 그림에 두 개의 y축을 사용하여 나타내어라.

02 문제 1에서의 그림을 월별로 나누어 그려라.

03 fdeaths와 mdeaths의 산점도에서 아래 그림과 같이 상자그림을 그림 내에 포함시키고, volano 자료의 levelplot의 결과를 배경그림으로 하여라.

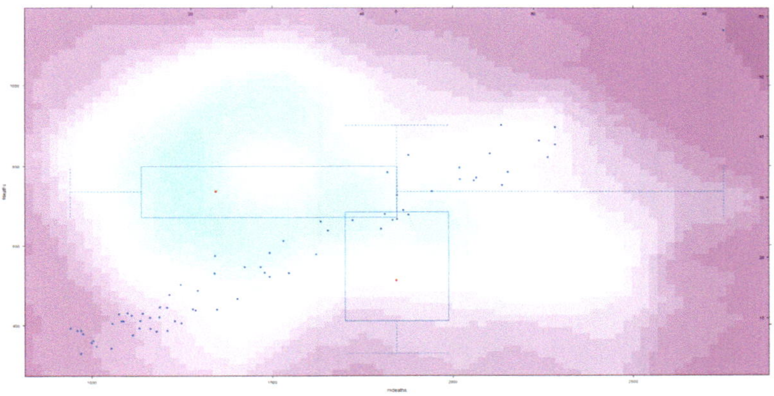

04 인터넷으로부터 시간 정보를 포함하는 공공데이터(엑셀 자료)를 하나 읽어 들이고, timePlot{openair} 함수를 적용하여 시각화하여라.

05 인터넷으로부터 시간 정보를 포함하는 공공데이터(엑셀 자료)를 하나 읽어 들이고, timeAverage{openair} 함수를 적용한 뒤, 그 결과를 시각화하여라.

[9 장]*

R 그래픽 색상 다루기

* 9.1 R 색상 기초

9.1.1 colors( ) 함수

R의 colors( ) 함수는 657가지 컬러의 번호와 이름을 출력해 준다.

```
> colors()
  [1] "white"             "aliceblue"          "antiquewhite"        "antiquewhite1"
  [5] "antiquewhite2"     "antiquewhite3"      "antiquewhite4"       "aquamarine"
  [9] "aquamarine1"       "aquamarine2"        "aquamarine3"         "aquamarine4"
...
[653] "yellow1"           "yellow2"            "yellow3"             "yellow4"
[657] "yellowgreen"

> demo(colors)
```

컬러의 번호를 지정하여 컬러의 이름을 출력할 수 있다.

```
> colors()[1:20]
[1] "white" "aliceblue" "antiquewhite" "antiquewhite1" "antiquewhite2" "antiquewhite3"
[7] "antiquewhite4" "aquamarine" "aquamarine1" "aquamarine2" "aquamarine3" "aquamarine4"
[13] "azure" "azure1" "azure2" "azure3" "azure4" "beige"
[19] "bisque" "bisque1"
```

9.1.2 RGB 색상 코드

col2rgb( ) 함수는 R의 컬러(번호 또는 이름)를 RGB(Red/Green/Blue) 컬러 코드로 변환해 준다. RGB 컬러 코드는 R(Red), G(Green), B(Black)의 숫자조합으로 나타낸다. R, G, B는 각각 0 ~ 255의 코드 값을 가지는데, 10진법수 0 ~ 255는 16진법(0,1,2,3,...,9,A,B,C,D,E,F)으로 나타낼 경우 00 ~ FF에 해당된다. 예를 들어 16진법수 FF는

$$FF_{(16)} = F_{(16)} \times 16^0 + F_{(16)} \times 16^1 = 15 \times 16^0 + 15 \times 16^1 = 255$$

으로부터, 10진법수 255에 해당한다.

col2rgb( ) 함수를 이용하여 컬러를 10진법의 RGB 코드로 변환하는 예는 다음과 같다.

```
> col2rgb("red")
      [,1]
```

```
red     255
green     0
blue      0

> col2rgb(colors()[1:8])
      [,1] [,2] [,3] [,4] [,5] [,6] [,7] [,8]
red    255  240  250  255  238  205  139  127
green  255  248  235  239  223  192  131  255
blue   255  255  215  219  204  176  120  212
```

다음은 컬러를 16진법(hexa)의 RGB 코드로 나타낸 예이다. 이 코드는 #rrggbbxx(또는 #rrggbb) 형식으로 표현되는데 앞의 6자리(rrggbb)는 R, G, B 코드이며, 마지막 두 자리(xx)는 컬러의 투명도를 나타내는 코드이다. R 함수에서 불투명도(opacity)는 alpha= 옵션으로 지정하며, 0 ~ 1(10진법 0 ~ 255 드는 16진법 00 ~ FF에 대응) 사이의 값을 취한다. 값이 클수록 불투명도(opacity)가 높음을 나타낸다.

```
> rainbow(7)
[1] "#FF0000FF" "#FFDB00FF" "#49FF00FF" "#00FF92FF" "#0092FFFF" "#4900FFFF" "#FF00DBFF"
```

아래의 그림은 RGB 컬러와 컬러 좌표공간을 나타낸다.

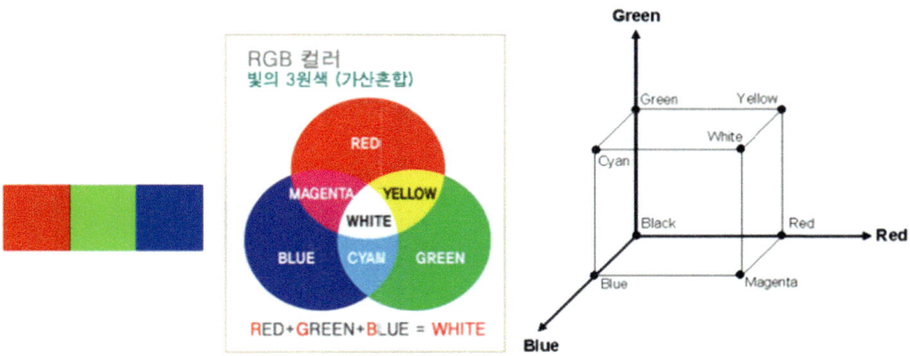

(a) RGB 컬러　　(b) 가산 혼합　　(c) 컬러 공간

[그림 9.1] RGB 컬러 모형

예제 1

16진법 코드로 색상을 지정하고, 불투명도에 따라 그림이 달라지는 것을 보여 준다.

```
> x <- c(-2, 2, 2, -2)
> y <- c(-2, -2, 2, 2)
> plot(x, y)
> polygon(x, y, col="#0000FF33")      # "0000FF"는 "blue"에 해당
> x.1 <- c(-1, 1, 1, -1)
> y.1 <- c(-1, -1, 1, 1)
> polygon(x.1, y.1, col="#0000FF66")     # 불투명도(opacity)를 높임
> x.2 <- c(-.5, .5, .5, -.5)
> y.2 <- c(-.5, -.5, .5, .5)
> polygon(x.2, y.2, col="#0000FF99")     # 불투명도를 더 높임
```

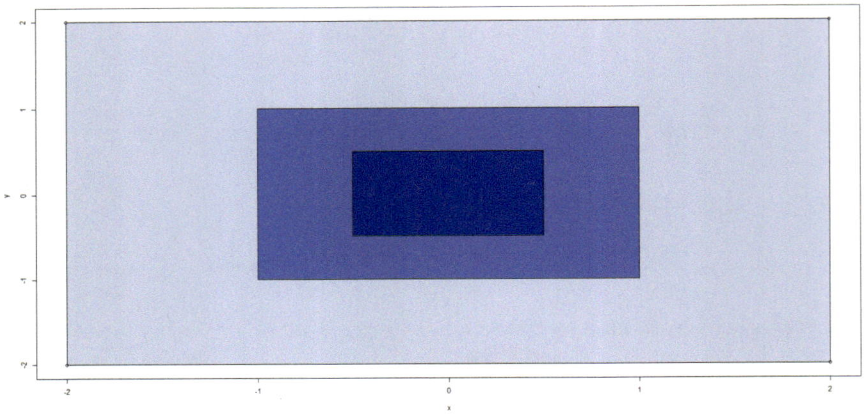

9.1.3 HSV 색상 좌표

R의 색상을 RGB 코드가 아닌 HSV 색상 좌표를 이용하여 표현하는 방법을 간단히 소개하면 다음과 같다.

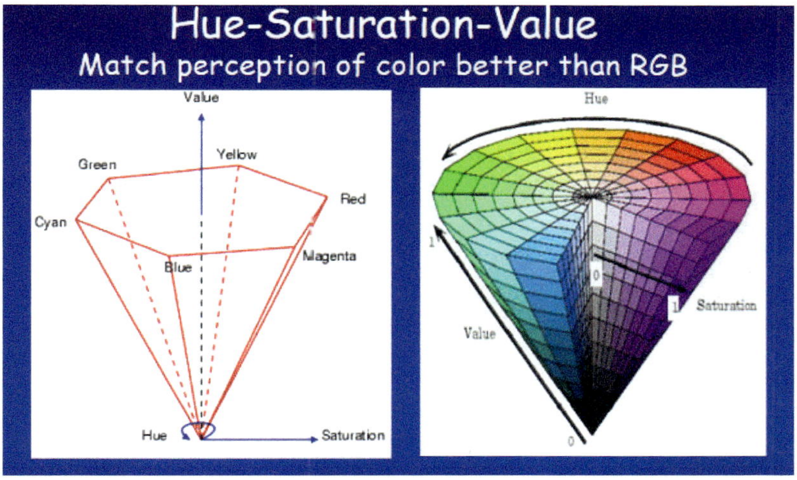

[그림 9.2] HSV 색상 좌표 공간

예를 들어 HSV 색상 좌표를 RGB 코드로 나타내면 다음과 같다.

```
> hsv(1,1,1)
[1] "#FF0000"

> hsv(1/3,1,1)
[1] "#00FF00"

> hsv(2/3,1,1)
[1] "#0000FF"

> rgb2hsv(col2rgb("blue"))
       [,1]
h 0.6666667
s 1.0000000
v 1.0000000
```

* 9.2 컬러 옵션(col=) 사용하기

9.2.1 기본 컬러 옵션

R의 gray() 함수는 회색계열의 컬러 스펙트럼(일련의 연속된 색상)을 제공한다. 일반형식과 사용 예는 다음과 같다.

```
gray(level, alpha=NULL)     # grey()와 동일
```

- level은 수치형 벡터로, 0(black) ~ 1(white) 사이의 값을 가짐
- alpha= 는 투명도(opacity)를 지정

```
> (a <- gray(seq(0, 1, len=20)))
 [1] "#000000" "#0D0D0D" "#1B1B1B" "#282828" "#363636" "#434343"
 [7] "#515151" "#5E5E5E" "#6B6B6B" "#797979" "#868686" "#949494"
[13] "#A1A1A1" "#AEAEAE" "#BCBCBC" "#C9C9C9" "#D7D7D7" "#E4E4E4"
[19] "#F2F2F2" "#FFFFFF"

> # gray(level=seq(0, 1, len=20))과 동일하며, 0(black) ~ 1(white) 사이의 20개 색상을 지정

> pie(rep(1, 20), col=a)
```

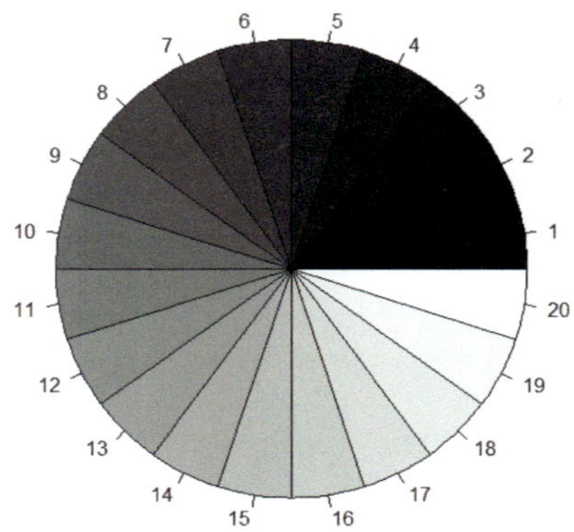


```
> (b<-palette(gray(seq(0, 1, len=20))))
 [1] "black"   "gray5"   "#1B1B1B" "#282828" "gray21"  "#434343"
 [7] "#515151" "gray37"  "gray42"  "#797979" "#868686" "gray58"
[13] "gray63"  "#AEAEAE" "#BCBCBC" "gray79"  "#D7D7D7" "#E4E4E4"
[19] "gray95"  "white"
```

col= 옵션은 gray( ), rainbow( ), heat.colors( ), terrain.colors( ), topo.colors( ), cm.colors( ) 등과 같이 사전에 지정된 일련의 컬러 스펙트럼을 제공한다. 사용법은 해당 스펙트럼 함수 내에 숫자만 지정하면 된다. 예를 들면 다음과 같다.

```
> par(mfrow=c(2, 2))
> pie(rep(1, 20), col=rainbow(20))        # 무지개 색 계열로 20개 색상을 지정함
> pie(rep(1, 20), col=terrain.colors(20))     # terrain은 지형(지질) 관련 색상임
```

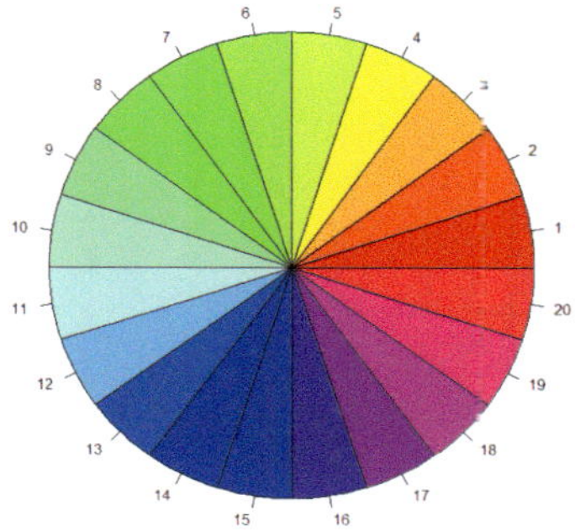

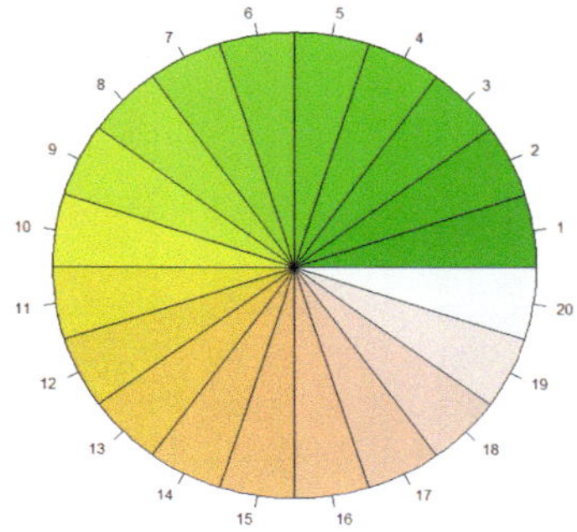

```
> pie(rep(1, 20), col=topo.colors(20))      # topo는 지형 관련 색상임
> pie(rep(1, 20), col=cm.colors(20))     # cm은 (cyan, magenta) 계열의 색상임
```

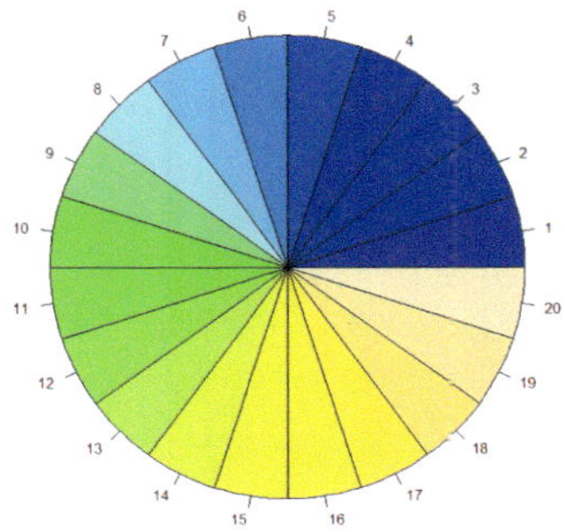

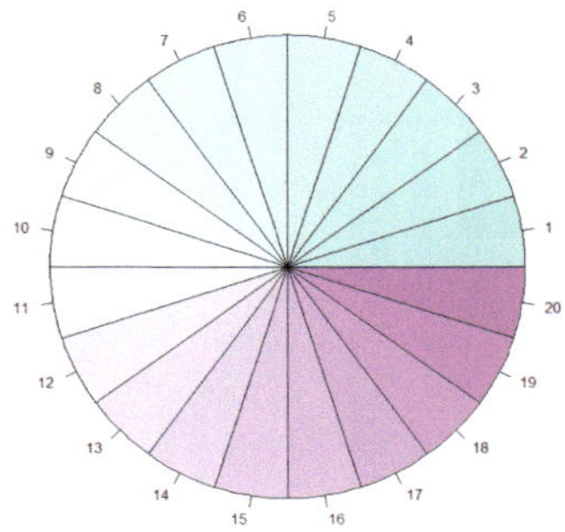

```
> image(1:9, 1, as.matrix(1:9), col=rainbow(9),
  xlab="Rainbow 9 Colours (Sequential)", ylab="", xaxt="n", yaxt="n", bty="n")
```

9.2.2 pallette( ) 함수 이용하기

palette( ) 함수는 col= 옵션이 수치형 인덱스를 가질 때 사용되는 색상 palette를 보여주거나 조작(view or manipulate)한다(그래픽에서 par( ) 함수의 역할과 유사함).

```
> ## palette() 함수 이용하기
> palette("default")     # palette을 default palette로 지정
> palette()     # 디폴트로 지정된 palette의 색상을 보여 준다.
[1] "black"   "red"     "green3"  "blue"    "cyan"    "magenta" "yellow"  "gray"
```

아래의 결과는 모두 동일한 결과를 제공한다. col=1:8은 지정된 palette(여기서는 default palette)에서의 색상의 순서를 나타낸다.

```
> barplot(rep(1, 8), yaxt="n", col=1:8)
> barplot(rep(1, 8), yaxt="n", col=palette())
> ## col=1과 같이 숫자를 지정하는 것은 col=palette()[1]과 같음
> barplot(rep(1, 8), yaxt="n", col=c("black", "red", "green3", "blue",
                                    "cyan", "magenta", "yellow", "gray"))
```

palette를 다르게 지정하여 그림을 그리면 다음과 같다.

```
> palette(rainbow(8))     # rainbow 계열을 8개의 색으로 등분한 palette를 지정
> barplot(rep(1, 8), yaxt="n", col=1:8)
```

```
> palette(gray(0:7 / 7))     # gray 계열을 8개의 색으로 등분한 palette를 지정
> palette()
[1] "black"   "gray14"  "#494949" '#6D6D6D" "#929292" "#B6B6B6" "gray86"  "white"

> barplot(rep(1, 8), yaxt="n", col=1:8)
```

9.2.3 colorRampPalette( ) 함수 이용하기

colorRampPalette( ) 함수는 주어진 색상 집합을 보간(interpolate)하여 새로운 색상 palette를 제공한다.

```
> ## colorRampPalette() 함수 이용하기
> b <- colorRampPalette(c("green", "blue"))(20)
> pie(rep(1, 20), col=b)
> pie(rep(1, 20), col=rev(b))
```

colorRampPalette( ) 함수는 지정한 컬러(green과 blue)를 이용하여 원하는 수(20개)의 컬러 스펙트럼을 제공해 준다(해당 RGB 코드를 기준으로).

색의 배열 순서를 바꾸고자 할 경우에는 rev( ) 함수가 유용하다.

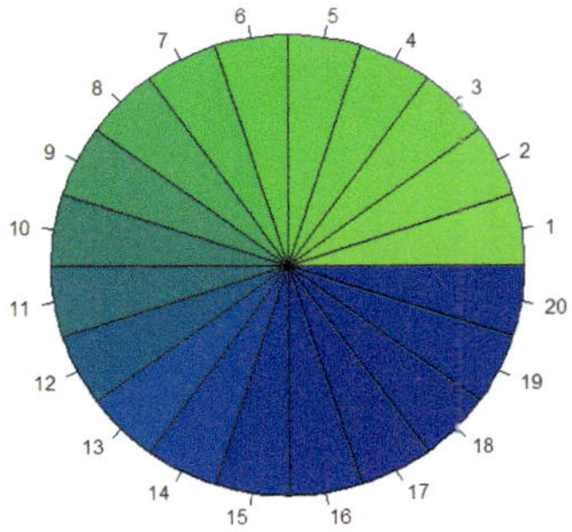

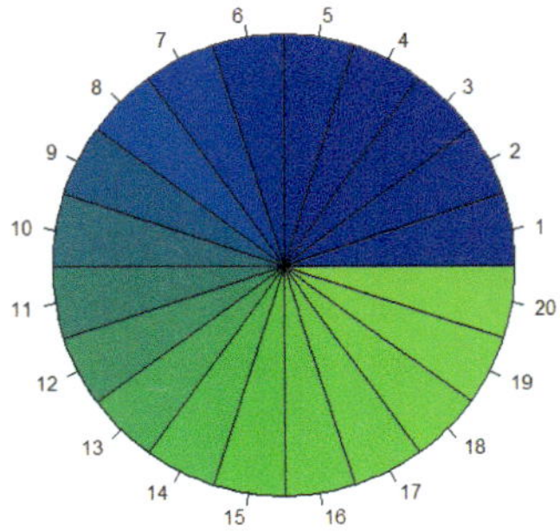

R에서 그래픽 관련 함수를 사용할 때, 컬러에 대한 보다 자세한 정보는 아래의 사이트가 유용하다.

- http://research.stowers-institute.org/efg/R/Color/Chart/index.htm

[부록 2]에서는 위 사이트에서 제공하는 R 색상표를 수록하였다. 총 8쪽으로 구성된 이 자료는 657가지의 컬러번호(이름)와 색상은 물론, 분석자가 원하는 컬러를 쉽게 선택할 수 있도록 배열된 컬러를 제공하며, 10진법과 16진법의 RGB 코드도 함께 제공한다.

9.2.4 brewer.pal{RColorBrewer} 함수 이용하기

R 패키지 {RColorBrewer}는 그래프 또는 맵을 그릴 때, 좀 더 적절한 색 조합을 사용자가 선택할 수 있도록 해준다. brewer.pal( ) 함수는 color palettes를 만들며, 형식은 brewer.pal(n, name)이다. n은 palette에서 서로 다른 색의 수를 나타내며, 최솟값은 3이고 최댓값은 palette의 종류에 의존한다. name은 palette의 이름을 의미하며, 그 종류는 매우 다양하다. palette의 종류는 3가지(sequential, diverging, qualitative) 유형으로 나뉜다. 각 유형별 palette의 이름과 해당 컬러를 제시하면 다음과 같다(display.brewer.all( )을 실행해 볼 것).

- Sequential – 값이 작을수록 밝은색, 클수록 어두운색 사용
- Diverging – 중간 값에 밝은색, 작거나 큰 값에 대비되는 어두운색 사용
- Qualitative – class 간에 시각적 차이를 최대로 하는 색상을 사용

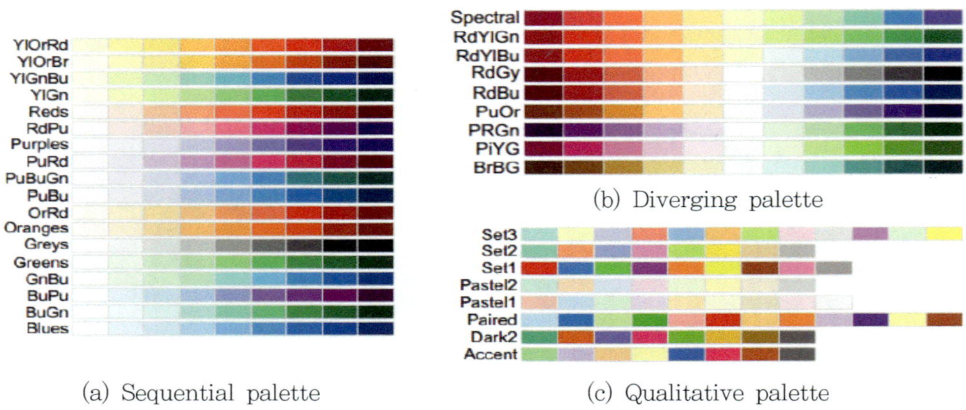

(a) Sequential palette (b) Diverging palette (c) Qualitative palette

[그림 9.3] {RColorBrewer} 패키지의 색상 Palette

예제 2

brewer.pal( ) 함수와 colorRampPalette( ) 함수의 적용 예는 다음과 같다.

```
> ## Blues(sequantial palette)에서 9개 색상을 이용하여 palette를 생성
> library(RColorBrewer)
> pal.1 <- brewer.pal(9, "Blues")
> pal.1
[1] "#F7FBFF" "#DEEBF7" "#C6DBEF" "#9ECAE1" "#6BAED6" "#4292C6" "#2171B5"
"#08519C" "#08306B"

> ## Blues(sequantial palette)에서 9개 색상을 이용하여 100개 색상의 palette를
생성
> pal.2 <- colorRampPalette(brewer.pal(9, "Blues")) (100)
> pal.2
  [1] "#F7FBFF" "#F4F9FE" "#F2F8FD" "#F0F7FD" "#EEF5FC" "#ECF4FB" "#EAF3FB"
"#E8F1FA" "#E6F0F9"
 [10] "#E4EFF9" "#E2EEF8" "#E0ECF7" "#DEEBF7" "#DCEAF6" "#DAE8F5" "#D8E7F5"
"#D6E6F4" "#D5E5F4"
 ...
 [91] "#08478E" "#08458A" "#084286" "#083F82" "#083D7E" "#083A7A" "#083776"
"#083572" "#08326E"
[100] "#08306B"

> ## col=pal.1 옵션을 적용한 그림
> image(1:9, 1, as.matrix(1:9), col=pal.1, xlab="Blues 9 Colours
(Sequential)", ylab="", xaxt="n", yaxt="n", bty="n")
```

위의 image( ) 함수에서 처음 3개 인자는 x, y 좌표와 z값(행렬)이다. 여기에서 z값으로 x를 다시 사용하였다.

```
> ## col=pal.2 옵션을 적용한 그림
> image(1:100, 1, as.matrix(1:100), col=pal.2, xlab="Blues 100 Colours
(Sequential) : colorRampPalette", ylab="", xaxt="n", yaxt="n", bty="n")
```

앞 절에서 소개한 바와 같이, colorRampPalette( ) 함수는 다음과 같이 색상의 범위를 지정해 주고, 지정된 두 색상 사이의 연속된 색상의 수를 몇 개로 할 것인지를 지정하여 사용할 수도 있다.

```
> pal.3 <- colorRampPalette(c("white", "black")) (9)
> image(1:9, 1, as.matrix(1:9), col=pal.3, xlab="Gray 9 Colours
(Sequential)", ylab="", xaxt="n", yaxt="n", bty="n")
```

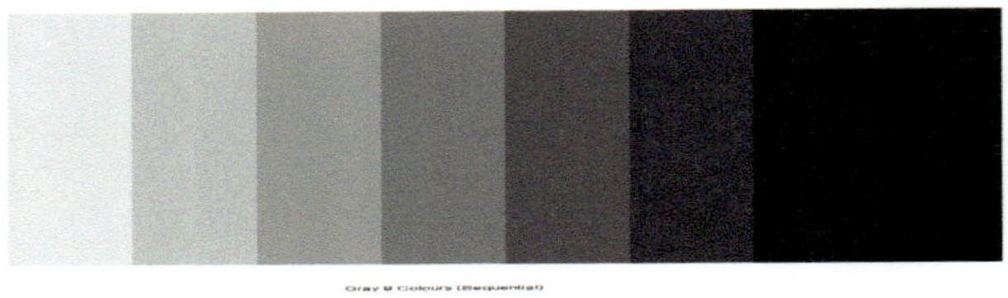

9.2.5 rich.colors{gplots} 함수 이용하기

rich.colors{gplots} 함수는 풍부한 색상 palette를 제공하는 함수로, 편리한 방법으로 n개의 색상 스펙트럼을 지정할 수 있다. 이 함수는 palette로 지정된 색상을 등 간격으로 나눈 색상 스펙트럼을 제공한다.

rich.colors( ) 함수의 palette= 옵션은 "temperature"(default)와 "blues"를 제공한다. "temperature"는 blue-green-yellow-red 색상을 포함하며, "blues"는 black-blue-white 색상을 포함한다.

```
> ## rich.colors() 함수의 적용 예
> library(gplots)
> pie(rep(1,20), col=rich.colors(palette="temperature", 10))
> pie(rep(1,20), col=rich.colors(palette="temperature", 40)[11:30])
```

rich.colors(palette="temperature", 10)는 temperature palette는 b-g-y-r 색상을 10개의 등 간격으로 나눈 색상 스펙트럼을 제공한다. 위 그림은 칸이 20개이므로 재순환(recycle)이 적용되었다.

rich.colors(palette="temperature", 40)[11:30]는 40개로 나누어진 색상에서 11 ~ 30번째 색상을 선택한다.

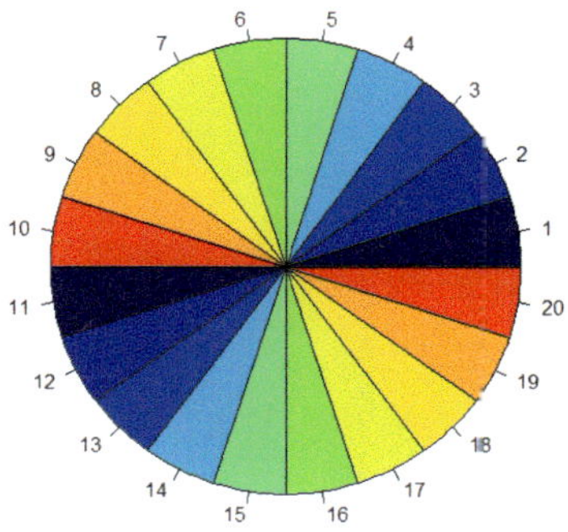

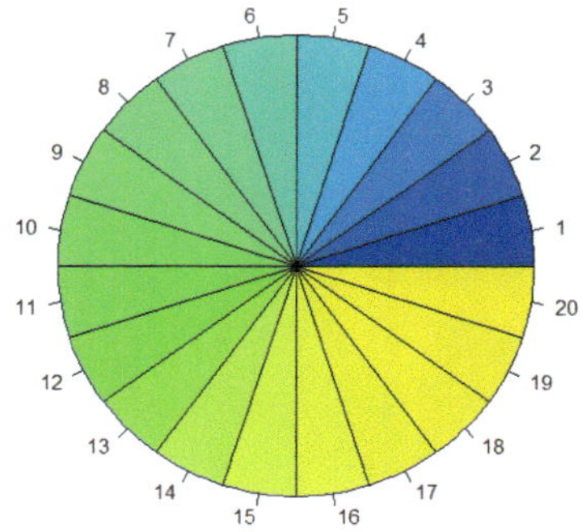

[9장] 연습문제

01 R 색상과 관련된 다음 물음에 답하여라.
(a) 하나의 색상을 나타내는 방법에는 어떤 것이 있는가?
(b) RGB 코드로 나타낼 수 있는 색상의 종류는 몇 개인가?
(c) 색상명을 RGB 코드로 바꾸는 방법은 무엇인가?
(d) RGB 코드에서 불투명도를 나타내는 방법은 무엇인가?

02 col= 옵션을 이용할 때, 회색 계열로 10개의 색상을 지정하는 R 코드를 제시하여라.

03 col= 옵션에 사용되는 rainbow(), terrain.colors(), topo.colors(), cm.colors() 함수의 사용법과 색상의 특징을 말하여라.

04 col= 옵션에서 palette() 함수의 역할과 사용법을 말하여라.

05 col=1:10의 의미는 무엇인가?

06 col=colorRampPalette() 함수를 이용하여 색상을 지정하는 방법과, 이 함수를 이용할 때의 장점은 무엇인가?

07 col=brewer.pal() 함수를 이용하여 색상을 지정할 때의 장점은 무엇인가?

08 col=colorRampPalette(brewer.pal()) 함수를 사용할 때의 장점과 용도는 무엇인가?

09 col=rich.colors() 함수의 용도는 무엇인가?

[10장]*

트리맵과 상키 다이어그램

* 10.1 트리맵

트리맵(tree map)은 위계적 구조로 공간을 채우는 시각화 기법이다. R의 treemap{treemap} 함수는 트리맵을 제공한다. 이 함수의 기본 형식과 주요 옵션은 다음과 같다.

```
treemap(dtf, index, vSize, vColor=NULL, stdErr=NULL, type="index",
  fun.aggregate="sum", title=NA, title.legend=NA, …)
```

- dtf는 데이터프레임
- index= 벡터로 한 개 또는 여러 개의 변수 지정 가능. 변수가 한 개인 경우에는 위계적이 아닌 트리맵을, 여러 개인 경우에는 위계적 방식으로 트리맵을 그려줌.
- vSize= 사각형의 크기를 지정
- vColor= type 옵션과 조합으로 사각형의 색상을 지정
- type= 트리맵의 형태로 사각형의 색상을 어떤 방식으로 할지를 결정: index", "value", comp", "dens", "depth", "categorical", "color", "manual"

예제 1

2014년 전 세계 국가별 국민총소득을 나타내는 GNI(Gross National Income) 자료를 이용하여 트리맵을 그린다.

```
> data(GNI2014)
> treemap(GNI2014,
    index=c("continent", "iso3"),
                        # 그림 내의 문자. 대륙(continent), 국가명(iso3)을 지정
    vSize="population",     # 사각형의 크기는 인구(population)로 지정
    vColor="GNI",       # 사각형의 색상은 국민총소득(GNI)으로 지정
    type="value")       # 색상은 값("value" 옵션)으로 정함
```

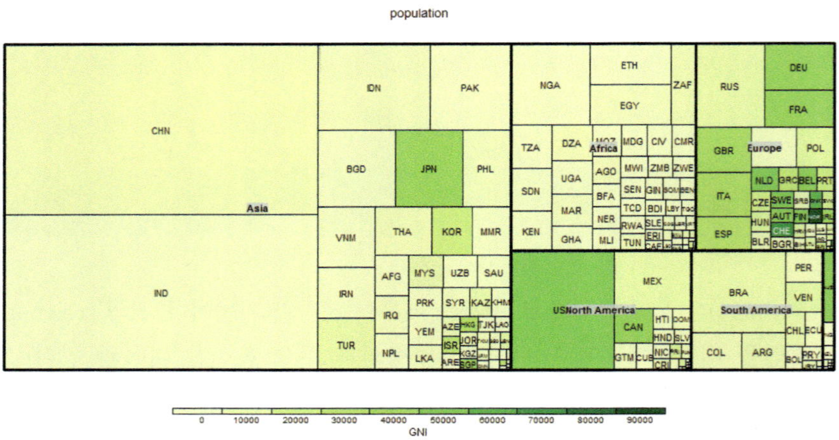

사용된 GNI 자료의 구조는 다음과 같다.

```
> str(GNI2014)
'data.frame':  208 obs. of  5 variables:
 $ iso3      : chr  "ABW" "AFG" "AGO" "ALB" ...
 $ country   : chr  "Aruba" "Afghanistan" "Angola" "Albania" ...
 $ continent : chr  "North America" "Asia" "Africa" "Europe" ...
 $ population: num  108 34385 19082 3205 7512 ...
 $ GNI       : num  0 410 3960 3960 0 ...
```

* 10.2 상키 다이어그램

상키 다이어그램(Sankey diagram)은 값들의 이동을 묘사하는 시각화 방법이다. 연결 대상은 노드(nodes), 연결은 링크(links)라고 한다. 상키 다이어그램은 아일랜드 선장 상키(Sankey)의 이름을 따온 것으로, 그는 증기 엔진에서 열의 손실에 비례하도록 화살의 너비를 정하여 다이어그램을 그린 것에 유래한다.

R 패키지 {googleVis}, {riverplot}, {rChart} 등에서 상키 다이어그램을 제공한다.

(a) gvisSankey{googleVis} 함수 이용

```
gvisSankey(data, from="", to="", weight="", options=list(), chartid)
```

예제 2

gvisSankey{googleVis} 함수를 이용하여 상키 다이어그램의 단순한 예를 소개한다.

```
> dat <- data.frame(From=c(rep("A",3), rep("B", 3)),
                    To=c(rep(c("X", "Y", "Z"),2)),
                    Weight=c(5,7,6,2,9,4))
> dat    # 데이터프레임
  From To Weight
1    A  X      5
2    A  Y      7
3    A  Z      6
4    B  X      2
5    B  Y      9
6    B  Z      4

> str(dat)
'data.frame': 6 obs. of  3 variables:
 $ From  :   Factor w/ 2 levels "A","B": 1 1 1 2 2 2
 $ To    :   Factor w/ 3 levels "X","Y","Z": 1 2 3 1 2 3
 $ Weight:   num  5 7 6 2 9 4

> ## 첫 번째 그림
> sk1 <- gvisSankey(dat, from="From", to="To", weight="Weight")
> plot(sk1)    # 결과는 구글 차트 API와 연동되어 아래 형태로 웹브라우저에 나타남
```

```
> ## 두 번째 그림
> sk2 <- gvisSankey(dat, from="From", to="To", weight="Weight",
           options=list(sankey="{link: {color: {fill: '#d799ae'}},
                                 node: {color: {fill: '#a61d4c'},
                                        label: {color: '#871b47'}}}"))
> plot(sk2)
```

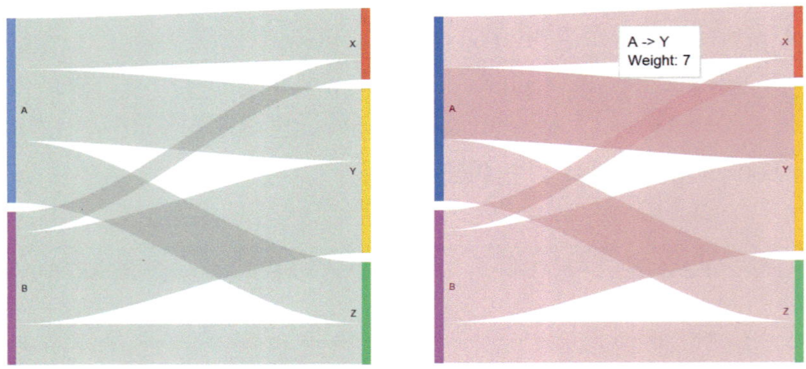

참고 {googleVis} 패키지는 R과 구글 차트 API 간의 인터페이스를 제공한다. 이 패키지는 사용자들이 R 데이터프레임에 기초한 대화형 차트를 포함하는 웹페이지를 만들 수 있게 해주고 그 결과를, 데이터를 구글에 업로드하지 않고도, R HTTP 도움 서버를 이용하여 지역적으로 나타낼 수 있도록 허용한다. 몇몇 차트 프레쉬(chart flash)를 위해 인터넷에 연결된 최근 브라우저가 요구된다.

(b) riverplot{riverplot} 함수 이용

riverplot{riveplot} 함수는 "riverplot 데이터 객체"에 대해 plot( ) 함수를 적용하여 상키 그림을 그려준다. makeRiver{riverplot} 함수는 "riverplot 데이터 객체"를 생성하는 함수로 일반 형식은 다음과 같다.

```
makeRiver(nodes, edges, node_labels=NULL, node_xpos=NULL,
      node_ypos=NULL, node_styles=NULL, edge_styles=NULL,
      default_style=NULL)
```

- nodes는 데이터프레임으로 점(node)의 정보를 포함
- edges는 데이터프레임으로 연결선(edges)의 정보를 포함(시작점, 끝점, 값 등)

예제 3

{riverplot} 패키지에서 제공하는 예제를 소개한다.

```
> x <- riverplot.example()
> plot(x)
```

```
> plot(x, srt=90, lty=1)
```

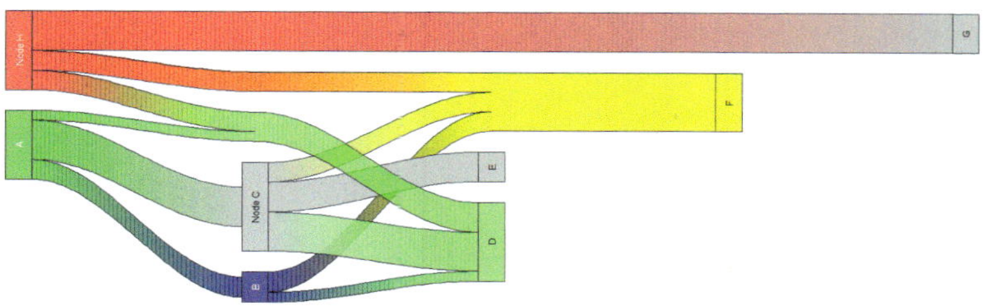

위 플롯에 대한 이해를 위해 플롯에 사용된 자료의 구조를 살펴보면 다음과 같다.

```
> str(x)
List of 3    # x는 3개의 원소(nodes, edges, styles)를 가지는 리스트 객체
 $ nodes :'data.frame': 8 obs. of  3 variables:
  ..$ ID     : chr [1:8] "A" "B" "C" "D" ...
  ..$ x      : num [1:8] 1 2 2 3 3 4 5 1
  ..$ labels: chr [1:8] NA NA "Node C" NA ...
 $ styles:List of 5
  ..$ A:List of 3
  .. ..$ col     : chr "#00990099"
  .. ..$ lty     : num 0
  .. ..$ textcol: chr "white'
  ..$ H:List of 2
  .. ..$ col     : chr "#FF000099"
  .. ..$ textcol: chr "white"
  ..$ B:List of 2
```

```
  .. ..$ col    : chr "#00006699"
  .. ..$ textcol: chr "white"
  ..$ F:List of 1
  .. ..$ col: chr "yellow'
  ..$ D:List of 1
  .. ..$ col: chr "#00FF0099"
 $ edges :'data.frame': 11 obs. of  3 variables:
  ..$ N1   : chr [1:11] "A" "A" "A" "H" ...
  ..$ N2   : chr [1:11] "B" "C" "D" "D" ...
  ..$ Value: num [1:11] 10 20 5 10 10 20 5 10 20 15 ...
 - attr(*, "class")= chr [1:2] "list" "riverplot"

> head(x)
$nodes      # 데이터프레임으로 점의 정보를 포함
  ID x labels
A  A 1   <NA>
B  B 2   <NA>
C  C 2 Node C
D  D 3   <NA>
E  E 3   <NA>
F  F 4   <NA>
G  G 5   <NA>
H  H 1 Node H

$styles     # 리스트로 점과 선등의 형식(색상 등)을 지정
$styles$A
$styles$A$col
[1] "#00990099"

$styles$A$lty
[1] 0

$styles$A$textcol
[1] "white"

$styles$H
$styles$H$col
[1] "#FF000099"

$styles$H$textcol
[1] "white"
```

```
$styles$B
$styles$B$col
[1] "#00006699"

$styles$B$textcol
[1] "white"


$styles$F
$styles$F$col
[1] "yellow"

$styles$D
$styles$D$col
[1] "#00FF0099"

$edges     # 데이터프레임으로 연결선의 정보(from, to, value)를 포함
   N1 N2 Value
1   A  B    10
2   A  C    20
3   A  D     5
4   H  D    10
5   H  F    10
6   H  G    20
7   B  D     5
8   B  F    10
9   C  D    20
10  C  E    15
11  C  F    10
```

예제 4

Minard 자료에 대해 상키 다이어그램을 작성한다. Minard 자료는 나폴레옹의 러시아 침공 시 병력의 이동 경로(위도, 경도)와 규모 등을 기록한 자료이다.

```
> library("riverplot")
> data(minard)
> str(minard)
List of 3
 $ edges :'data.frame': 41 obs. of  4 variables:
  ..$ ID1      : chr [1:41] "A1" "A2" "A3" "A4" ...
  ..$ ID2      : chr [1:41] "A2" "A3" "A4" "A5" ...
```

```
  ..$ Value    : num [1:41] 422000 400000 320000 320000 300000 280000 240000
210000 180000 175000 ...
  ..$ direction: Factor w/ 2 levels "A","R": 1 1 1 1 1 1 1 1 1 1 ...
 $ nodes :'data.frame': 39 obs. of  3 variables:
  ..$ ID       : chr [1:39] "A1" "A2" "A3" "A4" ...
  ..$ Longitude: num [1:39] 24 24.5 25.5 26 27 28 28.5 29 30 30.3 ...
  ..$ Latitude : num [1:39] 54.9 55 54.5 54.7 54.8 54.9 55 55.1 55.2 55.3 ...
 $ cities:'data.frame': 18 obs. of  3 variables:
  ..$ Longitude: num [1:18] 24 25.3 26.4 26.8 27.7 28.5 28.7 29.2 30.2 30.4
...
  ..$ Latitude : num [1:18] 55 54.7 54.4 54.3 55.2 54.3 55.5 54.4 55.3 54.5
...
  ..$ Name     : Factor w/ 20 levels "Bobr","Chjat",..: 5 18 15 9 4 16 13 1
19 12 ...

> minard
$edges
    ID1  ID2  Value direction
1    A1   A2 422000         A
2    A2   A3 400000         A
3    A3   A4 320000         A
4    A4   A5 320000         A
5    A5   A6 300000         A
6    A6   A7 280000         A
7    A7   A8 240000         A
8    A8   A9 210000         A
9    A9  A10 180000         A
10  A10  A11 175000         A
11  A11  A12 145000         A
12  A12  A13 140000         A
13  A13  A14 127100         A
14  A14  A15 100000         A
15  A15  A16 100000         A
16  A16   R1 100000         A
17   R1   R2 100000         R
18   R2   R3  98000         R
19   R3   R4  97000         R
20   R4   R5  96000         R
21   R5   R6  87000         R
22   R6   R7  55000         R
23   R7   R8  37000         R
24   R8   R9  24000         R
25   R9  R10  20000         R
26  R10  R11  50000         R
27  R11  R12  50000         R
```

```
28   R12  R13  48000         R
29   R13  R14  20000         R
30   R14  R15  12000         R
31   R15  R16  14000         R
32   R16  R17   8000         R
33   R17  R18   4000         R
34   R18  R19  10000         R
35   R19  R19  10000         R
36    A3 A4.2  60000         A
37 A4.2 A5.2  40000         A
38 A5.2 A6.2  33000         A
39 A6.2  R10  30000         R
40    A2 A3.1  22000         A
41 A3.1  R18   6000         A

$nodes
       ID Longitude Latitude
A1      A1      24.0     54.9
A2      A2      24.5     55.0
A3      A3      25.5     54.5
A4      A4      26.0     54.7
A5      A5      27.0     54.8
A6      A6      28.0     54.9
A7      A7      28.5     55.0
A8      A8      29.0     55.1
A9      A9      30.0     55.2
A10    A10      30.3     55.3
A11    A11      32.0     54.3
A12    A12      33.2     54.9
A13    A13      34.4     55.5
A14    A14      35.5     55.4
A15    A15      36.0     55.5
A16    A16      37.6     55.8
R1      R1      37.7     55.7
R2      R2      37.5     55.7
R3      R3      37.0     55.0
R4      R4      36.8     55.0
R5      R5      35.4     55.3
R6      R6      34.3     55.2
R7      R7      33.3     54.8
R8      R8      32.0     54.6
R9      R9      30.4     54.4
R10    R10      29.2     54.3
R11    R11      28.5     54.2
R12    R12      28.3     54.3
```

```
R13   R13      27.5     54.5
R14   R14      26.8     54.3
R15   R15      26.4     54.4
R16   R16      25.0     54.4
R17   R17      24.4     54.4
R18   R18      24.2     54.4
R19   R19      24.1     54.4
A4.2 A4.2      26.6     55.7
A5.2 A5.2      27.4     55.6
A6.2 A6.2      28.7     55.5
A3.1 A3.1      24.6     55.8

$cities
   Longitude Latitude           Name
1       24.0     55.0          Kowno
2       25.3     54.7          Wilna
3       26.4     54.4       Smorgoni
4       26.8     54.3      Moiodexno
5       27.7     55.2      Gloubokoe
7       28.5     54.3     Studienska
8       28.7     55.5        Polotzk
9       29.2     54.4           Bobr
10      30.2     55.3        Witebsk
11      30.4     54.5         Orscha
13      32.0     54.8       Smolensk
14      33.2     54.9    Dorogobouge
15      34.3     55.2          Wixma
16      34.4     55.5          Chjat
17      36.0     55.5        Mojaisk
18      37.6     55.8         Moscou
19      36.6     55.3      Tarantino
20      36.5     55.0 Malo-Jarosewii

> nodes <- minard$nodes
> edges <- minard$edges
> colnames(nodes) <- c("ID", "x", "y")
> colnames(edges) <- c("N1", "N2", "Value", "direction")

> ## 병력의 이동 방향에 따라 연결선(edge)의 색상 부여
> edges$col <- c("#e5cbaa", "black")[factor(edges$direction)]

> ## 노드 간의 경사(gradient)보다 그들의 색상에 의해 연결선에 색상을 부여
> edges$edgecol <- "col"
> head(edges)
  N1 N2  Value direction     col edgecol
```

```
1 A1 A2 422000         A #e5cbaa     col
2 A2 A3 400000         A #e5cbaa     col
3 A3 A4 320000         A #e5cbaa     col
4 A4 A5 320000         A #e5cbaa     col
5 A5 A6 300000         A #e5cbaa     col
6 A6 A7 280000         A #e5cbaa     col

> ## riverplot 객체와 형식(style)을 생성함
> river <- makeRiver(nodes, edges)     # "riverplot 데이터" 객체를 생성
> style <- list(edgestyle="straight", nodestyle="invisible")

> ## 생성된 객체를 그림
> plot(river, lty=1, default_style=style)

> ## 플롯에 도시를 추가
> with(minard$cities, points(Longitude, Latitude, pch=19))
> with(minard$cities, text(Longitude, Latitude, Name, adj=c(0, 0)))
```

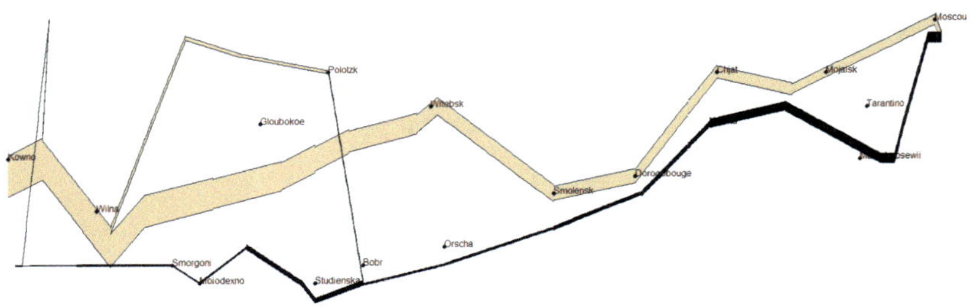

[10장] 연습문제

01 Population{googleVis} 자료에 대해 적절한 트리맵을 작성하여라.

02 HairEyeColor 자료에 대해 상키 다이어그램(Sex -> Hair, Hair -> Eye)을 그려라.

03 Andrew{googleVis} 자료에 대해 상키 다이어그램을 그려라. Andrew 자료는 1992년 8월 16일 ~ 8월 28일 기간 허리케인 엔드류의 폭풍(storm) 경로 자료이다. 이 자료는 시간, 위도, 경도의 정보와 함께 기압, 속도, 범주 등의 정보를 포함하고 있다.

[11장]*

히트맵과 활용

* 11.1 히트맵 그리기

히트맵(heatmap)은 숫자로 구성된 행렬자료를 시각화하는 방법이다. 히트맵을 지원하는 함수는 다양하나, 여기서는 다음의 함수를 소개한다.

- heatmap( )
- heatmap.2{gplots}

11.1.1 heatmap( ) 함수 이용하기

heatmap( ) 함수는 행렬 자료에 대한 색상 이미지 그림을 좌측(또는/과) 상단에 덴드로그램과 함께 제공한다.

예제 1

NBA 농구의 2008 ~ 2009 시즌 통계자료를 이용한다. 게임당 평균득점자 상위 50명에 대한 19개 변수값에 대한 통계자료이다. 이 자료에서 PTS 변수는 경기당 평균득점을 나타낸다. 몇 개의 변수를 소개하면 G(Games), MIN(Minutes), PTS(Points), FGM(Field Goal Made), FGA(Field Goal Attempts), FGP(Field Goal Percentages), FTM(Free Throws Made)이다.

```
> nba <- read.csv("http://datasets.flowingdata.com/ppg2008.csv", sep=",")
(또는 > nba <- read.csv("ppg2008.csv", sep=",") 를 실행한다.)

> ## 평균득점(PTS)의 내림차순으로 자료를 정렬한다.
> nba <- nba[order(nba$PTS, decreasing=TRUE),]
> head(nba)
                  Name  G  MIN  PTS  FGM  FGA   FGP FTM  FTA   FTP X3PM X3PA
X3PP ORB DRB  TRB  AST STL BLK  TO
1        Dwyane Wade  79 38.6 30.2 10.8 22.0 0.491 7.5  9.8 0.765  1.1  3.5
0.317 1.1 3.9  5.0  7.5 2.2 1.3 3.4
2       LeBron James  81 37.7 28.4  9.7 19.9 0.489 7.3  9.4 0.780  1.6  4.7
0.344 1.3 6.3  7.6  7.2 1.7 1.1 3.0
3        Kobe Bryant  82 36.2 26.8  9.8 20.9 0.467 5.9  6.9 0.856  1.4  4.1
0.351 1.1 4.1  5.2  4.9 1.5 0.5 2.6
4      Dirk Nowitzki  81 37.7 25.9  9.6 20.0 0.479 6.0  6.7 0.890  0.8  2.1
0.359 1.1 7.3  8.4  2.4 0.8 0.8 1.9
5      Danny Granger  67 36.2 25.8  8.5 19.1 0.447 6.0  6.9 0.878  2.7  6.7
0.404 0.7 4.4  5.1  2.7 1.0 1.4 2.5

> row.names(nba) <- nba$Name
> nba <- nba[,2:20]     # 불필요한 1열 자료 제외
> head(nba)
   G  MIN  PTS  FGM  FGA   FGP FTM FTA   FTP X3PM X3PA  X3PP ORB DRB TRB AST
STL BLK  TO
1 79 38.6 30.2 10.8 22.0 0.491 7.5 9.8 0.765  1.1  3.5 0.317 1.1 3.9 5.0 7.5
2.2 1.3 3.4
2 81 37.7 28.4  9.7 19.9 0.489 7.3 9.4 0.780  1.6  4.7 0.344 1.3 6.3 7.6 7.2
1.7 1.1 3.0
3 82 36.2 26.8  9.8 20.9 0.467 5.9 6.9 0.856  1.4  4.1 0.351 1.1 4.1 5.2 4.9
1.5 0.5 2.6
4 81 37.7 25.9  9.6 20.0 0.479 6.0 6.7 0.890  0.8  2.1 0.359 1.1 7.3 8.4 2.4
0.8 0.8 1.9
5 67 36.2 25.8  8.5 19.1 0.447 6.0 6.9 0.878  2.7  6.7 0.404 0.7 4.4 5.1 2.7
1.0 1.4 2.5

> ## 데이터프레임 객체(nba)를 수치형 행렬로 전환한다.
> nba_matrix <- data.matrix(nba)

> ## heatmap() 함수를 이용하여 히트맵을 그림
> heatmap(nba_matrix)
```

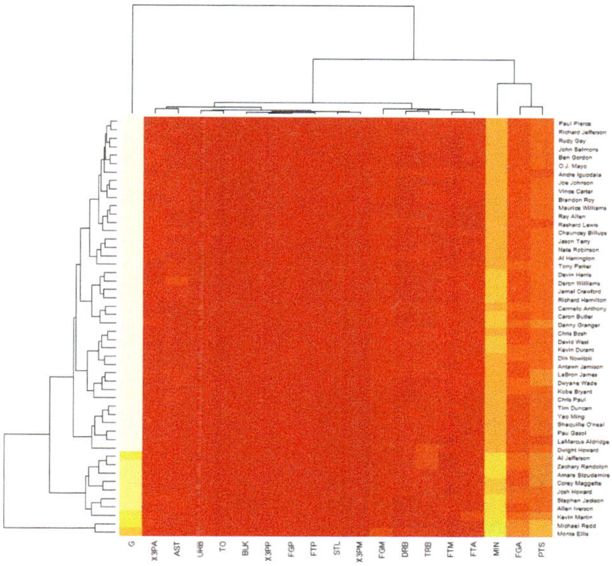

```
> nba_heatmap <- heatmap(nba_matrix, Rowv=NA, Colv=NA, scale="column",
margins=c(5,10))    # col=heat.colors(256) 옵션을 사용한 결과와 유사
```

Rowv=, Colv= 옵션은 덴드로그램의 조성과 재배열(reorder)에 관한 옵션으로 NA, NULL, FALSE 가 사용된다. scale= 옵션은 표준화 여부를 지정하며, "row", "column", "none"이 사용된다. margin= 옵션은 열과 행의 이름을 위한 여백(margins)을 지정한다.

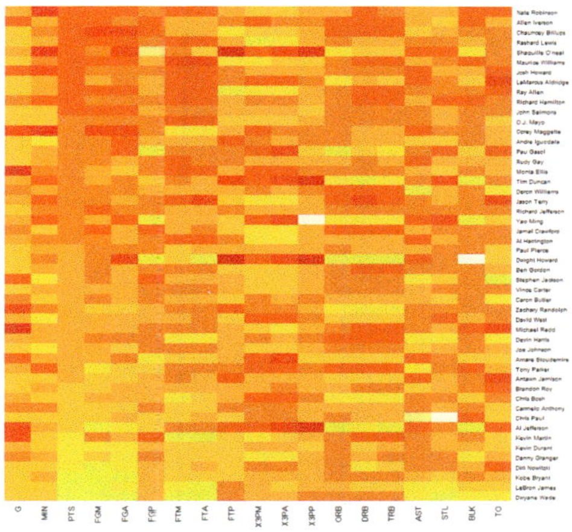

위의 heatmap( ) 함수에서 col= 옵션을 다양하게 지정할 수 있다. [그림 11.1]은 col= 옵션에 따른 heatmap( ) 함수의 결과를 보여 준다.

(a) col=cm.colors(256)

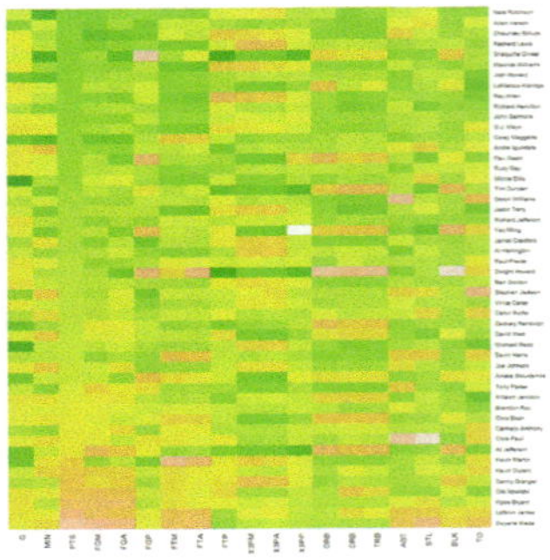

(b) col=terrain.colors(256)

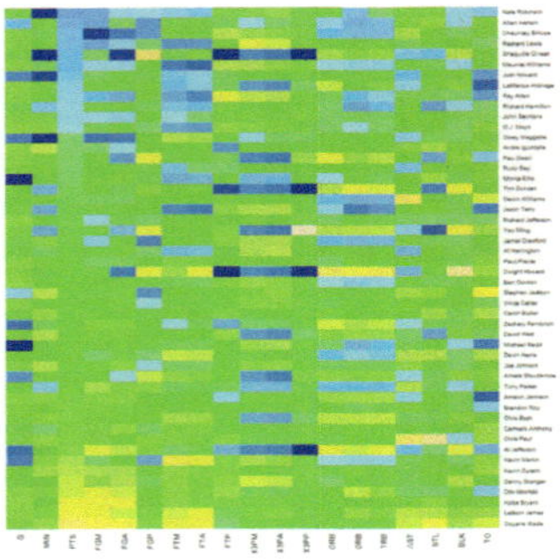

(c) col=topo.colors(256)

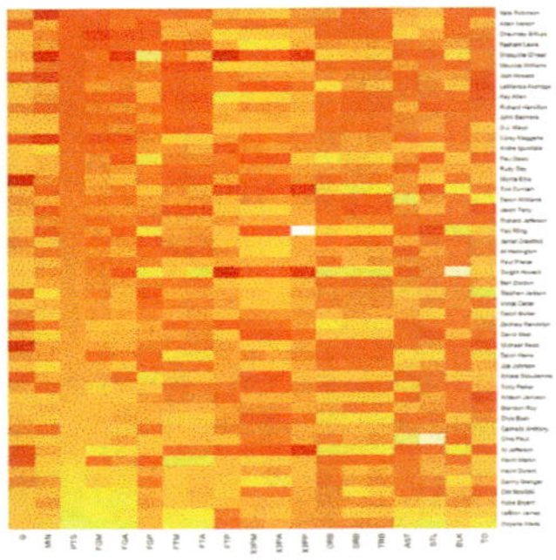

(d) col=heat.colors(256)

[그림 11.1] col= 옵션에 따른 heatmap( ) 함수의 적용 결과

```
> ## col=brewer.pal{RcolorBrewer} 함수를 지정한 결과
> install.packages("RcolorBrewer")
> library("RColorBrewer")
> nba_heatmap <- heatmap(nba_matrix, Rowv=NA, Colv=NA, col=brewer.pal(9,
"Blues"), scale="column", margins=c(5,10))
```

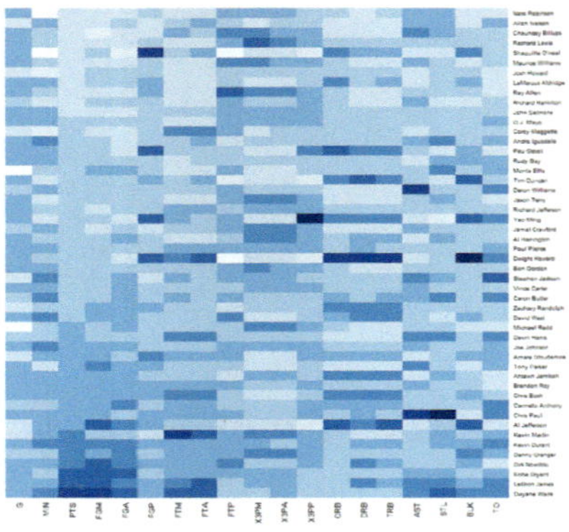

위의 방식으로 색상을 지정할 때, 구현되는 색상의 수(종류)에는 한계가 있다. Sequential 또는 Diverging 그룹의 확장을 원할 경우 아래와 같이 colorRampPalette( ) 함수를 사용할 수 있다. 예를 들어 "RdYlBu" palette로부터 11개의 색에 기초한 100개의 색상을 생성하는 과정은 다음과 같다.

```
> colorRampPalette(brewer.pal(11, "RdYlBu")) (100)
  [1] "#A50026" "#AA0426" "#AF0926" "#B40E26" "#B91326" "#BE1826" "#C31D26"
"#C82126" "#CD2626"
 [10] "#D22B26" "#D73027" "#DA362A" "#DD3C2C" "#E0432F" "#E34932" "#E54F35"
"#E85538" "#EB5B3B"
  ...
 [91] "#436FB1" "#4168AE" "#3F62AA" "#3D5CA7" "#3B55A4" "#394FA1" "#37499E"
"#35429B" "#333C98"
[100] "#313695"
```

히트맵은 행렬 객체에 적용되는 시각화 기법이므로, 상관행렬 등에도 적용될 수 있다.

11.1.2 heatmap.2{gplots} 함수 이용하기

R 패키지 {gplots}의 heatmap.2() 함수를 이용하여 히트맵을 그릴 수도 있다. 이 함수는 heatmap() 함수의 확장으로 많은 추가적인 기능을 제공한다.

예제 2

AirPassengers 자료는 1949～1960년 기간 미국의 판암 항공사의 월별 국제여행객의 예약건수(단위: 천 명) 자료이다.

```
> install.packages("gplots")
> library("gplots")
> data(AirPassengers)
> AirPassengers    # 시계열 객체 자료
     Jan Feb Mar Apr May Jun Jul Aug Sep Oct Nov Dec
1949 112 118 132 129 121 135 148 148 136 119 104 118
1950 115 126 141 135 125 149 170 170 158 133 114 140
1951 145 150 178 163 172 178 199 199 184 162 146 166
...
1960 417 391 419 461 472 535 622 606 508 461 390 432
```

```
> (rowcolNames <- list(as.character(1949:1960), month.abb))
[[1]]
 [1] "1949" "1950" "1951" "1952" "1953" "1954" "1955" "1956" "1957" "1958"
"1959" "1960"

[[2]]
 [1] "Jan" "Feb" "Mar" "Apr" "May" "Jun" "Jul" "Aug" "Sep" "Oct" "Nov" "Dec"

> (air_data <- matrix(AirPassengers, ncol=12, byrow=TRUE,
                      dimnames=rowcolNames))     # 데이터를 행렬 객체로 바꿈
```

유의 시계열 객체(AirPassengers)를 행렬로 변환 시 as.matrix( ) 함수가 아니라 matrix( ) 함수를 사용함에 유의할 것. as.matrix(AirPassengers)를 수행하면 144×1의 행렬(즉 벡터)이 생성됨.

```
> heatmap.2(air_data,
          trace="none",     # "column"(디폴트), "row", "both", "none"
          xlab="month", ylab="year", main="Air Passengers #1",
          density.info="histogram",     # color-key에 밀도 정보를 추가
          dendrogram="column",     # 덴드로그램을 열에만 나타냄. "both"(디폴트)
          keysize=1.8)     # (좌측 상단의) color-key의 크기를 정함
```

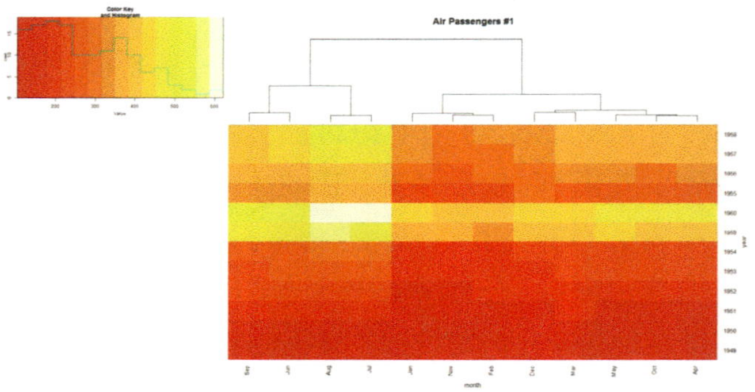

유의 히트맵의 결과에서 x와 y축의 변수들이 입력된 순서와는 다르게 배열된다. 따라서 순서가 의미를 가지는 시계열 자료에 적용 시에는 주의를 요한다.

다음은 행과 열의 순서를 입력 자료의 순서대로 나타낸 것이다(Rowv= 와 Colv= 옵션을 FALSE로 지정함).

```
> library(RColorBrewer)
> heatmap.2(air_data,
            trace="none",
            Rowv=FALSE,     # 행의 덴드로그램을 그리지 않고, 행을 재배열 하지 않음
```

```
Colv=FALSE,     # 열의 덴드로그램을 그리지 않고, 열을 재배열하지 않음
col=brewer.pal(9, "Oranges"),    # {RColorBrewer} 패키지에서 지원함
xlab="month", ylab="year", main="Air Passengers #2",
density.info="histogram",
dendrogram="none",     # 덴드로그램을 그리지 않음
keysize=1.8)
```

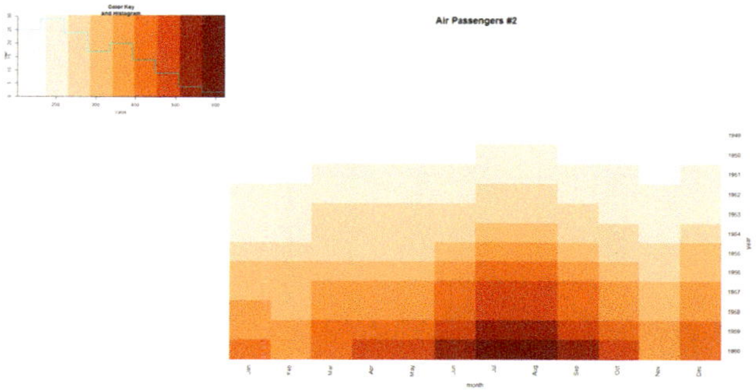

참고로, 히트맵은 일반 그래픽 함수를 이용하여 그릴 수도 있다. 다음은 R 패키지 {lattice}의 levelplot( ) 함수 또는 filled.contour( ) 함수를 이용하여 히트맵을 그린 것이다.

```
> install.packages("lattice")
> library("lattice")
> levelplot(air_data, col.regions=topo.colors,
            xlab="year", ylab="month", main="Air Passengers #3")
```

행렬자료를 크기에 따라 색상을 부여한 그림으로, x와 y축의 순서는 입력 자료(행렬)에서의 순서와 동일함을 확인할 수 있다.

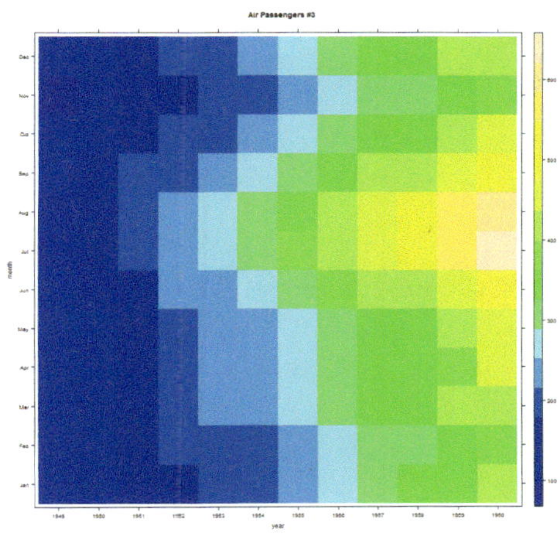

```
> filled.contour(air_data, xlab="year", ylab="month", main="Air Passengers #4")
```

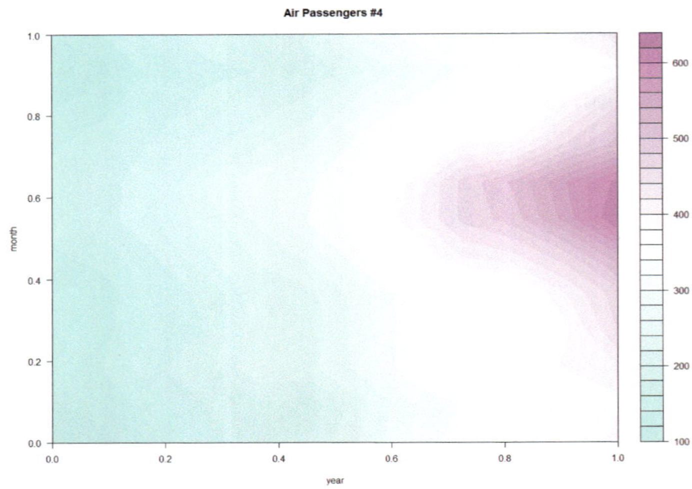

* 11.2 캘린더 히트맵

캘린더 히트맵(calendar heatmap)은 시간의 경과에 따라 변하는 수치형 자료를 캘린더 상에 색상으로 나타낸 그림이다. 캘린더 히트맵을 지원하는 함수 가운데 다음 함수를 소개한다.

- gvisCalendar{googleVis}
- plotCalendarHeatmap{TimeProjection}
- calenderPlot{openair}

11.2.1 gvisCalendar{googleVis} 함수 이용하기

gvisCalendar{googleVis} 함수는 구글 캘린더 차트를 제공한다. 일반형식과 주요 옵션은 다음과 같다.

```
gvisCalendar(data, datevar="", numvar="", options=list(), chartid)
```

- data: 데이터프레임. 최소한 두 개 열(날짜 변수, 수치형 변수)을 가짐
- datevar: 날짜 변수의 이름. 날짜 정보는 Date class 또는 POSIX* 시계열
- numvar: 수치형 변수의 이름
- options: 색상 및 구글의 API 모수 지정

예제 3

Cairo 자료를 이용하여 캘린더 히트맵을 작성한다. Cairo 데이터는 2002년 ~ 2004년 기간 카이로의 일일 평균 온도(℃)를 측정한 자료이다.

```
> data(Cairo)
> head(Cairo)
           Date     Temp
2558 2002-01-01 13.61111
2559 2002-01-02 15.16667
2560 2002-01-03 12.00000
2561 2002-01-04 12.00000
2562 2002-01-05 13.05556
2563 2002-01-06 10.05556

> str(Cairo)
'data.frame': 1091 obs. of  2 variables:
 $ Date: Date, format: "2002-01-01" "2002-01-02" "2002-01-03" ...
 $ Temp: num  13.6 15.2 12 12 13.1 ...
> plot(gvisCalendar(Cairo))
```

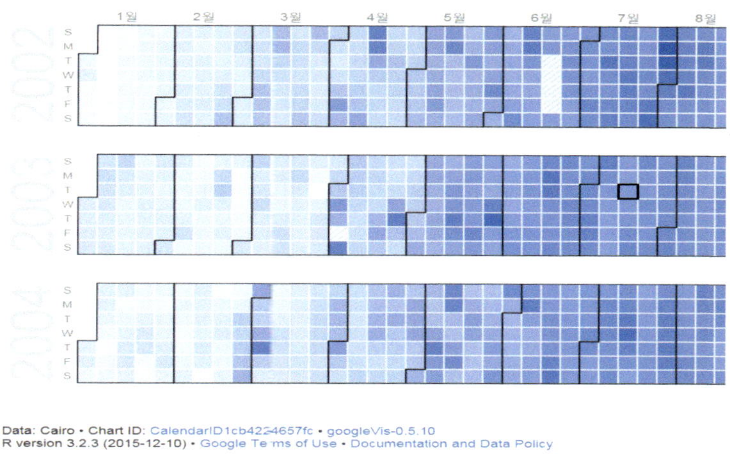

11.2.2 plotCalendarHeatmap{TimeProjection} 함수 이용하기

R의 plotCalendarHeatmap{TimeProjection} 함수는 캘린더 히트맵을 제공한다. 이 함수의 일반 형식은 다음과 같다.

```
plotCalendarHeatmap(dates, values)
```

- dates는 날짜 벡터 객체
- values는 dates와 길이가 같은 수치형 벡터

예제 4

plotCalendarHeatmap( ) 함수를 이용한 캘린더 히트맵의 작성 예로, 가상의 자료를 이용하였다. timeSequence( )는 규칙적인 시간 간격을 가지는 'timeDate' 객체를 생성한다.

```
> dates <- timeSequence(from='2012-01-01', to='2015-12-31', by='day')
> plotCalendarHeatmap(as.Date(dates), 1:1461)
```

as.Date( ) 함수는 문자형 표현과 캘린더 날짜를 나타내는 "Date" 속성의 객체 간을 변경해 준다.

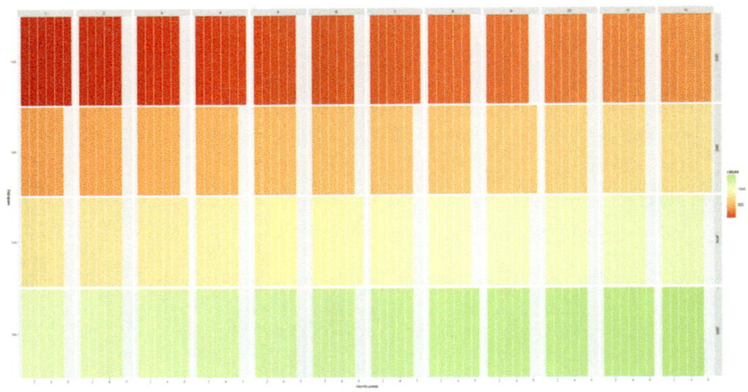

위의 실행과정에서 날짜와 관계된 정보를 살펴보면 다음과 같다.

```
> head(dates)
GMT
[1] [2012-01-01] [2012-01-02] [2012-01-03] [2012-01-04] [2012-01-05]
[2012-01-06] ...

> str(dates)
Formal class 'timeDate' [package "timeDate"] with 3 slots
  ..@ Data      : POSIXct[1:1461], format: "2012-01-01" "2012-01-02"
```

```
  "2012-01-03" ...
    ..@ format    : chr "%Y-%m-%d"
    ..@ FinCenter: chr "GMT"

> head(as.Date(dates))
[1] "2012-01-01" "2012-01-02" "2012-01-03" "2012-01-04" "2012-01-05"
"2012-01-06"
```

timeSequence{TimeProjection} 함수는 규칙적인 시간 간격을 가지는 timeDate 객체를 생성한다. timeSequence( ) 함수의 일반형식은 다음과 같다.

```
timeSequence(from, to=Sys.timeDate(), by,
             length.out=NULL, format=NULL, zone="", FinCenter="")
```

- by= "sec", "min", "hour", "day", "week", "month" or "year", "quarter"(또는 "3 months"), 초(seconds)를 나타내는 숫자
- length.out= 자료의 길이에 해당하는 정수값. 이 값이 지정되면 to= 옵션은 무시됨.
- along.with= 정수값 지정. 지정된 값으로부터 자료 길이를 선택한다.
- format= "%Y-%m-%d", "%d/%m/%Y"와 같이 입력 문자 벡터의 포맷을 지정
- zone= 수집된 자료의 시간 영역(time zone) 또는 financial center
- FinCenter= "continent/city"와 같이 financial center의 위치를 지정하는 문자

```
> ## timeSequence() 함수 사용 예
> timeSequence(from="2004-03-12", to="2004-04-11",
               format="%Y-%m-%d", FinCenter="GMT")
> ## FinCenter= 옵션을 제외해도 아래의 결과는 동일함
GMT
 [1] [2004-03-12] [2004-03-13] [2004-03-14] [2004-03-15] [2004-03-16]
 [6] [2004-03-17] [2004-03-18] [2004-03-19] [2004-03-20] [2004-03-21]
[11] [2004-03-22] [2004-03-23] [2004-03-24] [2004-03-25] [2004-03-26]
[16] [2004-03-27] [2004-03-28] [2004-03-29] [2004-03-30] [2004-03-31]
[21] [2004-04-01] [2004-04-02] [2004-04-03] [2004-04-04] [2004-04-05]
[26] [2004-04-06] [2004-04-07] [2004-04-08] [2004-04-09] [2004-04-10]
[31] [2004-04-11]
```

11.2.3 calenderPlot{openair} 이용하기

R의 calendarPlot{openair} 함수를 이용하여 캘린더 히트맵을 작성한다. {openair} 패키지는 공기오염자료(air pollution data)의 분석을 위해 개발된 패키지이다. calendarPlot() 함수는 풍향(wind speed)와 풍속(wind speed)의 정보도 추가적으로 나타낼 수 있다.

calendarPlot{openair} 함수의 일반 형식은 다음과 같다.

```
calendarPlot(mydata, pollutant ="nox", year=2003, month=1:12,
             type="default", annotate="date", statistic="mean",
             cols= "heat", limits=c(0, 100), lim=NULL, col.lim=c("grey30",
             "black"), font.lim=c(1, 2), cex.lim=c(0.6, 1), digits=0,
             data.thresh=0, labels=NA, breaks=NA, main=paste(pollutant,
             "in", year), key.header="", key.footer="", key.position="right",
             key=TRUE, auto.text=TRUE, ...)
```

위 함수는 다양한 옵션을 제공한다. 이 가운데 몇 가지를 소개하면 다음과 같다.

- mydata: 데이터프레임으로 날짜(date)와 함께 적어도 하나의 수치형 변수를 포함한다. 날짜는 "Date format" 또는 "class POSIXct" 가운데 하나여야 함.
  # POSIXlt와 POSIXct는 캘린더 날짜와 시간을 나타내는 객체임(ISOdatetime() 함수를 참고).
- pollutant= 필수적 옵션으로 데이터프레임의 변수를 지정
- year= 년도(year) 지정
- month= 월(month) 지정. month=c(1, 12)와 같이 원하는 달만 지정할 수도 있음.
- annotate= 달력에 나타낼 정보 "date", "wd", "ws", "value"
- statistic= "max", "mean"(default)
- cols= "default", "increment", "heat", "jet" 및 RColorBrewer 색상 사용 가능하며, cols=c("yellow", "green", "blue")와 같이 직접 지정도 가능

예제 5

{openair}에서 제공하는 mydata를 이용하여 캘린더 히트맵을 그린다.

```
> library(openair)
> data(mydata)     # 데이터 로딩
> str(mydata)
'data.frame': 65533 obs. of  10 variables:
 $ date: POSIXt, format: "1998-01-01 00:00:00" ...
 $ ws  : num  0.6 2.16 2.76 2.16 2.4 3 3 3 3.36 3.96 ...
 $ wd  : int  280 230 190 170 180 190 140 170 170 170 ...
 $ nox : int  285 NA NA 493 468 264 171 195 137 113 ...
```

```
 $ no2 : int  39 NA NA 52 78 42 38 51 42 39 ...
 $ o3  : int  1 NA 3 3 2 0 0 0 1 2 ...
 $ pm10: int  29 37 34 35 34 16 11 12 12 12 ...
 $ so2 : num  4.72 NA 6.83 7.66 8.07 ...
 $ co  : num  3.37 NA 9.6 10.22 8.91 ...
 $ pm25: int  NA NA NA NA NA NA NA NA NA NA ...

> head(mydata)
                 date   ws  wd nox no2 o3 pm10    so2      co pm25
1 1998-01-01 00:00:00 0.60 230 285  39  1   29 4.7225  3.3725   NA
2 1998-01-01 01:00:00 2.16 230  NA  NA NA   37     NA      NA   NA
3 1998-01-01 02:00:00 2.76 190  NA  NA  3   34 6.8300  9.6025   NA
4 1998-01-01 03:00:00 2.16 170 493  52  3   35 7.6625 10.2175   NA
5 1998-01-01 04:00:00 2.40 180 468  78  2   34 8.0700  8.9125   NA
6 1998-01-01 05:00:00 3.00 190 264  42  0   16 5.5050  3.0525   NA

> ## 기본 그림
> calendarPlot(mydata, pollutant="o3", year=2003)
```

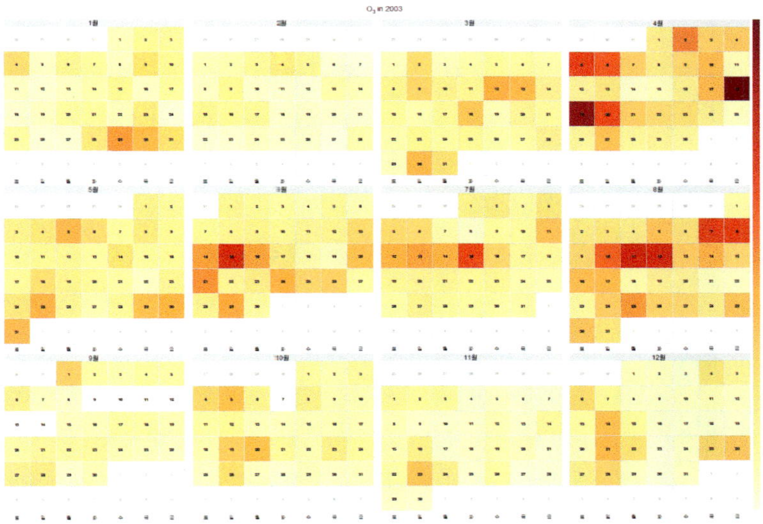

```
> ## 풍향(wind direction)을 달력에 추가함. annotate= 주해 변수를 지정
> calendarPlot(mydata, pollutant="o3", year=2003, annotate="wd")
```

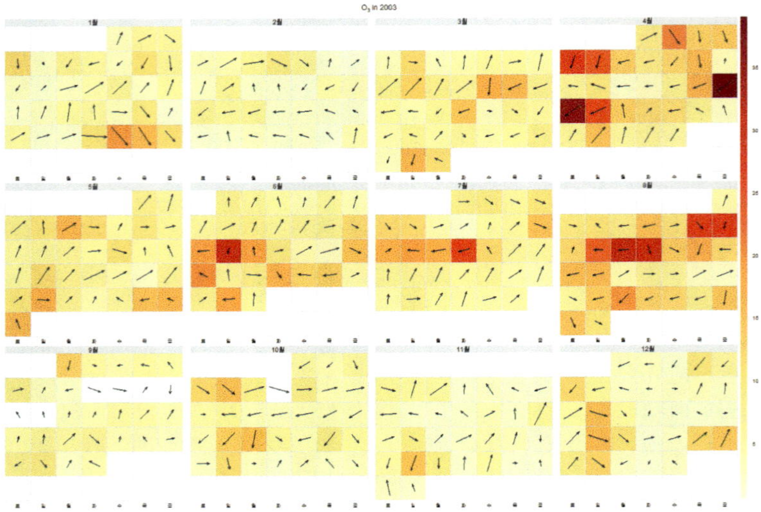

```
> ## 범주화된 캘린더 히트맵
> calendarPlot(mydata, pollutant="no2", breaks=c(0, 50, 100, 150, 1000),
      labels=c("Very low", "Low", "High", "Very High"),
      cols=c("lightblue", "green", "yellow",  "red"), statistic="max")
```

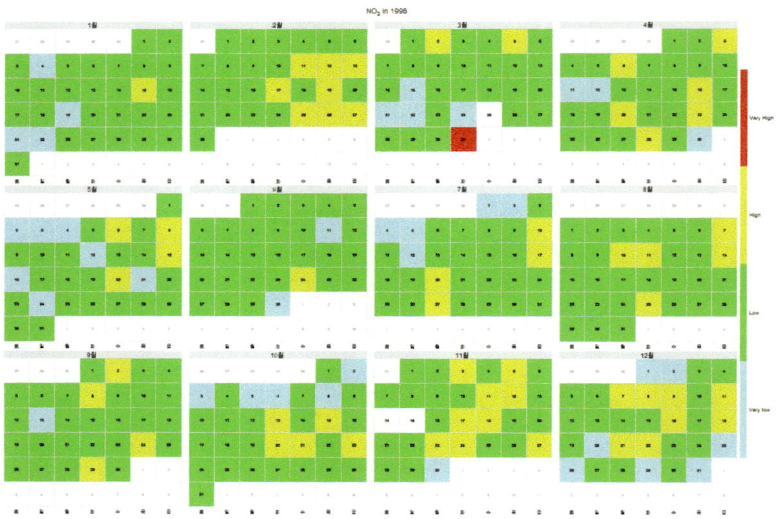

```
> ## 달력에 평균값 추가하고(annotate="value"), 미세먼지(pm10)가 기준값(50) 이상인
> ## 날짜를 강조함(highlight)
> calendarPlot(mydata, pollutant="pm10", annotate="value", lim=50,
      cols="Blues", col.lim=c("black", "orange"), layout=c(4,3))
```

위의 col= 옵션에서 복수형 "Blues"와 단수형 "Blue"는 다른 결과를 제공함. 대, 소문자는 동일함.

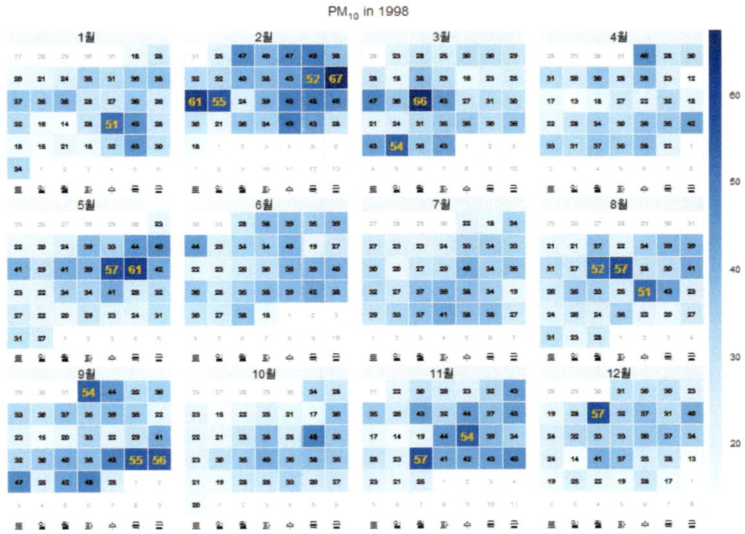

11.3 날짜 다루기

R에서 날짜(dates)를 다루는 함수를 소개한다.

(a) 날짜 값

날짜는 1970-01-01 이후의 일수(number of days)로 표현되며, 그 이전의 날짜는 음의 값으로 나타낸다.

- as.Date(x, "format") 함수: 문자열을 날짜로 전환해 줌
- x는 문자, format은 적절한 형식
- Sys.Date( ) 함수: 오늘 날짜를 제공
- date( ) 함수: 현재 날짜와 시간을 제공

아래의 [표 11.1]은 R에서 날짜와 관련된 기호를 나타내며, 이들 기호는 날짜를 출력하기 위해 format( ) 함수와 같이 사용될 수 있다.

[표 11.1] 날짜 관련 기호와 예시

기호	의미	예시
%d	일 숫자 (0-31)	01-31
%a %A	요일 약어 요일	Mon Monday
%m	월 (00-12)	00-12
%b %B	월 약어 월	Jan January
%y %Y	2-자리 년 4-자리 년	07 2007

```
> #(1) as.Date() 함수: 문자열을 날짜로 전환해 줌
> dates.1 <- as.Date(c("2016-02-04", "2016-02-10"))
> dates.1
[1] "2016-02-04" "2016-02-10"
> class(dates.1)
[1] "Date"

> #(2) 두 날짜 사이의 일수 계산
> (days <- dates.1[2]-dates.1[1])
Time difference of 6 days

> #(3) Sys.Date() 함수: 오늘 날짜를 출력
> today <- Sys.Date()
> format(today, format="%B %d %Y")
[1] "2월 04 2016"

> #(4) 특정 형식으로 날짜 읽어오기
> # 저장된 형식을 format= 옵션으로 지정
> date.chr <- c("02/04/2016", "02/10/2016")
> (date.new <- as.Date(date.chr, "%m/%d/%Y"))
[1] "2016-02-04" "2016-02-10"
> class(date.new)     # 출력형식은 벡터 객체와 동일하나 Date 객체임
[1] "Date"

> #(5) as.Character() 함수: 날짜를 문자로 전환
> (date.chr <- as.character(date.new))     # Date 객체와 형식이 동일함에 유의
[1] "2016-02-04" "2016-02-10"
```

날짜에 대한 추가적인 정보는 다음 함수의 도움말을 이용하기 바란다.

- as.Date( ) 함수: 문자 자료를 날짜로 전환
- strftime( ), strptime( ) 함수: 문자 자료를 날짜로, 날짜 자료를 문자로 전환하는 함수
- ISOdatetime( ) 함수: 수치 표현을 날짜/시간으로 전환하는 함수

[11장] 연습문제

01 mtcars 자료에 대해 물음에 답하여라.

(a) 히트맵을 그려라

(a) 변수별로 표준화를 수행한 후, 히트맵을 그려라.

(b) 수치형 자료들 간의 상관계수를 구하고(corr( ) 함수 이용), 그 결과를 히트맵으로 나타내어라.

02 VADeaths 자료에 대해 히트맵을 그려라.

03 SP{TSA} 자료에 대해 캘린더 히트맵을 그려라. SP 자료는 1936년 1분기 ~ 1977년 4분기 기간에 S&P(Standard & Poor's)의 분기별 복합 주가지수 자료이다.

04 co2 자료에 대해 캘린더 히트맵을 그려라. co2 자료는 1959 ~ 1997년 사이에 Mauna Loa에서 측정된 대기 중 이산화탄소의 농도를 ppm 단위로 월별 측정한 자료이다. 관측치의 수는 총 468개이다.

05 (응용문제) 개인이 관심 있는 일별 주식(또는 일별 관광객의 수) 자료를 인터넷을 통해 읽어 들이고, 캘린더 히트맵을 그려라.

참고문헌

- 나종화 (2016). 수리통계학, 자유아카데미.
- Chang, W. (2013). R Graphics Cookbook, Insight Press.
- Brown, W. J. and Duncun, D. J. (2008). A First Course in Statistical Programming with R, Cambridge.
- Kuhn, M. and Johnson, K. (2013). Applied Predictive Modeling, Springer.
- R Development Core Group, Graphics with R.
- Rossiter, D. G. (2010). Introduction to the R Project for Statistical Computing for Use at ITC, International Institute for Geo-information Science & Earth Observation.
- Verzani, J. (2005). Using R for Introductory Statistics, Chapman & Hall/CRC.
- Teetor, P. (2011). R Cookbook, O'Reilly.
- Torgo, L. (2011). Data Mining with R, CRC Press.

[부록 1] R 주요 함수 요약표

(출처: http://cran.r-project.org/doc/contrib/Short-refcard.pdf)

R Reference Card

by Tom Short, EPRI PEAC, tshort@epri-peac.com 2004-11-07
Granted to the public domain. See www.Rpad.org for the source and latest version. Includes material from *R for Beginners* by Emmanuel Paradis (with permission).

Getting help

Most R functions have online documentation.
help(topic) documentation on `topic`
?topic id.
help.search("topic") search the help system
apropos("topic") the names of all objects in the search list matching the regular expression "topic"
help.start() start the HTML version of help
str(a) display the internal *str*ucture of an R object
summary(a) gives a "summary" of `a`, usually a statistical summary but it is *generic* meaning it has different operations for different classes of `a`
ls() show objects in the search path; specify `pat="pat"` to search on a pattern
ls.str() str() for each variable in the search path
dir() show files in the current directory
methods(a) shows S3 methods of `a`
methods(class=class(a)) lists all the methods to handle objects of class a

Input and output

load() load the datasets written with `save`
data(x) loads specified data sets
library(x) load add-on packages
read.table(file) reads a file in table format and creates a data frame from it; the default separator `sep=""` is any whitespace; use `header=TRUE` to read the first line as a header of column names; use `as.is=TRUE` to prevent character vectors from being converted to factors; use `comment.char=""` to prevent "#" from being interpreted as a comment; use `skip=n` to skip `n` lines before reading data; see the help for options on row naming, NA treatment, and others
read.csv("filename",header=TRUE) id. but with defaults set for reading comma-delimited files
read.delim("filename",header=TRUE) id. but with defaults set for reading tab-delimited files
read.fwf(file,widths,header=FALSE,sep="",as.is=FALSE) read a table of *f*ixed *w*idth *f*ormatted data into a 'data.frame'; `widths` is an integer vector, giving the widths of the fixed-width fields
save(file,...) saves the specified objects (...) in the XDR platform-independent binary format
save.image(file) saves all objects
cat(..., file="", sep=" ") prints the arguments after coercing to character; `sep` is the character separator between arguments
print(a, ...) prints its arguments; generic, meaning it can have different methods for different objects
format(x,...) format an R object for pretty printing
write.table(x,file="",row.names=TRUE,col.names=TRUE, sep=" ") prints x after converting to a data frame; if `quote` is `TRUE`, character or factor columns are surrounded by quotes ("); `sep` is the field separator; `eol` is the end-of-line separator; `na` is the string for missing values; use `col.names=NA` to add a blank column header to get the column headers aligned correctly for spreadsheet input
sink(file) output to `file`, until `sink()`
Most of the I/O functions have a `file` argument. This can often be a character string naming a file or a connection. `file=""` means the standard input or output. Connections can include files, pipes, zipped files, and R variables.
On windows, the file connection can also be used with `description = "clipboard"`. To read a table copied from Excel, use
`x <- read.delim("clipboard")`
To write a table to the clipboard for Excel, use
`write.table(x,"clipboard",sep="\t",col.names=NA)`
For database interaction, see packages `RODBC`, `DBI`, `RMySQL`, `RPgSQL`, and `ROracle`. See packages `XML`, `hdf5`, `netCDF` for reading other file formats.

Data creation

c(...) generic function to combine arguments with the default forming a vector; with `recursive=TRUE` descends through lists combining all elements into one vector
from:to generates a sequence; ":" has operator priority; 1:4 + 1 is "2,3,4,5"
seq(from,to) generates a sequence `by=` specifies increment; `length=` specifies desired length
seq(along=x) generates `1, 2, ..., length(along)`; useful for `for` loops
rep(x,times) replicate `x` times; use `each=` to repeat "each" element of `x` each times; `rep(c(1,2,3),2)` is 1 2 3 1 2 3; `rep(c(1,2,3),each=2)` is 1 1 2 2 3 3
data.frame(...) create a data frame of the named or unnamed arguments; `data.frame(v=1:4,ch=c("a","B","c","d"),n=10)`; shorter vectors are recycled to the length of the longest
list(...) create a list of the named or unnamed arguments; `list(a=c(1,2),b="hi",c=3i)`;
array(x,dim=) array with data `x`; specify dimensions like `dim=c(3,4,2)`; elements of `x` recycle if `x` is not long enough
matrix(x,nrow=,ncol=) matrix; elements of `x` recycle
factor(x,levels=) encodes a vector `x` as a factor
gl(n,k,length=n*k,labels=1:n) generate levels (factors) by specifying the pattern of their levels; `k` is the number of levels, and `n` is the number of replications
expand.grid() a data frame from all combinations of the supplied vectors or factors
rbind(...) combine arguments by rows for matrices, data frames, and others
cbind(...) id. by columns

Slicing and extracting data

Indexing vectors

`x[n]`	n^{th} element
`x[-n]`	all *but* the nth element
`x[1:n]`	first `n` elements
`x[-(1:n)]`	elements from `n+1` to the end
`x[c(1,4,2)]`	specific elements
`x["name"]`	element named `"name"`
`x[x > 3]`	all elements greater than 3
`x[x > 3 & x < 5]`	all elements between 3 and 5
`x[x %in% c("a","and","the")]`	elements in the given set

Indexing lists
`x[n]` list with elements `n`
`x[[n]]` n^{th} element of the list
`x[["name"]]` element of the list named `"name"`
`x$name` id.
Indexing matrices
`x[i,j]` element at row `i`, column `j`
`x[i,]` row `i`
`x[,j]` column `j`
`x[,c(1,3)]` columns 1 and 3
`x["name",]` row named `"name"`
Indexing data frames (matrix indexing plus the following)
`x[["name"]]` column named `"name"`
`x$name` id.

Variable conversion

as.array(x), as.data.frame(x), as.numeric(x), as.logical(x), as.complex(x), as.character(x), ... convert type; for a complete list, use `methods(as)`

Variable information

is.na(x), is.null(x), is.array(x), is.data.frame(x), is.numeric(x), is.complex(x), is.character(x), ... test for type; for a complete list, use `methods(is)`
length(x) number of elements in `x`
dim(x) Retrieve or set the dimension of an object; `dim(x) <- c(3,2)`
dimnames(x) Retrieve or set the dimension names of an object
nrow(x) number of rows; `NROW(x)` is the same but treats a vector as a one-row matrix
ncol(x) and **NCOL(x)** id. for columns
class(x) get or set the class of `x`; `class(x) <- "myclass"`
unclass(x) remove the class attribute of `x`
attr(x,which) get or set the attribute `which` of `x`
attributes(obj) get or set the list of attributes of `obj`

Data selection and manipulation

which.max(x) returns the index of the greatest element of **x**
which.min(x) returns the index of the smallest element of **x**
rev(x) reverses the elements of `x`
sort(x) sorts the elements of `x` in increasing order; to sort in decreasing order: `rev(sort(x))`
cut(x,breaks) divides `x` into intervals (factors); `breaks` is the number of cut intervals or a vector of cut points
match(x, y) returns a vector of the same length than `x` with the elements of `x` which are in `y` (`NA` otherwise)
which(x == a) returns a vector of the indices of `x` if the comparison operation is true (`TRUE`), in this example the values of `i` for which `x[i] == a` (the argument of this function must be a variable of mode logical)
choose(n, k) computes the combinations of k events among n repetitions $= n!/[(n-k)!k!]$
na.omit(x) suppresses the observations with missing data (`NA`) (suppresses the corresponding line if `x` is a matrix or a data frame)
na.fail(x) returns an error message if `x` contains at least one `NA`
unique(x) if `x` is a vector or a data frame, returns a similar object but with the duplicate elements suppressed
table(x) returns a table with the numbers of the differents values of `x` (typically for integers or factors)
subset(x, ...) returns a selection of `x` with respect to criteria (`...`, typically comparisons: `x$V1 < 10`); if `x` is a data frame, the option `select` gives the variables to be kept or dropped using a minus sign
sample(x, size) resample randomly and without replacement `size` elements in the vector `x`, the option `replace = TRUE` allows to resample with replacement
prop.table(x,margin=) table entries as fraction of marginal table

Math

sin,cos,tan,asin,acos,atan,atan2,log,log10,exp
max(x) maximum of the elements of `x`
min(x) minimum of the elements of `x`
range(x) id. then `c(min(x), max(x))`
sum(x) sum of the elements of `x`
diff(x) lagged and iterated differences of vector `x`
prod(x) product of the elements of `x`
mean(x) mean of the elements of `x`
median(x) median of the elements of `x`
quantile(x,probs=) sample quantiles corresponding to the given probabilities (defaults to 0,.25,.5,.75,1)
weighted.mean(x, w) mean of `x` with weights `w`
rank(x) ranks of the elements of `x`
var(x) or `cov(x)` variance of the elements of `x` (calculated on $n-1$); if `x` is a matrix or a data frame, the variance-covariance matrix is calculated
sd(x) standard deviation of `x`
cor(x) correlation matrix of `x` if it is a matrix or a data frame (1 if `x` is a vector)
var(x, y) or `cov(x, y)` covariance between `x` and `y`, or between the columns of `x` and those of `y` if they are matrices or data frames
cor(x, y) linear correlation between `x` and `y`, or correlation matrix if they are matrices or data frames
round(x, n) rounds the elements of `x` to `n` decimals
log(x, base) computes the logarithm of `x` with base `base`
scale(x) if `x` is a matrix, centers and reduces the data; to center only use the option `center=FALSE`, to reduce only `scale=FALSE` (by default `center=TRUE, scale=TRUE`)
pmin(x,y,...) a vector which *i*th element is the minimum of `x[i], y[i], ...`
pmax(x,y,...) id. for the maximum
cumsum(x) a vector which *i*th element is the sum from `x[1]` to `x[i]`
cumprod(x) id. for the product
cummin(x) id. for the minimum
cummax(x) id. for the maximum
union(x,y), intersect(x,y), setdiff(x,y), setequal(x,y), is.element(el,set) "set" functions
Re(x) real part of a complex number
Im(x) imaginary part
Mod(x) modulus; `abs(x)` is the same
Arg(x) angle in radians of the complex number
Conj(x) complex conjugate
convolve(x,y) compute the several kinds of convolutions of two sequences

fft(x) Fast Fourier Transform of an array
mvfft(x) FFT of each column of a matrix
filter(x,filter) applies linear filtering to a univariate time series or to each series separately of a multivariate time series
Many math functions have a logical parameter `na.rm=FALSE` to specify missing data (NA) removal.

Matrices

t(x) transpose
diag(x) diagonal
%*% matrix multiplication
solve(a,b) solves `a %*% x = b` for `x`
solve(a) matrix inverse of `a`
rowsum(x) sum of rows for a matrix-like object; **rowSums(x)** is a faster version
colsum(x), **colSums(x)** id. for columns
rowMeans(x) fast version of row means
colMeans(x) id. for columns

Advanced data processing

apply(X,INDEX,FUN=) a vector or array or list of values obtained by applying a function `FUN` to margins (`INDEX`) of `X`
lapply(X,FUN) apply `FUN` to each element of the list `X`
tapply(X,INDEX,FUN=) apply `FUN` to each cell of a ragged array given by `X` with indexes `INDEX`
by(data,INDEX,FUN) apply `FUN` to data frame `data` subsetted by `INDEX`
merge(a,b) merge two data frames by common columns or row names
xtabs(a b,data=x) a contingency table from cross-classifying factors
aggregate(x,by,FUN) splits the data frame `x` into subsets, computes summary statistics for each, and returns the result in a convenient form; `by` is a list of grouping elements, each as long as the variables in `x`
stack(x, ...) transform data available as separate columns in a data frame or list into a single column
unstack(x, ...) inverse of `stack()`
reshape(x, ...) reshapes a data frame between 'wide' format with repeated measurements in separate columns of the same record and 'long' format with the repeated measurements in separate records; use (direction="wide") or (direction="long")

Strings

paste(...) concatenate vectors after converting to character; `sep=` is the string to separate terms (a single space is the default); `collapse=` is an optional string to separate "collapsed" results
substr(x,start,stop) substrings in a character vector; can also assign, as `substr(x, start, stop) <- value`
strsplit(x,split) split `x` according to the substring `split`
grep(pattern,x) searches for matches to `pattern` within `x`; see `?regex`
gsub(pattern,replacement,x) replacement of matches determined by regular expression matching `sub()` is the same but only replaces the first occurrence.
tolower(x) convert to lowercase
toupper(x) convert to uppercase
match(x,table) a vector of the positions of first matches for the elements of `x` among `table`
x %in% table id. but returns a logical vector
pmatch(x,table) partial matches for the elements of `x` among `table`

nchar(x) number of characters

Dates and Times

The class `Date` has dates without times. `POSIXct` has dates and times, including time zones. Comparisons (e.g. >), `seq()`, and `difftime()` are useful. `Date` also allows + and −. `?DateTimeClasses` gives more information. See also package `chron`.
as.Date(s) and **as.POSIXct(s)** convert to the respective class; `format(dt)` converts to a string representation. The default string format is "2001-02-21". These accept a second argument to specify a format for conversion. Some common formats are:

`%a`, `%A` Abbreviated and full weekday name.
`%b`, `%B` Abbreviated and full month name.
`%d` Day of the month (01–31).
`%H` Hours (00–23).
`%I` Hours (01–12).
`%j` Day of year (001–366).
`%m` Month (01–12).
`%M` Minute (00–59).
`%p` AM/PM indicator.
`%S` Second as decimal number (00–61).
`%U` Week (00–53); the first Sunday as day 1 of week 1.
`%w` Weekday (0–6, Sunday is 0).
`%W` Week (00–53); the first Monday as day 1 of week 1.
`%y` Year without century (00–99). Don't use.
`%Y` Year with century.
`%z` (output only.) Offset from Greenwich; `-0800` is 8 hours west of.
`%Z` (output only.) Time zone as a character string (empty if not available).

Where leading zeros are shown they will be used on output but are optional on input. See `?strftime`.

Plotting

plot(x) plot of the values of `x` (on the *y*-axis) ordered on the *x*-axis
plot(x, y) bivariate plot of `x` (on the *x*-axis) and `y` (on the *y*-axis)
hist(x) histogram of the frequencies of `x`
barplot(x) histogram of the values of `x`; use `horiz=FALSE` for horizontal bars
dotchart(x) if `x` is a data frame, plots a Cleveland dot plot (stacked plots line-by-line and column-by-column)
pie(x) circular pie-chart
boxplot(x) "box-and-whiskers" plot
sunflowerplot(x, y) id. than `plot()` but the points with similar coordinates are drawn as flowers which petal number represents the number of points
stripplot(x) plot of the values of `x` on a line (an alternative to `boxplot()` for small sample sizes)
coplot(x~y | z) bivariate plot of `x` and `y` for each value or interval of values of `z`
interaction.plot (f1, f2, y) if `f1` and `f2` are factors, plots the means of `y` (on the *y*-axis) with respect to the values of `f1` (on the *x*-axis) and of `f2` (different curves); the option `fun` allows to choose the summary statistic of `y` (by default `fun=mean`)

matplot(x,y) bivariate plot of the first column of x *vs.* the first one of y, the second one of x *vs.* the second one of y, etc.

fourfoldplot(x) visualizes, with quarters of circles, the association between two dichotomous variables for different populations (x must be an array with dim=c(2, 2, k), or a matrix with dim=c(2, 2) if $k = 1$)

assocplot(x) Cohen–Friendly graph showing the deviations from independence of rows and columns in a two dimensional contingency table

mosaicplot(x) 'mosaic' graph of the residuals from a log-linear regression of a contingency table

pairs(x) if x is a matrix or a data frame, draws all possible bivariate plots between the columns of x

plot.ts(x) if x is an object of class "ts", plot of x with respect to time, x may be multivariate but the series must have the same frequency and dates

ts.plot(x) id. but if x is multivariate the series may have different dates and must have the same frequency

qqnorm(x) quantiles of x with respect to the values expected under a normal law

qqplot(x, y) quantiles of y with respect to the quantiles of x

contour(x, y, z) contour plot (data are interpolated to draw the curves), x and y must be vectors and z must be a matrix so that dim(z)=c(length(x), length(y)) (x and y may be omitted)

filled.contour(x, y, z) id. but the areas between the contours are coloured, and a legend of the colours is drawn as well

image(x, y, z) id. but with colours (actual data are plotted)

persp(x, y, z) id. but in perspective (actual data are plotted)

stars(x) if x is a matrix or a data frame, draws a graph with segments or a star where each row of x is represented by a star and the columns are the lengths of the segments

symbols(x, y, ...) draws, at the coordinates given by x and y, symbols (circles, squares, rectangles, stars, thermometres or "boxplots") which sizes, colours ... are specified by supplementary arguments

termplot(mod.obj) plot of the (partial) effects of a regression model (mod.obj)

The following parameters are common to many plotting functions:

add=FALSE if TRUE superposes the plot on the previous one (if it exists)

axes=TRUE if FALSE does not draw the axes and the box

type="p" specifies the type of plot, "p": points, "l": lines, "b": points connected by lines, "o": id. but the lines are over the points, "h": vertical lines, "s": steps, the data are represented by the top of the vertical lines, "S": id. but the data are represented by the bottom of the vertical lines

xlim=, ylim= specifies the lower and upper limits of the axes, for example with xlim=c(1, 10) or xlim=range(x)

xlab=, ylab= annotates the axes, must be variables of mode character

main= main title, must be a variable of mode character

sub= sub-title (written in a smaller font)

Low-level plotting commands

points(x, y) adds points (the option type= can be used)

lines(x, y) id. but with lines

text(x, y, labels, ...) adds text given by labels at coordinates (x,y); a typical use is: plot(x, y, type="n"); text(x, y, names)

mtext(text, side=3, line=0, ...) adds text given by text in the margin specified by side (see axis() below); line specifies the line from the plotting area

segments(x0, y0, x1, y1) draws lines from points (x0,y0) to points (x1,y1)

arrows(x0, y0, x1, y1, angle= 30, code=2) id. with arrows at points (x0,y0) if code=2, at points (x1,y1) if code=1, or both if code=3; angle controls the angle from the shaft of the arrow to the edge of the arrow head

abline(a,b) draws a line of slope b and intercept a

abline(h=y) draws a horizontal line at ordinate y

abline(v=x) draws a vertical line at abcissa x

abline(lm.obj) draws the regression line given by lm.obj

rect(x1, y1, x2, y2) draws a rectangle which left, right, bottom, and top limits are x1, x2, y1, and y2, respectively

polygon(x, y) draws a polygon linking the points with coordinates given by x and y

legend(x, y, legend) adds the legend at the point (x,y) with the symbols given by legend

title() adds a title and optionally a sub-title

axis(side, vect) adds an axis at the bottom (side=1), on the left (2), at the top (3), or on the right (4); vect (optional) gives the abcissa (or ordinates) where tick-marks are drawn

rug(x) draws the data x on the *x*-axis as small vertical lines

locator(n, type="n", ...) returns the coordinates (x, y) after the user has clicked n times on the plot with the mouse; also draws symbols (type="p") or lines (type="l") with respect to optional graphic parameters (...); by default nothing is drawn (type="n")

Graphical parameters

These can be set globally with **par(...)**; many can be passed as parameters to plotting commands.

adj controls text justification (0 left-justified, 0.5 centred, 1 right-justified)

bg specifies the colour of the background (ex. : bg="red", bg="blue", ... the list of the 657 available colours is displayed with colors())

bty controls the type of box drawn around the plot, allowed values are: "o", "l", "7", "c", "u" ou "]" (the box looks like the corresponding character); if bty="n" the box is not drawn

cex a value controlling the size of texts and symbols with respect to the default; the following parameters have the same control for numbers on the axes, cex.axis, the axis labels, cex.lab, the title, cex.main, and the sub-title, cex.sub

col controls the color of symbols and lines; use color names: "red", "blue" see colors() or as "#RRGGBB"; see rgb(), hsv(), gray(), and rainbow(); as for cex there are: col.axis, col.lab, col.main, col.sub

font an integer which controls the style of text (1: normal, 2: italics, 3: bold, 4: bold italics); as for cex there are: font.axis, font.lab, font.main, font.sub

las an integer which controls the orientation of the axis labels (0: parallel to the axes, 1: horizontal, 2: perpendicular to the axes, 3: vertical)

lty controls the type of lines, can be an integer or string (1: "solid", 2: "dashed", 3: "dotted", 4: "dotdash", 5: "longdash", 6: "twodash", or a string of up to eight characters (between "0" and "9") which specifies alternatively the length, in points or pixels, of the drawn elements and the blanks, for example lty="44" will have the same effect than lty=2

lwd a numeric which controls the width of lines, default 1

mar a vector of 4 numeric values which control the space between the axes and the border of the graph of the form c(bottom, left, top, right), the default values are c(5.1, 4.1, 4.1, 2.1)

mfcol a vector of the form c(nr,nc) which partitions the graphic window as a matrix of nr lines and nc columns, the plots are then drawn in columns

mfrow id. but the plots are drawn by row

pch controls the type of symbol, either an integer between 1 and 25, or any single character within ""

1 ○ 2 △ 3 + 4 × 5 ◇ 6 ▽ 7 ⊠ 8 ✳ 9 ⊕ 10 ⊕ 11 ✡ 12 ⊞ 13 ⊠ 14 ◪ 15 ■
16 ● 17 ▲ 18 ◆ 19 ● 20 • 21 ○ 22 □ 23 ◇ 24 △ 25 ▽ * * . . X X a a ? ?

ps an integer which controls the size in points of texts and symbols

pty a character which specifies the type of the plotting region, "s": square, "m": maximal

tck a value which specifies the length of tick-marks on the axes as a fraction of the smallest of the width or height of the plot; if tck=1 a grid is drawn

tcl a value which specifies the length of tick-marks on the axes as a fraction of the height of a line of text (by default tcl=-0.5)

xaxt if xaxt="n" the *x*-axis is set but not drawn (useful in conjonction with axis(side=1, ...))

yaxt if yaxt="n" the *y*-axis is set but not drawn (useful in conjonction with axis(side=2, ...))

Lattice (Trellis) graphics

xyplot(y~x) bivariate plots (with many functionalities)

barchart(y~x) histogram of the values of y with respect to those of x

dotplot(y~x) Cleveland dot plot (stacked plots line-by-line and column-by-column)

densityplot(~x) density functions plot

histogram(~x) histogram of the frequencies of x

bwplot(y~x) "box-and-whiskers" plot

qqmath(~x) quantiles of x with respect to the values expected under a theoretical distribution

stripplot(y~x) single dimension plot, x must be numeric, y may be a factor

qq(y~x) quantiles to compare two distributions, x must be numeric, y may be numeric, character, or factor but must have two 'levels'

splom(~x) matrix of bivariate plots

parallel(~x) parallel coordinates plot

levelplot(z~x*y|g1*g2) coloured plot of the values of z at the coordinates given by x and y (x, y and z are all of the same length)

wireframe(z~x*y|g1*g2) 3d surface plot

cloud(z~x*y|g1*g2) 3d scatter plot

In the normal Lattice formula, y x|g1*g2 has combinations of optional conditioning variables g1 and g2 plotted on separate panels. Lattice functions take many of the same arguments as base graphics plus also data= the data frame for the formula variables and subset= for subsetting. Use panel= to define a custom panel function (see apropos("panel") and ?llines). Lattice functions return an object of class trellis and have to be print-ed to produce the graph. Use print(xyplot(...)) inside functions where automatic printing doesn't work. Use lattice.theme and lset to change Lattice defaults.

Optimization and model fitting

optim(par, fn, method = c("Nelder-Mead", "BFGS", "CG", "L-BFGS-B", "SANN") general-purpose optimization; par is initial values, fn is function to optimize (normally minimize)

nlm(f,p) minimize function f using a Newton-type algorithm with starting values p

lm(formula) fit linear models; formula is typically of the form response termA + termB + ...; use I(x*y) + I(x^2) for terms made of nonlinear components

glm(formula,family=) fit generalized linear models, specified by giving a symbolic description of the linear predictor and a description of the error distribution; family is a description of the error distribution and link function to be used in the model; see ?family

nls(formula) nonlinear least-squares estimates of the nonlinear model parameters

approx(x,y=) linearly interpolate given data points; x can be an xy plotting structure

spline(x,y=) cubic spline interpolation

loess(formula) fit a polynomial surface using local fitting

Many of the formula-based modeling functions have several common arguments: data= the data frame for the formula variables, subset= a subset of variables used in the fit, na.action= action for missing values: "na.fail", "na.omit", or a function. The following generics often apply to model fitting functions:

predict(fit,...) predictions from fit based on input data

df.residual(fit) returns the number of residual degrees of freedom

coef(fit) returns the estimated coefficients (sometimes with their standard-errors)

residuals(fit) returns the residuals

deviance(fit) returns the deviance

fitted(fit) returns the fitted values

logLik(fit) computes the logarithm of the likelihood and the number of parameters

AIC(fit) computes the Akaike information criterion or AIC

Statistics

aov(formula) analysis of variance model

anova(fit,...) analysis of variance (or deviance) tables for one or more fitted model objects

density(x) kernel density estimates of x

binom.test(), pairwise.t.test(), power.t.test(), prop.test(), t.test(), ... use help.search("test")

Distributions

rnorm(n, mean=0, sd=1) Gaussian (normal)

rexp(n, rate=1) exponential

rgamma(n, shape, scale=1) gamma

rpois(n, lambda) Poisson
rweibull(n, shape, scale=1) Weibull
rcauchy(n, location=0, scale=1) Cauchy
rbeta(n, shape1, shape2) beta
rt(n, df) 'Student' (t)
rf(n, df1, df2) Fisher–Snedecor (F) (χ^2)
rchisq(n, df) Pearson
rbinom(n, size, prob) binomial
rgeom(n, prob) geometric
rhyper(nn, m, n, k) hypergeometric
rlogis(n, location=0, scale=1) logistic
rlnorm(n, meanlog=0, sdlog=1) lognormal
rnbinom(n, size, prob) negative binomial
runif(n, min=0, max=1) uniform
rwilcox(nn, m, n), `rsignrank(nn, n)` Wilcoxon's statistics
All these functions can be used by replacing the letter `r` with `d`, `p` or `q` to get, respectively, the probability density (`d`*`func`*`(x, ...)`), the cumulative probability density (`p`*`func`*`(x, ...)`), and the value of quantile (`q`*`func`*`(p, ...)`, with $0 < p < 1$).

Programming

function(arglist) expr function definition
return(value)
if(cond) expr
if(cond) cons.expr else alt.expr
for(var in seq) expr
while(cond) expr
repeat expr
break
next
Use braces {} around statements
ifelse(test, yes, no) a value with the same shape as `test` filled with elements from either `yes` or `no`
do.call(funname, args) executes a function call from the name of the function and a list of arguments to be passed to it

[부록 2] R 색상표

(출처: http://research.stowers-institute.org/efg/R/Color/ColorChart.pdf)

R colors

http://research.stowers-institute.org/efg/R/Color/Chart

1	2	3	4	5	6	7	8	9	10	11	12	13	14	15	16	17	18	19	20	21	22	23	24	25
26	27	28	29	30	31	32	33	34	35	36	37	38	39	40	41	42	43	44	45	46	47	48	49	50
51	52	53	54	55	56	57	58	59	60	61	62	63	64	65	66	67	68	69	70	71	72	73	74	75
76	77	78	79	80	81	82	83	84	85	86	87	88	89	90	91	92	93	94	95	96	97	98	99	100
101	102	103	104	105	106	107	108	109	110	111	112	113	114	115	116	117	118	119	120	121	122	123	124	125
126	127	128	129	130	131	132	133	134	135	136	137	138	139	140	141	142	143	144	145	146	147	148	149	150
151	152	153	154	155	156	157	158	159	160	161	162	163	164	165	166	167	168	169	170	171	172	173	174	175
176	177	178	179	180	181	182	183	184	185	186	187	188	189	190	191	192	193	194	195	196	197	198	199	200
201	202	203	204	205	206	207	208	209	210	211	212	213	214	215	216	217	218	219	220	221	222	223	224	225
226	227	228	229	230	231	232	233	234	235	236	237	238	239	240	241	242	243	244	245	246	247	248	249	250
251	252	253	254	255	256	257	258	259	260	261	262	263	264	265	266	267	268	269	270	271	272	273	274	275
276	277	278	279	280	281	282	283	284	285	286	287	288	289	290	291	292	293	294	295	296	297	298	299	300
301	302	303	304	305	306	307	308	309	310	311	312	313	314	315	316	317	318	319	320	321	322	323	324	325
326	327	328	329	330	331	332	333	334	335	336	337	338	339	340	341	342	343	344	345	346	347	348	349	350
351	352	353	354	355	356	357	358	359	360	361	362	363	364	365	366	367	368	369	370	371	372	373	374	375
376	377	378	379	380	381	382	383	384	385	386	387	388	389	390	391	392	393	394	395	396	397	398	399	400
401	402	403	404	405	406	407	408	409	410	411	412	413	414	415	416	417	418	419	420	421	422	423	424	425
426	427	428	429	430	431	432	433	434	435	436	437	438	439	440	441	442	443	444	445	446	447	448	449	450
451	452	453	454	455	456	457	458	459	460	461	462	463	464	465	466	467	468	469	470	471	472	473	474	475
476	477	478	479	480	481	482	483	484	485	486	487	488	489	490	491	492	493	494	495	496	497	498	499	500
501	502	503	504	505	506	507	508	509	510	511	512	513	514	515	516	517	518	519	520	521	522	523	524	525
526	527	528	529	530	531	532	533	534	535	536	537	538	539	540	541	542	543	544	545	546	547	548	549	550
551	552	553	554	555	556	557	558	559	560	561	562	563	564	565	566	567	568	569	570	571	572	573	574	575
576	577	578	579	580	581	582	583	584	585	586	587	588	589	590	591	592	593	594	595	596	597	598	599	600
601	602	603	604	605	606	607	608	609	610	611	612	613	614	615	616	617	618	619	620	621	622	623	624	625
626	627	628	629	630	631	632	633	634	635	636	637	638	639	640	641	642	643	644	645	646	647	648	649	650
651	652	653	654	655	656	657																		

R colors -- Sorted by Hue, Saturation, Value

24	153	261	154	262	155	263	156	264	157	265	158	266	159	267	160	268	161	269	162	270	163	271	164	272
165	273	166	274	167	275	168	276	169	277	170	278	171	279	172	280	173	281	174	282	175	283	176	284	177
285	178	286	179	287	180	288	181	289	182	290	183	291	184	292	185	293	186	294	187	295	188	296	189	297
190	298	191	299	192	300	193	301	126	127	194	302	195	303	196	304	197	305	198	306	199	307	200	308	201
309	202	310	203	311	204	312	205	313	206	314	207	315	208	316	209	317	210	318	211	319	212	320	213	321
214	322	215	323	216	324	217	325	218	326	219	327	80	82	220	328	221	329	222	330	223	331	224	332	225
333	226	334	227	335	152	260	228	336	229	337	230	338	231	339	232	340	233	341	234	342	235	343	416	418
236	344	237	345	238	346	239	347	140	240	348	241	349	242	350	243	351	244	352	245	353	246	354	247	355
248	356	249	357	651	250	358	251	359	252	360	1	253	361	609	608	605	606	607	557	558	559	560	561	404
372	376	374	373	375	32	36	33	35	34	133	134	137	136	135	100	556	555	554	552	553	482	479	480	568
481	483	633	632	630	631	634	60	61	59	58	570	571	572	569	101	507	506	57	505	503	504	426	424	425
428	427	587	586	585	584	588	579	580	54	55	53	52	56	567	582	581	583	573	532	533	530	531	534	621
624	622	535	623	92	94	93	91	449	22	19	20	21	90	6	4	41	5	39	38	40	23	37	3	620
7	487	485	486	25	489	488	529	484	500	498	499	502	650	501	646	492	647	649	648	138	76	77	78	79
75	151	147	148	149	150	63	64	65	66	412	411	413	414	146	67	410	142	143	145	144	396	397	394	395
382	513	386	383	385	384	398	83	381	380	377	378	379	18	443	444	445	446	447	415	656	655	654	652	653
497	494	493	495	496	657	85	86	89	87	88	259	47	48	50	51	49	393	366	365	362	363	364	102	103
104	105	106	514	417	516	517	518	515	139	448	81	258	257	256	254	255	576	575	574	578	577	472	612	614
613	610	611	478	474	11	460	8	9	10	12	635	429	475	17	16	13	14	15	405	406	407	408	409	519
523	520	522	521	108	113	110	109	111	112	72	74	71	70	68	69	114	42	639	637	638	636	46	44	45
43	546	403	399	124	400	401	121	122	125	123	402	589	433	432	431	434	430	592	590	591	593	617	618	615
616	619	2	131	128	129	130	132	436	437	599	604	602	600	601	603	442	441	440	438	439	62	565	564	563
562	566	141	387	477	490	491	30	73	29	461	28	26	27	597	595	594	598	435	596	107	473	471	469	470
467	468	548	31	549	550	551	547	99	97	96	95	98	115	465	464	463	466	462	629	625	628	626	627	545
542	544	543	541	640	84	454	453	452	450	451	512	508	511	509	510	641	459	476	458	457	456	120	118	116
117	119	367	371	368	369	645	642	643	644	370	392	455	390	391	388	389	525	524	527	526	528	540	538	539
537	536	419	421	422	423	420																		

R colors

No.	Name	Hex	R	G	B
1	white	#FFFFFF	255	255	255
2	aliceblue	#F0F8FF	240	248	255
3	antiquewhite	#FAEBD7	250	235	215
4	antiquewhite1	#FFEFDB	255	239	219
5	antiquewhite2	#EEDFCC	238	223	204
6	antiquewhite3	#CDC0B0	205	192	176
7	antiquewhite4	#8B8378	139	131	120
8	aquamarine	#7FFFD4	127	255	212
9	aquamarine1	#7FFFD4	127	255	212
10	aquamarine2	#76EEC6	118	238	198
11	aquamarine3	#66CDAA	102	205	170
12	aquamarine4	#458B74	69	139	116
13	azure	#F0FFFF	240	255	255
14	azure1	#F0FFFF	240	255	255
15	azure2	#E0EEEE	224	238	238
16	azure3	#C1CDCD	193	205	205
17	azure4	#838B8B	131	139	139
18	beige	#F5F5DC	245	245	220
19	bisque	#FFE4C4	255	228	196
20	bisque1	#FFE4C4	255	228	196
21	bisque2	#EED5B7	238	213	183
22	bisque3	#CDB79E	205	183	158
23	bisque4	#8B7D6B	139	125	107
24	black	#000000	0	0	0
25	blanchedalmond	#FFEBCD	255	235	205
26	blue	#0000FF	0	0	255
27	blue1	#0000FF	0	0	255
28	blue2	#0000EE	0	0	238
29	blue3	#0000CD	0	0	205
30	blue4	#00008B	0	0	139
31	blueviolet	#8A2BE2	138	43	226
32	brown	#A52A2A	165	42	42
33	brown1	#FF4040	255	64	64
34	brown2	#EE3B3B	238	59	59
35	brown3	#CD3333	205	51	51
36	brown4	#8B2323	139	35	35
37	burlywood	#DEB887	222	184	135
38	burlywood1	#FFD39B	255	211	155
39	burlywood2	#EEC591	238	197	145
40	burlywood3	#CDAA7D	205	170	125
41	burlywood4	#8B7355	139	115	85
42	cadetblue	#5F9EA0	95	158	160
43	cadetblue1	#98F5FF	152	245	255
44	cadetblue2	#8EE5EE	142	229	238
45	cadetblue3	#7AC5CD	122	197	205
46	cadetblue4	#53868B	83	134	139
47	chartreuse	#7FFF00	127	255	0
48	chartreuse1	#7FFF00	127	255	0
49	chartreuse2	#76EE00	118	238	0
50	chartreuse3	#66CD00	102	205	0
51	chartreuse4	#458B00	69	139	0
52	chocolate	#D2691E	210	105	30
53	chocolate1	#FF7F24	255	127	36
54	chocolate2	#EE7621	238	118	33
55	chocolate3	#CD661D	205	102	29
56	chocolate4	#8B4513	139	69	19
57	coral	#FF7F50	255	127	80
58	coral1	#FF7256	255	114	86
59	coral2	#EE6A50	238	106	80
60	coral3	#CD5B45	205	91	69
61	coral4	#8B3E2F	139	62	47
62	cornflowerblue	#6495ED	100	149	237
63	cornsilk	#FFF8DC	255	248	220
64	cornsilk1	#FFF8DC	255	248	220
65	cornsilk2	#EEE8CD	238	232	205
66	cornsilk3	#CDC8B1	205	200	177
67	cornsilk4	#8B8878	139	136	120
68	cyan	#00FFFF	0	255	255
69	cyan1	#00FFFF	0	255	255
70	cyan2	#00EEEE	0	238	238
71	cyan3	#00CDCD	0	205	205
72	cyan4	#008B8B	0	139	139
73	darkblue	#00008B	0	0	139
74	darkcyan	#008B8B	0	139	139
75	darkgoldenrod	#B8860B	184	134	11
76	darkgoldenrod1	#FFB90F	255	185	15
77	darkgoldenrod2	#EEAD0E	238	173	14
78	darkgoldenrod3	#CD950C	205	149	12
79	darkgoldenrod4	#8B6508	139	101	8
80	darkgray	#A9A9A9	169	169	169
81	darkgreen	#006400	0	100	0
82	darkgrey	#A9A9A9	169	169	169
83	darkkhaki	#BDB76B	189	183	107
84	darkmagenta	#8B008B	139	0	139
85	darkolivegreen	#556B2F	85	107	47
86	darkolivegreen1	#CAFF70	202	255	112
87	darkolivegreen2	#BCEE68	188	238	104
88	darkolivegreen3	#A2CD5A	162	205	90
89	darkolivegreen4	#6E8B3D	110	139	61
90	darkorange	#FF8C00	255	140	0
91	darkorange1	#FF7F00	255	127	0
92	darkorange2	#EE7600	238	118	0
93	darkorange3	#CD6600	205	102	0
94	darkorange4	#8B4500	139	69	0
95	darkorchid	#9932CC	153	50	204
96	darkorchid1	#BF3EFF	191	62	255
97	darkorchid2	#B23AEE	178	58	238
98	darkorchid3	#9A32CD	154	50	205
99	darkorchid4	#68228B	104	34	139
100	darkred	#8B0000	139	0	0

R colors

No.	Name	Hex	R	G	B
101	darksalmon	#E9967A	233	150	122
102	darkseagreen	#8FBC8F	143	188	143
103	darkseagreen1	#C1FFC1	193	255	193
104	darkseagreen2	#B4EEB4	180	238	180
105	darkseagreen3	#9BCD9B	155	205	155
106	darkseagreen4	#698B69	105	139	105
107	darkslateblue	#483D8B	72	61	139
108	darkslategray	#2F4F4F	47	79	79
109	darkslategray1	#97FFFF	151	255	255
110	darkslategray2	#8DEEEE	141	238	238
111	darkslategray3	#79CDCD	121	205	205
112	darkslategray4	#528B8B	82	139	139
113	darkslategrey	#2F4F4F	47	79	79
114	darkturquoise	#00CED1	0	206	209
115	darkviolet	#9400D3	148	0	211
116	deeppink	#FF1493	255	20	147
117	deeppink1	#FF1493	255	20	147
118	deeppink2	#EE1289	238	18	137
119	deeppink3	#CD1076	205	16	118
120	deeppink4	#8B0A50	139	10	80
121	deepskyblue	#00BFFF	0	191	255
122	deepskyblue1	#00BFFF	0	191	255
123	deepskyblue2	#00B2EE	0	178	238
124	deepskyblue3	#009ACD	0	154	205
125	deepskyblue4	#00688B	0	104	139
126	dimgray	#696969	105	105	105
127	dimgrey	#696969	105	105	105
128	dodgerblue	#1E90FF	30	144	255
129	dodgerblue1	#1E90FF	30	144	255
130	dodgerblue2	#1C86EE	28	134	238
131	dodgerblue3	#1874CD	24	116	205
132	dodgerblue4	#104E8B	16	78	139
133	firebrick	#B22222	178	34	34
134	firebrick1	#FF3030	255	48	48
135	firebrick2	#EE2C2C	238	44	44
136	firebrick3	#CD2626	205	38	38
137	firebrick4	#8B1A1A	139	26	26
138	floralwhite	#FFFAF0	255	250	240
139	forestgreen	#228B22	34	139	34
140	gainsboro	#DCDCDC	220	220	220
141	ghostwhite	#F8F8FF	248	248	255
142	gold	#FFD700	255	215	0
143	gold1	#FFD700	255	215	0
144	gold2	#EEC900	233	201	0
145	gold3	#CDAD00	205	173	0
146	gold4	#8B7500	139	117	0
147	goldenrod	#DAA520	218	165	32
148	goldenrod1	#FFC125	255	193	37
149	goldenrod2	#EEB422	238	180	34
150	goldenrod3	#CD9B1D	205	155	29

No.	Name	Hex	R	G	B
151	goldenrod4	#8B6914	139	105	20
152	gray	#BEBEBE	190	190	190
153	gray0	#000000	0	0	0
154	gray1	#030303	3	3	3
155	gray2	#050505	5	5	5
156	gray3	#080808	8	8	8
157	gray4	#0A0A0A	10	10	10
158	gray5	#0D0D0D	13	13	13
159	gray6	#0F0F0F	15	15	15
160	gray7	#121212	18	18	18
161	gray8	#141414	20	20	20
162	gray9	#171717	23	23	23
163	gray10	#1A1A1A	26	26	26
164	gray11	#1C1C1C	28	28	28
165	gray12	#1F1F1F	31	31	31
166	gray13	#212121	33	33	33
167	gray14	#242424	36	36	36
168	gray15	#262626	38	38	38
169	gray16	#292929	41	41	41
170	gray17	#2B2B2B	43	43	43
171	gray18	#2E2E2E	46	46	46
172	gray19	#303030	48	48	48
173	gray20	#333333	51	51	51
174	gray21	#363636	54	54	54
175	gray22	#383838	56	56	56
176	gray23	#3B3B3B	59	59	59
177	gray24	#3D3D3D	61	61	61
178	gray25	#404040	64	64	64
179	gray26	#424242	66	66	66
180	gray27	#454545	69	69	69
181	gray28	#474747	71	71	71
182	gray29	#4A4A4A	74	74	74
183	gray30	#4D4D4D	77	77	77
184	gray31	#4F4F4F	79	79	79
185	gray32	#525252	82	82	82
186	gray33	#545454	84	84	84
187	gray34	#575757	87	87	87
188	gray35	#595959	89	89	89
189	gray36	#5C5C5C	92	92	92
190	gray37	#5E5E5E	94	94	94
191	gray38	#616161	97	97	97
192	gray39	#636363	99	99	99
193	gray40	#666666	102	102	102
194	gray41	#696969	105	105	105
195	gray42	#6B6B6B	107	107	107
196	gray43	#6E6E6E	110	110	110
197	gray44	#707070	112	112	112
198	gray45	#737373	115	115	115
199	gray46	#757575	117	117	117
200	gray47	#787878	120	120	120

R colors

No.	Name	Hex	R	G	B
201	gray48	#7A7A7A	122	122	122
202	gray49	#7D7D7D	125	125	125
203	gray50	#7F7F7F	127	127	127
204	gray51	#828282	130	130	130
205	gray52	#858585	133	133	133
206	gray53	#878787	135	135	135
207	gray54	#8A8A8A	138	138	138
208	gray55	#8C8C8C	140	140	140
209	gray56	#8F8F8F	143	143	143
210	gray57	#919191	145	145	145
211	gray58	#949494	148	148	148
212	gray59	#969696	150	150	150
213	gray60	#999999	153	153	153
214	gray61	#9C9C9C	156	156	156
215	gray62	#9E9E9E	158	158	158
216	gray63	#A1A1A1	161	161	161
217	gray64	#A3A3A3	163	163	163
218	gray65	#A6A6A6	166	166	166
219	gray66	#A8A8A8	168	168	168
220	gray67	#ABABAB	171	171	171
221	gray68	#ADADAD	173	173	173
222	gray69	#B0B0B0	176	176	176
223	gray70	#B3B3B3	179	179	179
224	gray71	#B5B5B5	181	181	181
225	gray72	#B8B8B8	184	184	184
226	gray73	#BABABA	186	186	186
227	gray74	#BDBDBD	189	189	189
228	gray75	#BFBFBF	191	191	191
229	gray76	#C2C2C2	194	194	194
230	gray77	#C4C4C4	196	196	196
231	gray78	#C7C7C7	199	199	199
232	gray79	#C9C9C9	201	201	201
233	gray80	#CCCCCC	204	204	204
234	gray81	#CFCFCF	207	207	207
235	gray82	#D1D1D1	209	209	209
236	gray83	#D4D4D4	212	212	212
237	gray84	#D6D6D6	214	214	214
238	gray85	#D9D9D9	217	217	217
239	gray86	#DBDBDB	219	219	219
240	gray87	#DEDEDE	222	222	222
241	gray88	#E0E0E0	224	224	224
242	gray89	#E3E3E3	227	227	227
243	gray90	#E5E5E5	229	229	229
244	gray91	#E8E8E8	232	232	232
245	gray92	#EBEBEB	235	235	235
246	gray93	#EDEDED	237	237	237
247	gray94	#F0F0F0	240	240	240
248	gray95	#F2F2F2	242	242	242
249	gray96	#F5F5F5	245	245	245
250	gray97	#F7F7F7	247	247	247
251	gray98	#FAFAFA	250	250	250
252	gray99	#FCFCFC	252	252	252
253	gray100	#FFFFFF	255	255	255
254	green	#00FF00	0	255	0
255	green1	#00FF00	0	255	0
256	green2	#00EE00	0	238	0
257	green3	#00CD00	0	205	0
258	green4	#008B00	0	139	0
259	greenyellow	#ADFF2F	173	255	47
260	grey	#BEBEBE	190	190	190
261	grey0	#000000	0	0	0
262	grey1	#030303	3	3	3
263	grey2	#050505	5	5	5
264	grey3	#080808	8	8	8
265	grey4	#0A0A0A	10	10	10
266	grey5	#0D0D0D	13	13	13
267	grey6	#0F0F0F	15	15	15
268	grey7	#121212	18	18	18
269	grey8	#141414	20	20	20
270	grey9	#171717	23	23	23
271	grey10	#1A1A1A	26	26	26
272	grey11	#1C1C1C	28	28	28
273	grey12	#1F1F1F	31	31	31
274	grey13	#212121	33	33	33
275	grey14	#242424	36	36	36
276	grey15	#262626	38	38	38
277	grey16	#292929	41	41	41
278	grey17	#2B2B2B	43	43	43
279	grey18	#2E2E2E	46	46	46
280	grey19	#303030	48	48	48
281	grey20	#333333	51	51	51
282	grey21	#363636	54	54	54
283	grey22	#383838	56	56	56
284	grey23	#3B3B3B	59	59	59
285	grey24	#3D3D3D	61	61	61
286	grey25	#404040	64	64	64
287	grey26	#424242	66	66	66
288	grey27	#454545	69	69	69
289	grey28	#474747	71	71	71
290	grey29	#4A4A4A	74	74	74
291	grey30	#4D4D4D	77	77	77
292	grey31	#4F4F4F	79	79	79
293	grey32	#525252	82	82	82
294	grey33	#545454	84	84	84
295	grey34	#575757	87	87	87
296	grey35	#595959	89	89	89
297	grey36	#5C5C5C	92	92	92
298	grey37	#5E5E5E	94	94	94
299	grey38	#616161	97	97	97
300	grey39	#636363	99	99	99

R colors

301	grey40	#666666	102	102	102
302	grey41	#696969	105	105	105
303	grey42	#6B6B6B	107	107	107
304	grey43	#6E6E6E	110	110	110
305	grey44	#707070	112	112	112
306	grey45	#737373	115	115	115
307	grey46	#757575	117	117	117
308	grey47	#787878	120	120	120
309	grey48	#7A7A7A	122	122	122
310	grey49	#7D7D7D	125	125	125
311	grey50	#7F7F7F	127	127	127
312	grey51	#828282	130	130	130
313	grey52	#858585	133	133	133
314	grey53	#878787	135	135	135
315	grey54	#8A8A8A	138	138	138
316	grey55	#8C8C8C	140	140	140
317	grey56	#8F8F8F	143	143	143
318	grey57	#919191	145	145	145
319	grey58	#949494	148	148	148
320	grey59	#969696	150	150	150
321	grey60	#999999	153	153	153
322	grey61	#9C9C9C	156	156	156
323	grey62	#9E9E9E	158	158	158
324	grey63	#A1A1A1	161	161	161
325	grey64	#A3A3A3	163	163	163
326	grey65	#A6A6A6	166	166	166
327	grey66	#A8A8A8	168	168	168
328	grey67	#ABABAB	171	171	171
329	grey68	#ADADAD	173	173	173
330	grey69	#B0B0B0	176	176	176
331	grey70	#B3B3B3	179	179	179
332	grey71	#B5B5B5	181	181	181
333	grey72	#B8B8B8	184	184	184
334	grey73	#BABABA	186	186	186
335	grey74	#BDBDBD	189	189	189
336	grey75	#BFBFBF	191	191	191
337	grey76	#C2C2C2	194	194	194
338	grey77	#C4C4C4	196	196	196
339	grey78	#C7C7C7	199	199	199
340	grey79	#C9C9C9	201	201	201
341	grey80	#CCCCCC	204	204	204
342	grey81	#CFCFCF	207	207	207
343	grey82	#D1D1D1	209	209	209
344	grey83	#D4D4D4	212	212	212
345	grey84	#D6D6D6	214	214	214
346	grey85	#D9D9D9	217	217	217
347	grey86	#DBDBDB	219	219	219
348	grey87	#DEDEDE	222	222	222
349	grey88	#E0E0E0	224	224	224
350	grey89	#E3E3E3	227	227	227
351	grey90	#E5E5E5	229	229	229
352	grey91	#E8E8E8	232	232	232
353	grey92	#EBEBEB	235	235	235
354	grey93	#EDEDED	237	237	237
355	grey94	#F0F0F0	240	240	240
356	grey95	#F2F2F2	242	242	242
357	grey96	#F5F5F5	245	245	245
358	grey97	#F7F7F7	247	247	247
359	grey98	#FAFAFA	250	250	250
360	grey99	#FCFCFC	252	252	252
361	grey100	#FFFFFF	255	255	255
362	honeydew	#F0FFF0	240	255	240
363	honeydew1	#F0FFF0	240	255	240
364	honeydew2	#E0EEE0	224	238	224
365	honeydew3	#C1CDC1	193	205	193
366	honeydew4	#838B83	131	139	131
367	hotpink	#FF69B4	255	105	180
368	hotpink1	#FF6EB4	255	110	180
369	hotpink2	#EE6AA7	238	106	167
370	hotpink3	#CD6090	205	96	144
371	hotpink4	#8B3A62	139	58	98
372	indianred	#CD5C5C	205	92	92
373	indianred1	#FF6A6A	255	106	106
374	indianred2	#EE6363	238	99	99
375	indianred3	#CD5555	205	85	85
376	indianred4	#8B3A3A	139	58	58
377	ivory	#FFFFF0	255	255	240
378	ivory1	#FFFFF0	255	255	240
379	ivory2	#EEEEE0	238	238	224
380	ivory3	#CDCDC1	205	205	193
381	ivory4	#8B8B83	139	139	131
382	khaki	#F0E68C	240	230	140
383	khaki1	#FFF68F	255	246	143
384	khaki2	#EEE685	238	230	133
385	khaki3	#CDC673	205	198	115
386	khaki4	#8B864E	139	134	78
387	lavender	#E6E6FA	230	230	250
388	lavenderblush	#FFF0F5	255	240	245
389	lavenderblush1	#FFF0F5	255	240	245
390	lavenderblush2	#EEE0E5	238	224	229
391	lavenderblush3	#CDC1C5	205	193	197
392	lavenderblush4	#8B8386	139	131	134
393	lawngreen	#7CFC00	124	252	0
394	lemonchiffon	#FFFACD	255	250	205
395	lemonchiffon1	#FFFACD	255	250	205
396	lemonchiffon2	#EEE9BF	238	233	191
397	lemonchiffon3	#CDC9A5	205	201	165
398	lemonchiffon4	#8B8970	139	137	112
399	lightblue	#ADD8E6	173	216	230
400	lightblue1	#BFEFFF	191	239	255

R colors

401	lightblue2	#B2DFEE	178	223	238
402	lightblue3	#9AC0CD	154	192	205
403	lightblue4	#68838B	104	131	139
404	lightcoral	#F08080	240	128	128
405	lightcyan	#E0FFFF	224	255	255
406	lightcyan1	#E0FFFF	224	255	255
407	lightcyan2	#D1EEEE	209	238	238
408	lightcyan3	#B4CDCD	180	205	205
409	lightcyan4	#7A8B8B	122	139	139
410	lightgoldenrod	#EEDD82	238	221	130
411	lightgoldenrod1	#FFEC8B	255	236	139
412	lightgoldenrod2	#EEDC82	238	220	130
413	lightgoldenrod3	#CDBE70	205	190	112
414	lightgoldenrod4	#8B814C	139	129	76
415	lightgoldenrodyellow	#FAFAD2	250	250	210
416	lightgray	#D3D3D3	211	211	211
417	lightgreen	#90EE90	144	238	144
418	lightgrey	#D3D3D3	211	211	211
419	lightpink	#FFB6C1	255	182	193
420	lightpink1	#FFAEB9	255	174	185
421	lightpink2	#EEA2AD	238	162	173
422	lightpink3	#CD8C95	205	140	149
423	lightpink4	#8B5F65	139	95	101
424	lightsalmon	#FFA07A	255	160	122
425	lightsalmon1	#FFA07A	255	160	122
426	lightsalmon2	#EE9572	238	149	114
427	lightsalmon3	#CD8162	205	129	98
428	lightsalmon4	#8B5742	139	87	66
429	lightseagreen	#20B2AA	32	178	170
430	lightskyblue	#87CEFA	135	206	250
431	lightskyblue1	#B0E2FF	176	226	255
432	lightskyblue2	#A4D3EE	164	211	238
433	lightskyblue3	#8DB6CD	141	182	205
434	lightskyblue4	#607B8B	96	123	139
435	lightslateblue	#8470FF	132	112	255
436	lightslategray	#778899	119	136	153
437	lightslategrey	#778899	119	136	153
438	lightsteelblue	#B0C4DE	176	196	222
439	lightsteelblue1	#CAE1FF	202	225	255
440	lightsteelblue2	#BCD2EE	188	210	238
441	lightsteelblue3	#A2B5CD	162	181	205
442	lightsteelblue4	#6E7B8B	110	123	139
443	lightyellow	#FFFFE0	255	255	224
444	lightyellow1	#FFFFE0	255	255	224
445	lightyellow2	#EEEED1	238	238	209
446	lightyellow3	#CDCDB4	205	205	180
447	lightyellow4	#8B8B7A	139	139	122
448	limegreen	#32CD32	50	205	50
449	linen	#FAF0E6	250	240	230
450	magenta	#FF00FF	255	0	255
451	magenta1	#FF00FF	255	0	255
452	magenta2	#EE00EE	238	0	238
453	magenta3	#CD00CD	205	0	205
454	magenta4	#8B008B	139	0	139
455	maroon	#B03060	176	48	96
456	maroon1	#FF34B3	255	52	179
457	maroon2	#EE30A7	238	48	167
458	maroon3	#CD2990	205	41	144
459	maroon4	#8B1C62	139	28	98
460	mediumaquamarine	#66CDAA	102	205	170
461	mediumblue	#0000CD	0	0	205
462	mediumorchid	#BA55D3	186	85	211
463	mediumorchid1	#E066FF	224	102	255
464	mediumorchid2	#D15FEE	209	95	238
465	mediumorchid3	#B452CD	180	82	205
466	mediumorchid4	#7A378B	122	55	139
467	mediumpurple	#9370DB	147	112	219
468	mediumpurple1	#AB82FF	171	130	255
469	mediumpurple2	#9F79EE	159	121	238
470	mediumpurple3	#8968CD	137	104	205
471	mediumpurple4	#5D478B	93	71	139
472	mediumseagreen	#3CB371	60	179	113
473	mediumslateblue	#7B68EE	123	104	238
474	mediumspringgreen	#00FA9A	0	250	154
475	mediumturquoise	#48D1CC	72	209	204
476	mediumvioletred	#C71585	199	21	133
477	midnightblue	#191970	25	25	112
478	mintcream	#F5FFFA	245	255	250
479	mistyrose	#FFE4E1	255	228	225
480	mistyrose1	#FFE4E1	255	228	225
481	mistyrose2	#EED5D2	238	213	210
482	mistyrose3	#CDB7B5	205	183	181
483	mistyrose4	#8B7D7B	139	125	123
484	moccasin	#FFE4B5	255	228	181
485	navajowhite	#FFDEAD	255	222	173
486	navajowhite1	#FFDEAD	255	222	173
487	navajowhite2	#EECFA1	238	207	161
488	navajowhite3	#CDB38B	205	179	139
489	navajowhite4	#8B795E	139	121	94
490	navy	#000080	0	0	128
491	navyblue	#000080	0	0	128
492	oldlace	#FDF5E6	253	245	230
493	olivedrab	#6B8E23	107	142	35
494	olivedrab1	#C0FF3E	192	255	62
495	olivedrab2	#B3EE3A	179	238	58
496	olivedrab3	#9ACD32	154	205	50
497	olivedrab4	#698B22	105	139	34
498	orange	#FFA500	255	165	0
499	orange1	#FFA500	255	165	0
500	orange2	#EE9A00	238	154	0

R colors

No.	Name	Hex	R	G	B
501	orange3	#CD8500	205	133	0
502	orange4	#8B5A00	139	90	0
503	orangered	#FF4500	255	69	0
504	orangered1	#FF4500	255	69	0
505	orangered2	#EE4000	238	64	0
506	orangered3	#CD3700	205	55	0
507	orangered4	#8B2500	139	37	0
508	orchid	#DA70D6	218	112	214
509	orchid1	#FF83FA	255	131	250
510	orchid2	#EE7AE9	238	122	233
511	orchid3	#CD69C9	205	105	201
512	orchid4	#8B4789	139	71	137
513	palegoldenrod	#EEE8AA	238	232	170
514	palegreen	#98FB98	152	251	152
515	palegreen1	#9AFF9A	154	255	154
516	palegreen2	#90EE90	144	238	144
517	palegreen3	#7CCD7C	124	205	124
518	palegreen4	#548B54	84	139	84
519	paleturquoise	#AFEEEE	175	238	238
520	paleturquoise1	#BBFFFF	187	255	255
521	paleturquoise2	#AEEEEE	174	238	238
522	paleturquoise3	#96CDCD	150	205	205
523	paleturquoise4	#668B8B	102	139	139
524	palevioletred	#DB7093	219	112	147
525	palevioletred1	#FF82AB	255	130	171
526	palevioletred2	#EE799F	238	121	159
527	palevioletred3	#CD6889	205	104	137
528	palevioletred4	#8B475D	139	71	93
529	papayawhip	#FFEFD5	255	239	213
530	peachpuff	#FFDAB9	255	218	185
531	peachpuff1	#FFDAB9	255	218	185
532	peachpuff2	#EECBAD	238	203	173
533	peachpuff3	#CDAF95	205	175	149
534	peachpuff4	#8B7765	139	119	101
535	peru	#CD853F	205	133	63
536	pink	#FFC0CB	255	192	203
537	pink1	#FFB5C5	255	181	197
538	pink2	#EEA9B8	238	169	184
539	pink3	#CD919E	205	145	158
540	pink4	#8B636C	139	99	108
541	plum	#DDA0DD	221	160	221
542	plum1	#FFBBFF	255	187	255
543	plum2	#EEAEEE	238	174	238
544	plum3	#CD96CD	205	150	205
545	plum4	#8B668B	139	102	139
546	powderblue	#B0E0E6	176	224	230
547	purple	#A020F0	160	32	240
548	purple1	#9B30FF	155	48	255
549	purple2	#912CEE	145	44	238
550	purple3	#7D26CD	125	38	205
551	purple4	#551A8B	85	26	139
552	red	#FF0000	255	0	0
553	red1	#FF0000	255	0	0
554	red2	#EE0000	238	0	0
555	red3	#CD0000	205	0	0
556	red4	#8B0000	139	0	0
557	rosybrown	#BC8F8F	188	143	143
558	rosybrown1	#FFC1C1	255	193	193
559	rosybrown2	#EEB4B4	238	180	180
560	rosybrown3	#CD9B9B	205	155	155
561	rosybrown4	#8B6969	139	105	105
562	royalblue	#4169E1	65	105	225
563	royalblue1	#4876FF	72	118	255
564	royalblue2	#436EEE	67	110	238
565	royalblue3	#3A5FCD	58	95	205
566	royalblue4	#27408B	39	64	139
567	saddlebrown	#8B4513	139	69	19
568	salmon	#FA8072	250	128	114
569	salmon1	#FF8C69	255	140	105
570	salmon2	#EE8262	238	130	98
571	salmon3	#CD7054	205	112	84
572	salmon4	#8B4C39	139	76	57
573	sandybrown	#F4A460	244	164	96
574	seagreen	#2E8B57	46	139	87
575	seagreen1	#54FF9F	84	255	159
576	seagreen2	#4EEE94	78	238	148
577	seagreen3	#43CD80	67	205	128
578	seagreen4	#2E8B57	46	139	87
579	seashell	#FFF5EE	255	245	238
580	seashell1	#FFF5EE	255	245	238
581	seashell2	#EEE5DE	238	229	222
582	seashell3	#CDC5BF	205	197	191
583	seashell4	#8B8682	139	134	130
584	sienna	#A0522D	160	82	45
585	sienna1	#FF8247	255	130	71
586	sienna2	#EE7942	238	121	66
587	sienna3	#CD6839	205	104	57
588	sienna4	#8B4726	139	71	38
589	skyblue	#87CEEB	135	206	235
590	skyblue1	#87CEFF	135	206	255
591	skyblue2	#7EC0EE	126	192	238
592	skyblue3	#6CA6CD	108	166	205
593	skyblue4	#4A708B	74	112	139
594	slateblue	#6A5ACD	106	90	205
595	slateblue1	#836FFF	131	111	255
596	slateblue2	#7A67EE	122	103	238
597	slateblue3	#6959CD	105	89	205
598	slateblue4	#473C8B	71	60	139
599	slategray	#708090	112	128	144
600	slategray1	#C6E2FF	198	226	255

R colors

No.	Name	Hex	R	G	B
601	slategray2	#B9D3EE	185	211	238
602	slategray3	#9FB6CD	159	182	205
603	slategray4	#6C7B8B	108	123	139
604	slategrey	#708090	112	128	144
605	snow	#FFFAFA	255	250	250
606	snow1	#FFFAFA	255	250	250
607	snow2	#EEE9E9	238	233	233
608	snow3	#CDC9C9	205	201	201
609	snow4	#8B8989	139	137	137
610	springgreen	#00FF7F	0	255	127
611	springgreen1	#00FF7F	0	255	127
612	springgreen2	#00EE76	0	238	118
613	springgreen3	#00CD66	0	205	102
614	springgreen4	#008B45	0	139	69
615	steelblue	#4682B4	70	130	180
616	steelblue1	#63B8FF	99	184	255
617	steelblue2	#5CACEE	92	172	238
618	steelblue3	#4F94CD	79	148	205
619	steelblue4	#36648B	54	100	139
620	tan	#D2B48C	210	180	140
621	tan1	#FFA54F	255	165	79
622	tan2	#EE9A49	238	154	73
623	tan3	#CD853F	205	133	63
624	tan4	#8B5A2B	139	90	43
625	thistle	#D8BFD8	216	191	216
626	thistle1	#FFE1FF	255	225	255
627	thistle2	#EED2EE	238	210	238
628	thistle3	#CDB5CD	205	181	205
629	thistle4	#8B7B8B	139	123	139
630	tomato	#FF6347	255	99	71
631	tomato1	#FF6347	255	99	71
632	tomato2	#EE5C42	238	92	66
633	tomato3	#CD4F39	205	79	57
634	tomato4	#8B3626	139	54	38
635	turquoise	#40E0D0	64	224	208
636	turquoise1	#00F5FF	0	245	255
637	turquoise2	#00E5EE	0	229	238
638	turquoise3	#00C5CD	0	197	205
639	turquoise4	#00868B	0	134	139
640	violet	#EE82EE	238	130	238
641	violetred	#D02090	208	32	144
642	violetred1	#FF3E96	255	62	150
643	violetred2	#EE3A8C	238	58	140
644	violetred3	#CD3278	205	50	120
645	violetred4	#8B2252	139	34	82
646	wheat	#F5DEB3	245	222	179
647	wheat1	#FFE7BA	255	231	186
648	wheat2	#EED8AE	238	216	174
649	wheat3	#CDBA96	205	186	150
650	wheat4	#8B7E66	139	126	102
651	whitesmoke	#F5F5F5	245	245	245
652	yellow	#FFFF00	255	255	0
653	yellow1	#FFFF00	255	255	0
654	yellow2	#EEEE00	238	238	0
655	yellow3	#CDCD00	205	205	0
656	yellow4	#8B8B00	139	139	0
657	yellowgreen	#9ACD32	154	205	50

찾아보기

저자 소개

나 종 화
서울대학교 통계학과 석, 박사
(미) 펜실베니아주립대 방문연구교수
현) 충북대학교 정보통계학과 교수

저서: 수리통계학(제3판, 2016)
R 시각화와 통계자료분석 I (2016)
R 시각화와 통계자료분석 II (2016)
R 응용 회귀분석(2017)
R 응용 다변량분석(2017)
R 데이터마이닝(2017)
R 응용 시계열분석(2020)
R을 이용한 최신통계학(공저, 2018)
빅데이터 이해와 활용(공저, 2015)

R 시각화와 통계자료분석 I

- R 기초 및 시각화 분석 -

저 자 나종화
발행인 김지영
발행처 자유아카데미
주 소 경기도 파주시 회동길 37-42
파주출판도시
전 화 031-955-1321
팩 스 031-955-1322
홈페이지 www.freeaca.com
전자우편 main@freeaca.com (대표)
editor@freeaca.com (편집)
crm@freeaca.com (영업)
등 록 제406-2003-017호, 1980. 7. 12
제1판1쇄 2016년 7월 10일 발행
제1판2쇄 2020년 9월 10일 발행
정 가 24,000원

저자와의 협의하에 인지생략

ISBN 979-11-5808-089-1 93310